Ruppert · Die Fabrik

Wolfgang Ruppert

Die Fabrik

Geschichte von Arbeit und Industrialisierung in Deutschland

Verlag C.H.Beck

Mit 284 Abbildungen
Die Photographien wurden originalgetreu in ihrem
Erhaltungszustand reproduziert

Die Deutsche Bibliothek – CIP-Einheitsaufnahme

Ruppert, Wolfgang:
Die Fabrik : Geschichte von Arbeit u. Industrialisierung in Deutschland / Wolfgang Ruppert. – 2., unv. Aufl. – München : Beck, 1993
ISBN 3 406 32292 1

ISBN 3 406 32292 1

Zweite, unveränderte Auflage. 1993

Schutzumschlag: Bruno Schachtner, Dachau
Gestaltung: typopraxis Krauß, Niederschönenfeld
Reproduktion der Abbildungen: Graphische Anstalt E. Wartelsteiner, Garching-Hochbrück
Satz und Druck: C.H.Beck'sche Buchdruckerei, Nördlingen
Bindung: Großbuchbinderei Monheim
Gedruckt auf säurefreiem,
aus chlorfrei gebleichtem Zellstoff hergestelltem Papier
Printed in Germany

Inhalt

Ich danke zahlreichen Gesprächspartnern für sachkundige Informationen, die das Buch erst ermöglichten. Stellvertretend für sie seien Hans Eberl (München) und Rolf Staedecke (Berlin) genannt.

Wolfgang Ruppert, geb. 1946, Historiker und Kulturwissenschaftler, war von 1978 bis 1981 Projektleiter beim Centrum Industriekultur der Stadt Nürnberg. Veröffentlichungen: Bürgerlicher Wandel. Studien zur Herausbildung einer nationalen deutschen Kultur im 18. Jahrhundert (1981); (Hrsg.): Lebensgeschichten (1980); (Mithrsg.): Industriekultur in Nürnberg. Eine deutsche Stadt im Maschinenzeitalter (1980); Erinnerungsarbeit. Geschichte und demokratische Identität in Deutschland (1982).

I. Einleitung

Eine Frage steht am Anfang

Wir erleben gegenwärtig die dritte Industrialisierungsphase. Unsere Arbeitswelt ändert sich in hohem Maße, die Auswirkungen auf die Lebensverhältnisse sind noch nicht absehbar. Aller Voraussicht nach wird dieser schnelle Wandel des Arbeitsprozesses mit dem zunehmenden Einsatz von Mikroelektronik in vielen Arbeitsbereichen die achtziger Jahre hindurch auch anhalten.
Die Einführung mikroelektronischer Steuerungen im Maschinenbau, beispielsweise bei Drehautomaten, bewirkt eine Revolution der Arbeitsbedingungen und der -erfahrungen für die dort Arbeitenden. Die weitgehende Automatisierung der Fertigung von zahlreichen Massenprodukten ist hiermit möglich geworden. Zugleich verschwinden mit diesem Rationalisierungsschub jedoch auch traditionelle Arbeitsplätze. Es liegt zweifellos in dieser Erfahrung begründet, daß wir in den letzten Jahren begonnen haben zu entdecken, daß die industrielle Arbeitswelt ihre eigene Geschichte hat.
Als ich mich hierfür zu interessieren begann und nach Möglichkeiten suchte, wie ich ein Bild der grundsätzlichen Entwicklungstendenzen gewinnen könnte, stieß ich auf die Fabrik. Sie besitzt eine große Bedeutung für die Lebenswirklichkeit vieler Menschen und ist der Ort, an dem eine beträchtliche Zahl von Gegenständen, mit denen wir selbstverständlich in unserer eigenen Umwelt umgehen, industriell gefertigt wurden.
Die Fabrik ist als zentrale Produktionsstätte industrieller Arbeit entstanden, als deren charakteristische Organisationsform. Doch die sich weiterentwickelnde Arbeitsteiligkeit hat die Arbeitsformen immer wieder verändert: Zu meiner Überraschung offenbarten sich einige Grundstrukturen, die auch die gegenwärtigen Entwicklungen bestimmen: Mit dem Übergang zur Fabrik wurde die Kopfarbeit von der Handarbeit tendenziell abgespalten, ein Trend der sich seit der Entstehung von Großbetrieben im ausgehenden 19. Jahrhundert wesentlich verstärkt hat. Die Handarbeit wurde, wo dies durch technische Erfindungen möglich wurde, seither zunehmend mechanisiert. Seit der Computer industriell einsetzbar ist, werden auch Bereiche, die früher der Kopfarbeit zugeordnet waren, mechanisiert. Die Arbeitsplätze stellen dadurch andere körperliche und psychische Anforderungen an die Arbeiter und Angestellten. Welche kulturellen Folgen dieser Wandel für unsere Gesellschaft und politische Kultur haben wird, ist noch kaum bekannt oder abzusehen.
Die Konzentration auf die Leitsektoren der Industrialisierung erwies sich als sinnvoll. An ihnen zeigt sich sowohl die typische Struktur der nationalen Industrialisierung wie die gegenwärtige Tendenz der Internationalisierung der Arbeitsteilung. Dies gilt besonders für die Textil-, aber auch für die Elektroindustrie. Wegen der höheren Löhne und Sozialleistungen in Deutschland – Errungenschaften der Arbeiterbewegung – haben viele Unternehmen begonnen, die Produktion einfacher Artikel in „Entwicklungsländer" zu verlagern, zugleich strömen von dort billige Waren auf den deutschen Markt.
Seit der zweiten Hälfte der siebziger Jahre ist eine Verschiebung von der Elektrotechnik zur dynamischen Elektronikindustrie (1982 bereits etwa 850000 Beschäftigte) im Gange. Die für die fünfziger und sechziger Jahre charakteristische Fertigung von Haushaltsgeräten (Waschmaschinen, Rundfunk- und Fernsehgeräte, Küchengeräte) kann dagegen nicht weiter expandieren, da die Elektrifizierung der Haushalte mit der Anschaffung von Geräten weit-

gehend abgeschlossen ist und sich somit als historisch begrenzt erwiesen hat.

Die Fabrik ist eine eigene Welt mit innerer Hierarchie. Die Arbeitserfahrungen, die Menschen darin machen, hängen von dem Ort ab, den sie in diesem Gefüge einnehmen.

Photographien öffnen den Einblick in sehr verschiedene Arbeitsorte. Es gibt sehr viel zu entdecken: Menschen bei der Arbeit, Maschinen verschiedener technischer Generationen, Belegschaften, Produkte, Fabrikarchitektur und Design. Der Betrachter kann eine überraschende Beobachtung machen: Sozialgeschichte der Arbeit, der Technik, der industriellen Massenproduktion durchdringen einander. Was von den Wissenschaften in den letzten 150 Jahren voneinander geschieden und isoliert dargestellt wurde, ergänzt sich in der abgebildeten Realität der Photographien, erweist sich als aufgehoben in einem in sich verbundenen Lebenszusammenhang.

Technische Einrichtungen der Maschinensäle, die Zuordnungen von Werkstätten veranschaulichen nicht nur die Mechanisierung und Automatisierung, sondern auch Arbeitsabläufe und Arbeitsbedingungen. So ist die Geschichte der Fabrik auch immer untrennbar die Geschichte der Arbeitenden: der Industrieherren und Arbeiter, der Privat-Beamten, Ingenieure und Angestellten. Doch die Bewältigung des jeweiligen Arbeitsfeldes schneidet zumeist eingegrenzte Perspektiven aus. Nur so ist es zu erklären, daß die Angestellten oft nur wenig von den Problemen der Arbeiter wissen und umgekehrt. Und offensichtlich wird in den Fabriken auch kaum darüber gesprochen, was sich veränderte und welche Bedeutung dies hat.

Es gibt mehrere Ebenen von Fachkompetenz: die Perspektive der Wissenschaftler, die aus der Distanz zur industriellen Arbeitssphäre versuchen, deren Entwicklungstendenzen zu beschreiben. Und andererseits sind das Praxiswissen und die Arbeitserfahrungen der Menschen, die ihr Leben lang in einem Bereich gearbeitet haben, eine authentische Wissensquelle, die durch Erzählungen für uns lebendig wird. Ich habe mich bemüht, beide Ebenen zu verbinden.

Eine zusammenfassende Darstellung zeigt die Grundstrukturen der Industrialisierung in Deutschland und ihre Auswirkungen auf die gesellschaftliche Arbeitsteiligkeit. Es ist ein Versuch, einen Überblick über den Wandel industrieller Arbeitsformen herzustellen. Dies gewinnt an Sinn, wenn man gleichzeitig die beispielhaften Produkte dieser Arbeit betrachtet und nach ihrer Bedeutung und ihren Auswirkungen auf die Alltagskultur fragt.

Die Bildtexte erläutern, was durch die Bildsprache der Photographien zu sehen ist – oft freilich nur dem praxiserfahrenen Arbeiter erkennbar, der die Handgriffe genau kennt und Arbeitsabläufe beschreiben kann. Daher veranschaulichen die Bildtexte vielfach die Perspektive der Arbeitenden.

Diese Darstellung will nicht konkurrieren mit klassischen Wirtschaftsgeschichten. Sie will vielmehr eine historisch weitgehend unbelichtete Perspektive öffnen: die Strukturgeschichte der industriellen Arbeit, die wir kennen müssen, um mögliche Entwicklungen für die Zukunft erkennen und beurteilen zu können.

Es erwies sich als unmöglich, in diesem Buch näher auf die Arbeiterschaft, die Arbeiterbewegung und die Arbeiterkultur einzugehen. Sie ist mit der Geburt der Fabrik als gesellschaftliche und politische Kraft entstanden und hat ihren Veränderungswillen – neben der Verbesserung der materiellen Lage – auf die Erringung von Mitverantwortung, Mitbestimmung und „Humanisierung der Arbeitswelt" gerichtet. Ich bereite ein eigenes, weiteres Buch zur Darstellung der Geschichte der Arbeiterkultur vor.

Vielleicht gelingt es uns, aus dem Vergleich unserer eigenen Lebens- und Arbeitssituation mit derjenigen von Menschen, die vor uns sich zurechtfinden mußten, zu lernen und uns besser zu orientieren. Vielleicht können wir dann auch genauer sehen, welche Zukunftsmöglichkeiten wir fördern wollen, aber auch, was veränderungsbedürftig ist und verbessert werden kann.

II. Darstellung

1. Die Geburt der Fabrik: Zentralort industrieller Arbeit

Was ist eine Fabrik?

Wir sind es heute gewohnt, die Fabrik in unserer Alltagssprache mit Maschinen und zahlreichen arbeitenden Menschen zu identifizieren. Doch meist geschieht dies, ohne daß wir uns den Wandel des Begriffs am Gegenstand, der Fabrik, jemals verdeutlicht haben.

In Begriffen und ihrem Wandel spiegelt sich immer die erfahrene gesellschaftliche Wirklichkeit, die Verhältnisse, zu deren Bezeichnung die Begriffe in der Kommunikation verwendet werden. Daher ist der Wandel der Definitionen eine gute und wichtige Quelle für die strukturellen Entwicklungsprozesse. Und die Erklärungsversuche der Zeitgenossen demonstrieren auch den geschichtlichen Schritt der Herausbildung der Fabrik in Deutschland als neue Form der Arbeitsorganisation. Sie vollzog sich zu einer Zeit, als in England die erste Industrialisierungsphase der Leitsektoren, der Textilherstellung und des Maschinenbaus, bereits abgeschlossen war. Im letzten Drittel des 18. Jahrhunderts war Deutschland noch ein Agrarland. 85 Prozent der Menschen lebten auf dem Lande und arbeiteten unter bäuerlichen Lebensformen in der Landwirtschaft oder im ländlichen Hausgewerbe. Der Begriff der Fabrik wirkte zu diesem Zeitpunkt noch vage, der Übergangsprozeß hatte noch kaum begonnen. Doch den Begriff gab es bereits, aber in einer anderen Bedeutung, als wir ihn seit der Mitte des 19. Jahrhunderts verwenden: er bezeichnete zunächst einen speziellen Arbeitsort.

Ein zeitgenössischer Aufklärer, der Nürnberger evangelische Pfarrer Johann Ferdinand Roth, der ein Wörterbuch mit der Absicht verfaßt hatte, die wichtigsten, zum Verständnis der zeitgenössischen Gesellschaft und Alltagskultur notwendigen Begriffe den ,,einfachen Leuten" zu erklären und nachschlagbar zu machen, beschreibt im Grunde noch die mittelalterlich geprägte Metallverarbeitung in Hammerwerken als Fabrik: ,,In denselben solche Arbeiten gemacht werden, zu welchen außer den Händen, auch Feuer, Hammer und ähnliche Werkzeuge erforderlich werden."[1] Arbeitsteiligkeit bei der Herstellung der Produkte und mechanisierte Arbeit werden nicht beschrieben. Seine Definition trifft den Typ von metallverarbeitenden Hammerwerken, die beispielsweise Sensen, Sicheln, Messer und andere Gebrauchsgegenstände in größeren Mengen für den überregionalen Markt herstellten. Solche Hammerwerke befanden sich vielfach im Besitz von Kaufleuten, die die Fertigung finanzierten und die in den Agrargesellschaften Europas zur Landarbeit benötigten Werkzeuge vertrieben, die vom Dorfhandwerk nur zu höheren Preisen hergestellt werden konnten. Es handelt sich bei dieser Bestimmung der ,,Fabrik" in Wirklichkeit um einen ,,Hammer" oder eine Manufaktur, deren Ausstattung mit Maschinen noch bescheiden und oft sicherlich auf den wassergetriebenen Hammer beschränkt war, mit dem geschmiedet wurde. Diese Arbeitsformen hielten sich als Gewerbe noch bis zur Mitte des 19. Jahrhunderts.

Ein Zeitgenosse Roths, Georg Gottfried Strelin, der Verfasser des ,,Realwörterbuchs für Kameralisten und Oekonomen", das 1786 in Nördlingen erschien, kannte schon genauere Bestimmungen der Fabrik. Er definierte ihre Merkmale bereits in Abgrenzung zum Handwerk mit der weiterentwickelten Arbeitsteiligkeit. Er sah die charakteristischen Arbeitsformen darin, daß ,,die Waren nicht von einem Arbeiter ganz verfertigt werden, sondern durch die Hände verschiedener Arbeiter gehen, die nicht die ganze

„Die Zitz-Bleich des Herrn Mathäus Schüle" in Augsburg, um 1800
Kattunmanufakturen entstanden in der zweiten Hälfte des 18. Jahrhunderts in Augsburg. Sie erforderten wasserreiche Flüßchen oder Kanäle, Kaufmannskapital und den Kattundruck beherrschende Drucker oder Druckerinnen, die teilweise bereits in freier Lohnarbeit arbeiteten. Links steht der Färberturm, an dem die Kattune zum Trocknen ausgehängt wurden. Die Manufakturgebäude sind zum Teil vom sogenannten Gartenhaus, dem Wohnhaus des Manufakturbesitzers, verdeckt.

Die Königliche Eisengießerei in Gleiwitz, erbaut 1796
Sie zählt zu den frühen Gießereianlagen in Deutschland.

Fabrikation, sondern nur einige dazu erforderliche Arbeiten versehen, solche aber zu einer um so größeren Fertigkeit gebracht haben".[2] Als Entwicklungstendenz für die Entstehung der „Fabrik", die auch hier mit der Manufaktur noch nahezu identisch ist, erscheint die Spezialisierung der Arbeiter auf einen Arbeitsvorgang. Die Herstellung eines Produkts ist in mehrere Arbeitsgänge unterteilt, die von verschiedenen Arbeitern ausgeführt werden: diese können ihre jeweiligen Arbeitsgänge desto schneller und gekonnter ausführen, da sie bei diesen Handarbeiten ihre individuelle Fähigkeit entwickeln und steigern konnten, allerdings eben in den Grenzen dieses speziellen Arbeitsganges. Der gesamte Produktionsvorgang wird aufgeteilt in eine Folge von, mit speziellen Werkzeugen ausgeführten, Handarbeiten.

Schon siebzig Jahre später ist der entscheidende Sprung zur Industrialisierung in Deutschland und zur Entstehung der Fabrik vollzogen. Eine Beschreibung und Bestimmung der Fabrik aus dem Jahre 1858 nennt bereits fachkundig klare Merkmale.[3] Es wird festgestellt, daß es in den Fabriken verschiedene Personen mit klar ausgeprägten Rollen im Arbeitsablauf gäbe: Direktoren, Techniker, „Comptoristen", Laufjungen. Die Hauptfaktoren der Fabrik seien jedoch „Kapital, Arbeit, Leitung". Diese konstituieren erst den „Betrieb, der ins Große gehe". Es werde jedoch auch nicht mehr Muskelkraft, sondern mechanische Kraft zum Betrieb von Maschinen und Werkzeugen wie Bohrer, Hobel u. a. eingesetzt. Erstaunt vermerkt der zeitgenössische Autor hingegen, daß es bereits Fabriken in Deutschland gebe, in denen „hunderte von Arbeitern beschäftigt seien". Die Produktion der beschriebenen Fabrik war bereits auf möglichst umfangreiche Produktmengen, „ins Große", für den Markt angelegt, wie dies beispielsweise bei mechanischen Textilfabriken zutraf. Dies bildete einen wesentlichen Unterschied zur lokalen Selbstgenügsamkeit des Handwerkers, der auf Bestellung des Käufers hin, innerhalb der von der Zunft festgelegten Mengen, die Ware herstellte und den gefragten Bedarf am Ort befriedigte. So war es jedenfalls in der Regel.

Diese Charakterisierung während der ersten Industrialisierungsphase, in der Mitte der fünfziger Jahre geschrieben, gibt uns ein Bild der strukturellen Merkmale. Wie es jedoch zur Gründung von Fabriken kam, und Kapital und Arbeit unter der initiierenden Leitung eines oder mehrerer

Die „Gas Erleuchtungs Anstalt"
Als sie 1825/26 in Berlin erbaut wurde, trug sie auch den Namen „englische Gasanstalt", womit die Neuartigkeit der vom englischen Vorbild übernommenen Gasbeleuchtung bezeichnet wurde. Dieses Berliner Gaswerk war das erste in Deutschland. Die Gasbeleuchtung wurde jedoch seit den vierziger Jahren in den Städten sowohl als öffentliche und private Beleuchtung als auch als Fabrikbeleuchtung eingeführt.

Unternehmer sich zum Arbeitsprozeß organisierten, sehen wir am besten aus den Entwicklungen beispielhafter Fabriken.
Es gab jedoch durchaus Unterschiede zwischen den Fabriken des entstehenden Maschinenbaus und denen der Textilindustrie. Die Maschinenfabriken entwickelten sich vielfach aus der persönlichen Initiative eines Kaufmanns oder Handwerkers in schon bestehenden Werkstätten, Manufakturen oder in Gebäuden älterer Hammermühlen, die billige wassergespeiste Antriebsvorrichtungen boten.
Meist dauerte es mindestens ein Jahrzehnt, bis aus kleinen Werkstätten Fabriken entstanden: eine steigende Zahl von Aufträgen war die Voraussetzung, die sich spezialisierenden Arbeitsformen die Folge.
Textilfabriken wurden dagegen häufig bereits als Großbetriebe mit Hunderten von Arbeitern geplant und gebaut.[4] Die hierzu erforderlichen hohen Kapitalinvestitionen konnten nur von Aktiengesellschaften aufgebracht werden, die genügend Kapital versammelten, um große, mechanisierte Produktionsanlagen zu finanzieren. Die Vorbilder solcher neugebauten Fabrikanlagen der Textilindustrie lagen in England. Die Beschreibungen von Reisenden hatten bewundernde Bilder der enormen Ausmaße dieser manchmal bis zu sechsstöckigen Fabrikgebäude gezeichnet. Allerdings waren zugleich warnende Stimmen laut geworden, die auf die katastrophalen Lebens- und Arbeitsbedingungen hinwiesen, wie sie in den englischen Industriezentren vielfach angetroffen wurden. Die berühmte Schrift von Friedrich Engels „Zur Lage der arbeitenden Klassen in England" ist nur eine der anklagenden Stimmen.[5]
Die Textilfabriken beruhten von Anfang an auf der Kombination einer größeren Zahl von Spinn- oder Webmaschinen mit einer entsprechend starken Dampfmaschine. Durch die Größe dieser Produktionsanlagen und die Zahl der Spindeln und Webstühle, verbilligte sich der Warenpreis. Dies war wichtig, um sich gegen die auch den deutschen Markt in starkem Maße beherrschenden englischen Waren durchsetzen zu können.
Im Maschinenbau bestand der Vorsprung der Engländer vor allem in technisch-handwerklichem Wissen über die

Die Industrieausstellung, 1849
Die Polytechnische Gesellschaft war der Veranstalter und versuchte die Entwicklung von Industrie und Gewerbe anzuregen: Das Wirtschaftsbürgertum konnte sich über neue Erfindungen und Maschinen informieren. Die Fabriken stellten ihre Produkte vor, das Publikum konnte die Qualität begutachten. Die so entstandene Öffentlichkeit war nicht groß, man schloß Bekanntschaft, tauschte Informationen aus, Geschäftsverbindungen kamen zustande.
Die Bedeutung solcher Industrie- und Gewerbeausstellungen wuchs in der zweiten Jahrhunderthälfte enorm. Die erste Weltausstellung 1851 im Londoner Hyde Park bot eine erste Leistungsbilanz industrieller Erzeugnisse aus den verschiedensten Teilen der ,,industriellen Welt" und vermittelte auch an die Besucher starke Impulse, die sich vor allem auf Maschinenbau und Textilindustrie auswirkten. 1854 fand in München die erste Industrieausstellung statt.
Werbung gab es noch nicht. Hinter dem Leuchter an der Decke ist ein Firmenschild der Buchdruckerei Litfas zu sehen. Erst einige Jahre später, 1855, stellten der Drucker Litfas und der Zirkusdirektor Renz die erste Litfassäule auf, die sich in der zweiten Jahrhunderthälfte zu einem Ort systematischer Werbung entwickelte.

Arbeitstechniken und individuell von Gießern oder Ingenieuren beherrschter Praxiserfahrung. Die deutschen Fabrikanten waren daher nicht selten darauf angewiesen, zur Gründung ihrer Fabriken einzelne Ingenieure und fachlich gut qualifizierte Handwerker aus England anzuwerben. Innerhalb eines Jahrzehnts konnten die deutschen Facharbeiter und Techniker, durch gemeinsame Praxis mit den englischen Facharbeitern und mit eigener Arbeitserfahrung, sich die neuen Fertigkeiten erwerben. Die Aufträge im entstehenden Maschinenbau entsprachen zunächst auch eher handwerklichen Dimensionen, waren vielfach Einzelfertigungen, zum Beispiel von Dampfmaschinen. Erst die Großaufträge im Eisenbahnbau der fünfziger Jahre, beim Bau großer Stückzahlen von Eisenbahnwaggons, erforderten die neuen arbeitsteiligen und mechanisierten Formen der industriellen Massenherstellung. Doch selbst diese blieben noch bescheiden im Vergleich zu den Automobilfabriken und insbesondere der Motorenherstellung, wie sie seit den zwanziger Jahren des 20. Jahrhunderts entstanden.

,,Die mechanische Werkstätte"

Die Frühgeschichte der ,,Mechanischen Werkstätte" Friedrich Harkorts ist ein sprechendes Beispiel für die Herausbildung der frühindustriellen deutschen Maschinenfabriken. Wir erfahren daraus strukturelle Probleme der entstehenden Fabrikindustrie. Über die Arbeitsbedingungen der Arbeiter aber wissen wir fast nichts. Als Harkort die Burg Wetter für die Einrichtung seiner Werkstätte kaufen konnte, wurde ihm aufgetragen, die mittelalterlichen Gebäude in ihrem Denkmalswert zu erhalten und zu schützen. Sein erstes Produktionsprogramm, das mögliche Kunden gewinnen sollte, zeigt uns, daß er zu diesem Zeitpunkt die räumlichen Bedürfnisse als noch nicht sehr umfangreich eingeschätzt haben mag. Denn dieses Programm ist noch undifferenziert auf Maschinen jeder Art gerichtet, denen lediglich gemeinsam ist, daß Maschinen und Geräte technologisch neu und ,,modern" sind: ,,Das Unternehmen ist hauptsächlich darauf berechnet, erstens um Dampfmaschinen jeder Art und um Gasleuchtungsapparate von allen Größen zu liefern, zweitens jede verlangte nützliche Maschine anzufertigen, deren Plan entweder schon in meinen Händen oder in richtiger Zeichnung mir vorgelegt wird."[6] Harkort übernahm selbst die kaufmännische Leitung dieser Fabrik. Es erwies sich zunächst als schwierig, Fachkräfte zu finden, die den modernen Stand der Eisengießerei beherrschten. Auf einer eigens unternommenen Reise nach England gelang es ihm, einen Ingenieur und einen Gießermeister für seine ,,Werkstätte" zu engagieren, die somit in ihrer Person das technologische ,,Know how" mitbrachten. Diese sollten, wie er seinen potentiellen Kunden versicherte, zudem die deutschen Arbeiter unterrichten,[7] so daß die

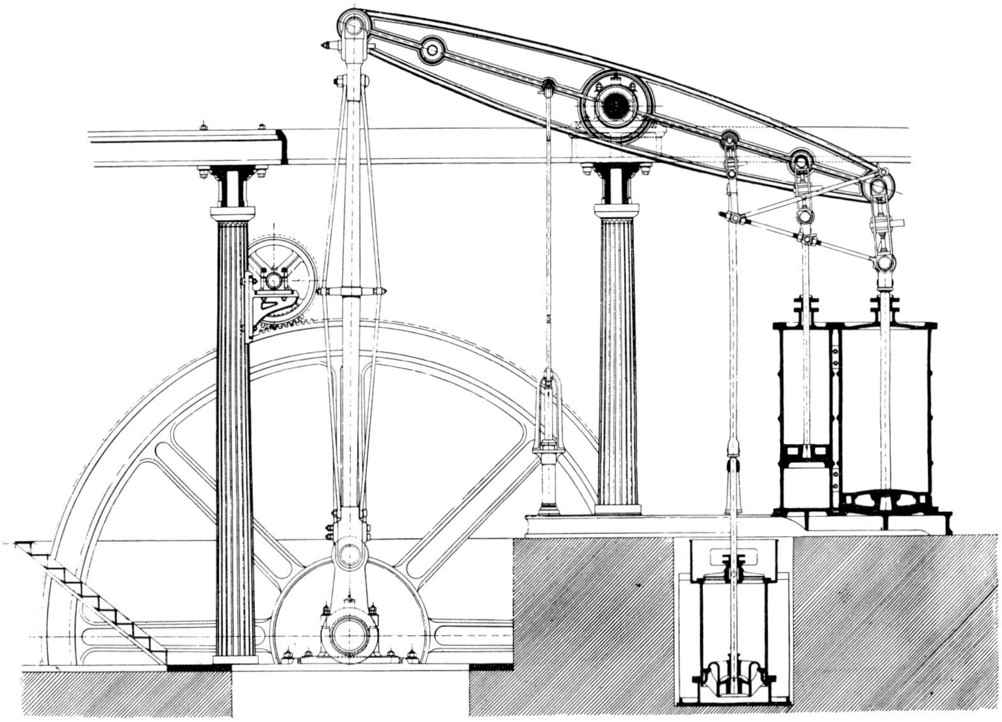

Die Zwillings-Woolf'sche Balancierdampfmaschine, 1855
Die Dampfmaschine wurde für die Erstausstattung der Mechanischen Baumwollspinnerei Bayreuth von Klett und Co. in Nürnberg (dem späteren Nürnberger Werk von M. A. N.) gebaut. Sie war der in den fünfziger Jahren übliche Typ einer starken Antriebsmaschine.

Qualität der Maschinen den damals führenden englischen vergleichbar wurde. Zu diesem Zeitpunkt war es für die ersten deutschen Maschinenbauer immer noch ein Problem, die überlegenen englischen Maschinen überhaupt kennenzulernen, da die englische Regierung für diese bis 1842 ein Exportverbot aufrechterhielt, mit der Absicht, mit einem Maschinenmonopol den Vorsprung der englischen Industrie zu schützen und zu sichern. Systematisch betriebene Umgehung des Verbots durch preußische Maschinenbauer ermöglichte es jedoch, an herausgeschmuggelten englischen Dampfmaschinen zu lernen und diese nachzubauen. An den englischen Vorbildern schulten sich auch die Techniker der Harkortschen Fabrik: 1820 konnten die ersten Dampfmaschinen nach dem System Boulton (Balanciermaschine) an Firmen in Westdeutschland ausgeliefert werden. Ein Jahr später, 1821, wurden bereits sechzehn verschiedene Größen von Dampfmaschinen angeboten. Die Interessenten hierfür kamen großteils aus dem Bergbau. In diesen Jahren begann im westdeutschen Revier der Übergang vom Tag- zum Tiefbau, wofür dampfmaschinengetriebene Pumpen für die Entwässerungsanlagen eine der wichtigsten Voraussetzungen waren.

Das Produktionsprogramm dieser Fabrik überrascht. Es war noch sehr breit angelegt, denn einen bestimmbaren und vor allem kalkulierbaren Markt für Maschinenbau gab es in Deutschland in den zwanziger Jahren noch nicht. Er entwickelte sich erst im Verlauf der nächsten Jahrzehnte: Neben Dampfmaschinen und Textilmaschinen wurden Zahnräder, Grabkreuze, Treppengeländer, Öfen, Bügeleisen gegossen. Eine Schlüsselfrage für die Güte dieser gußeisernen Waren blieb naturgemäß die Qualität des Eisens. Daher versuchte Harkort mit dem Ankauf eines eigenen Erzbergwerks, seit 1826 mit eigenem Hochofen, Puddel- und Walzwerk, diese Arbeitsgänge selbst zu betreiben und damit auch ihre Qualität zu kontrollieren. Dies entsprach bereits den späteren Organisationsformen der Schwerindustrie, die Eisengewinnung und Verhüttung bis zum Fertigprodukt zu vereinen suchten,[8] wie dies in ausgeprägter

Eine Fabrik entsteht
Der Vergleich von drei Darstellungen des Fabrikgeländes der Maschinenfabrik Augsburg (M.A.N.) veranschaulicht die Geburt des industriellen Großbetriebes.
Um 1845 zeigt der Stich ein eher idyllisches Bild. Lediglich einige Arbeiter ziehen mit äußerster Kraftanstrengung ein großes Eisenrad über den Hof, möglicherweise eine Übersetzung aus einem Mühlengetriebe. Die 1840 gegründete, noch frühindustrielle Maschinenfabrik hat bereits mehrere eigene Werkstätten und einen „Montiersaal". Doch die Arbeitsräume sind meist ebenerdig.

Die Maschinenfabrik im Jahr 1859
Mehrstöckige große Fabrikbauten sind hinzugekommen, ein arbeitsteiliger Betrieb bildet sich aus.

Das Werk, um 1900 (rechts)
Große Maschinenhallen stehen neben ebenerdigen Shedsälen. Jede Abteilung hat eigene Fertigungsbauten. In der Mitte im Hintergrund sind die betriebseigenen Arbeiterwohnhäuser zu erkennen.
Das Werk verfügt über einen Gleisanschluß. Ein Dampfkran steht auf den Schienen.

Form an der Kruppschen Gußstahlfabrik und ihren Hüttenwerken zu sehen ist. Die Struktur der Werkstätte, in der Anfangszeit auf der Burg Wetter, können wir lediglich aus einer Beschreibung Harkorts ablesen. Er nennt hierfür eine Einteilung seiner Arbeitskräfte, die die vier verschiedenen Hauptarbeitsgänge und zugleich die Spezialisierung im technischen Erfahrungswissen der Arbeiter beim Bau einer Maschine nachvollzieht: Modellmacher, Gießer, Dreher, Schmiede. Ihre Zahl ist uns nicht bekannt, es dürften jedoch sicherlich nicht mehr als zwanzig oder dreißig gewesen sein. Nach etwas mehr als einem Jahrzehnt, im Jahre 1832, zum Zeitpunkt des Hambacher Festes, wurde bereits die stattliche Zahl von 149 Arbeitern als Belegschaft genannt, hiervon waren 18 als Bergleute, 36 in der Eisenhütte und der Gießerei, 45 im Puddel- und Walzwerk, 50 in der Maschinenfabrik beschäftigt. Diese Anzahl an Arbeitern ist für die Frühphase der Entstehung der Maschinenfabrik bereits erstaunlich hoch.

Die Baumwollmanufaktur

Die werbende Selbstdarstellung eines jungen Kaufmanns veranschaulicht uns die strukturellen Faktoren, die bei der Gründung eines vorindustriellen dezentralen Manufakturbetriebes zusammenstimmen mußten. 1840 reichte Johann Carl Gebhardt in seiner Heimatstadt Hof das Gesuch auf Erteilung einer eigenen Konzession an den Magistrat der Stadt ein.[9] In diesem Gesuch analysiert er die Strukturbedingungen der Textilmanufakturen kurz vor Beginn der Industrialisierung aus genauer Sachkenntnis. Hof war zu diesem Zeitpunkt eine mittlere Handels- und Gewerbestadt, an wichtigen Handelsstraßen zwischen Mittel- und Süddeutschland gelegen. Die Stadt hatte seit dem Hochmittelalter gute wirtschaftliche Verbindungen entwickelt und ein traditionell für den überregionalen Markt produzierendes Textilhandwerk beheimatet, so beispielsweise die „Tüchleinmacherei" oder die Leinen- und Baumwollweberei. Diese Voraussetzungen hatten es ermöglicht, daß seit dem 18. Jahrhundert Manufaktur- und Verlagsgeschäfte entstanden waren. Der Vater des Gesuchstellers gehörte zu den in diesem Handel vermögend gewordenen unternehmenden Kaufleuten der Stadt. Er bezeichnete sich selbst mit dem ausholenden Titel „Baumwollen-Waaren-Manufakturen-Besitzer". Die Startvoraussetzungen für den Sohn waren somit günstig.

1840 bedurfte die Anlage einer Fabrik oder Manufaktur noch einer behördlichen Konzession, die Gewerbefreiheit wurde im Königreich Bayern erst 1866 eingeführt. Als wichtiges Kriterium für die Begutachtung des Gesuchs durch den Magistrat der Stadt wurde dabei erwogen, ob die Neugründung nicht die Erwerbsmöglichkeiten der schon niedergelassenen Fabrikanten, Manufakturisten und Kaufleute schmälere oder deren Existenz gar bedrohe.

Zugleich mußte der um die Konzession nachsuchende junge Kaufmann seine persönlichen Voraussetzungen und Fähigkeiten nachweisen. Als Grundlage für die Eröffnung eines eigenen Geschäfts führte er an, er sei bereits Teilhaber der Baumwollmanufaktur seines Vaters, zugleich aber auch Bürger und Familienvater. Somit gehöre er bereits dem Verband der Stadtbürger an, besitze also schon das Heimatrecht. Mit eigener Familie empfehle sich auch rechtlich die Selbständigkeit.

Die zu begründende Manufaktur solle „in derselben Art" errichtet werden, wie die anderen vergleichbaren Unternehmen am Ort: er beabsichtige ebenso wie diese die Fertigung „baumwollener Tücher, Ankleide und Meubles Zeuchs und dergl. Sachen". Als Rohstoffe hierfür sollten vor allem Baumwollgarn, Leinengarn und Schafwolle ver-

wendet werden. Nicht notwendig sei es, daß die Arbeiter in einem ihm gehörenden Gebäude arbeiteten, sondern ,,jeder derselben bekümt, wie es hier üblich ist", das Rohmaterial nach Hause und liefert dann die nach Vorschrift des Manufakturisten gefertigten Waren an denselben zurück. Diese Handweber verfügten in ihrer Stube über ihren eigenen Webstuhl, sie besaßen ihre Produktionsmittel selbst und waren somit auch ,,ihr eigener Herr" in der Einteilung ihrer Arbeitszeit. Sie erhielten lediglich Anweisungen des Manufakturisten zur Verarbeitung des Rohgarns und wurden für ihre Arbeitsleistung von diesem bezahlt, blieben somit eigenständig. Daher brauche der Manufakturist kein eigenes Fabrikgebäude, betont unser Gesuchsteller. ,,Lokalitäten" seien lediglich zur Aufbewahrung des Rohmaterials und zur Übernahme der Waren nötig, ferner ein ,,Comptoir", ein Büro. Die notwendigen Räume finde er im Hause seines Bruders, der über fünf Gewölbe und acht Wohnzimmer verfüge. Diese räumliche Disposition biete sich schon allein deswegen an, weil dieser Bruder auch zugleich sein Compagnon sei, mit dem er ohnehin das Geschäft gemeinschaftlich zu betreiben gedenke.
Das notwendige Kapital stamme aus zwei Quellen. Einmal habe er von seinem Vater, dem schon genannten ,,Fabrikanten" Gebhardt, 5000 Gulden teils in barem Geld, teils in unverarbeitetem Garn, aber auch in fertigen Waren als Startfond erhalten. Hinzu komme die standesgemäße Mitgift seiner Ehefrau in Höhe von 6000 Gulden. Dieses Vermögen von 11000 Gulden solle zusammen mit dem seines Bruders das Betriebskapital der Manufaktur bilden.
Als Nachweis seiner Qualifikation, eine Manufaktur in kaufmännischer Hinsicht überhaupt betreiben zu können, sei seine langjährige Praxis im Geschäft seines Vaters anzuführen, in dem er in der Funktion eines ,,Gehülfen und Teilhabers" gearbeitet habe. Daher werde seine Existenz ausreichend begründet und gesichert sein. Darüber hinaus aber wolle er darauf hinweisen, daß in der Stadt und ihrer Umgebung, dem Frankenwald und dem Fichtelgebirge, eine große Zahl von Handwebern wohne, die in der Fertigung von Baumwollwaren ein so hohes Maß an Erfahrungen, Kenntnissen und handwerklichem Können besäßen, daß sie mit allen in- und ausländischen konkurrierenden Unternehmen hinsichtlich der Qualität mithalten könnten. Ihre Arbeitslöhne seien zudem niedrig. Da er im Manufakturgeschäft schon mehrere Jahre tätig sei, werde es ihm gelingen, Absatzmärkte ,,im Ausland" zu finden.
Diese Beschreibung der Merkmale eines dezentralen Manufakturgeschäfts, das auf Lohnarbeit von Handwebern beruhte, die auf eigenen Webstühlen zuhause in ihrer Stu-

Die Friedrich Alfred Hütte in Rheinhausen, um 1905
Die bis dahin unberührte Landschaft am Rheinufer wurde umgepflügt, als dieses großindustrielle Hüttenwerk seit 1896 erbaut wurde. Es war konsequent geplant und ermöglichte einen geschlossenen Produktionsablauf, der die Verarbeitung von Erz zum Endprodukt so organisierte, daß keine neue Erwärmung des Materials zwischen den einzelnen Arbeitsgängen erforderlich war und somit ,,in einer Hitze" gearbeitet werden konnte: das Erz wurde im Hochofen verhüttet, im Konverter zu Stahl umgewandelt und im Walzwerk in die gewünschte Form zur Weiterverarbeitung gebracht. Die Rohstoffe wurden aus kruppeigenen Gruben angeliefert: Erze aus den 1889 und 1894 erworbenen Gruben in Lothringen, Kohle aus den Zechen ,,Hannibal" bei Bochum, ,,Emscher-Lippe" und anderen.
Das Hüttenwerk war bewußt in einem Gelände mit direktem Anschluß an die Hauptverkehrsadern angelegt worden: die Schiffahrt auf dem Rhein und die Eisenbahnlinien ermöglichten schnellen und billigen Transport.
Dieser Bau auf der bis dahin ,,grünen Wiese" erforderte aber auch eine Reihe von zusätzlichen Einrichtungen: einen eigenen Bahnhof, Wohnsiedlungen für das Heer von Arbeitern und Beamten, Gemeinschaftswohnhäuser für ledige Arbeiter, für den Feierabend eine Bücherhalle und eine Bierhalle, für die medizinische Versorgung ein Krankenhaus. Um den Kreislauf von Arbeit und Versorgung im Kruppschen Werk zu schließen, errichtete die Essener Konsumanstalt eine Zweigstelle. Eine kleine, eigene Stadt entstand.
Die weit über das Land ziehenden Dampf-, Rauch- und Abgaswolken (Schwefeldioxyd) verändern auch außerhalb des Betriebsgeländes die Natur.

be fertigten, ist typisch für die vorindustrielle Marktproduktion. Wir kennen diese Formen aus verschiedenen Textilgebieten in den Mittelgebirgslandschaften, wo die kargen Böden für die landwirtschaftliche Arbeit nicht sehr ertragreich waren und ländliches Gewerbe entstanden war, unter anderem auch aus dem schlesischen Riesengebirge. Gerhart Hauptmann hat das Drama dieser Weber in seinem Schauspiel dargestellt. Der Weberaufstand gegen die Fabrikanten in Langenbielau zeigt die Situation der vierziger Jahre: die Konkurrenz der in England maschinell billiger produzierten Stoffe drückt die ohnedies schon niedrigen Preise der Weber für ihre Arbeit; andererseits waren sie der lohnsenkenden Willkür der Fabrikanten ausgesetzt, die genügend Handweber bekommen konnten, um den einzelnen zu zwingen, teilweise sogar noch unterhalb des Existenzminimums zu arbeiten, da es bis zur Entstehung industrieller Fabrikbetriebe noch keine Ausweichmöglichkeiten gab. In der Gegend um Hof überliefert die kollektive Erinnerung der Menschen ebenfalls Berichte von großer Not und ärmlichsten Lebensbedingungen der Handweber.
Andererseits führt unser angehender Manufakturist dies gerade als wichtigen Standortvorteil für die ,,Fabrikanten" an, um zu Beginn der vierziger Jahre ausreichende Gewinne auf den Märkten mit den Baumwollwaren erzielen zu können. Die Gewinne aus diesen Manufakturen wurden jedoch für die Industrialisierung wichtig, sie flossen als Kapital in die Fabrikaktien.
In den fünfziger Jahren begann sich die Industrialisierung beispielsweise in Schwaben, im Elsaß und im Bielefelder Raum auch auf die noch traditionell arbeitenden Regionen stärker auszuwirken. Die Absatzmöglichkeiten der von Handwebern hergestellten Baumwollwaren gerieten zunehmend in eine strukturelle Krise.

Die Gründung einer Fabrik

Es ist daher sowohl im eigenen Interesse der Manufakturbesitzer und Kaufleute, aber auch der beschäftigungslos gewordenen und in einer völlig ungesicherten Situation lebenden Handweber gewesen, daß sich ein Initiativausschuß zur ,,Constituierung einer Aktiengesellschaft" im Jahre 1853 mit einem klaren Programm zusammenfand:[10] ,,Die Errichtung von neuen Fabriken ist also gewiß ebenso nützlich als höchst wünschenswert." Es gab in diesen Jahren einen Mangel an Garnen. Der 1833 gegründete Zollverein schützte deutsche Garne zwar vor der ausländischen Konkurrenz; da jedoch der Bedarf im eigenen Lande nicht gedeckt werden konnte, wurden schweizer und englische Garne eingeführt. Diese Situation nahm der Initiativausschuß zur Gründung einer ,,Mechanischen Baumwollen Spinnerei" in Hof zum Anlaß, die Startbedingungen genau zu analysieren. Es sollte über diese Organisationsform der Aktiengesellschaft genügend Kapital zusammenkommen, um eine größere Spinnerei zu finanzieren, die im Falle des Erfolgs später noch erweitert werden könnte. Also mußten Aktionäre mit Argumenten gewonnen werden. Der Standort der Stadt Hof war gegenüber dem der Konkurrenz, beispielsweise in der Schweiz oder in Schwaben, günstig. Hof war Baumwoll- und Garnmarkt und bezog die Rohstoffe auf dem Wasserweg der Elbe, vom Importhafen Hamburg bis Riesa. Dort wurden sie auf Eisenbahnwaggons verladen und auf der seit 1848 ausgebauten Eisenbahnlinie (Leipzig-Hof-Nürnberg-Augsburg-München) nach Hof transportiert. Zudem konnte die für den Betrieb einer Dampfmaschine notwendige Kohle ebenso auf dieser Eisenbahnlinie relativ billig aus dem sächsischen Kohlenrevier um Zwickau herangefahren werden. Die Vorteile des neuen Transportmittels wurden sichtbar. Die 350 aufgelegten Aktien zu 1000 Gulden waren sehr schnell von den Kapitalbesitzern aus der Region gezeichnet worden: es waren zumeist Kaufleute und Manufakturbesitzer, die über genügend Kapital verfügten, um dies nun in die neue industrielle Fabrik zu stecken. Als die Kapitalbasis gesichert war, gingen die von einer entscheidungsfähigen Generalversammlung beauftragten Herren daran, die anderen erforderlichen Vorbereitungen zu treffen: ein durch langjährige Erfahrung in leitenden Positionen an Allgäuer Fabriken geeignet erscheinender ,,Manager" wurde für die ,,Instandsetzung der Spinnerei" und die technische Leitung des Betriebes gewonnen, Maschinen (Mule-Spinnmaschinen) für 10000 Spindeln wurden bestellt, ein Bauplatz gekauft.
Von Beginn an sollten auch eine ,,Arbeiter Kranken-Unterstützungsanstalt" und eine ,,Arbeiter Sparkasse" zu den betrieblichen Einrichtungen zählen. Geeignete Arbeiter zu finden, war man sich aus Erfahrung sicher, das bedurfte nicht eigens der Erwähnung.

Maschinenhaus, 1890
Die Dampfmaschinen waren als zentrale Kraftmaschinen so aufgestellt, daß ihre Bewegungsenergie mit Transmissionen übermittelt werden konnte. Die Dampfmaschinen galten als Symbol des neuen industriellen Zeitalters, denn sie lieferten mit einer bis dahin nicht gekannten, naturunabhängigen Regelmäßigkeit ihre Antriebskraft. Der Maschinist hatte die verantwortungsvolle Aufgabe, diese Kräfte zu beherrschen und zu steuern. Sein Arbeitsplatz ist die Schalttafel an der Frontseite.

Die Bahnhofshalle von Frankfurt am Main, 1895
Der Bau von Einsteighallen für die Eisenbahnzüge wurde zunehmend seit den siebziger Jahren in der neuen Technik der Glas-Eisen-Konstruktion realisiert. Sie erwies sich gegenüber der alten Holzbauweise als überlegen, da die Tragfähigkeit des Werkstoffes Eisen es erlaubte, auch große Spannweiten zu überdachen. Die Bauelemente konnten standardisiert und industriell gefertigt werden. Als Symbol des Durchbruchs dieser neuen Technik wurde der für die Pariser Weltausstellung von 1889 errichtete Eiffelturm von den Zeitgenossen bewundert. Der Ausbau der Eisenbahn seit etwa 1840 bis zum Jahrhundertende war eine wichtige Basis für die Entwicklung der Maschinenbauindustrie.

Handwerk, Manufaktur, Fabrik

Der Handwerker bearbeitet sein Produkt in allen erforderlichen Arbeitsphasen selbst. In der Manufaktur ist dagegen zur Herstellung der Ware eine arbeitsteilige Kooperation organisiert: der Manufakturbesitzer finanziert die Arbeit mit seinem Kapital und verkauft die Ware. Er gibt die Rohmaterialien aus, um sie von Handwerkern in Lohnarbeit verarbeiten und anschließend vielleicht noch von einem Färber veredeln zu lassen. Neben dieser dezentralen Manufaktur gab es auch die zentrale Manufaktur, beispielsweise in der Porzellanherstellung oder in der Tabakverarbeitung. In einem Manufakturgebäude konzentrierten sich verschiedene Lohnarbeiter auf jeweils unterschiedliche Arbeitsgänge bei der Herstellung eines Produkts. Sie benutzten Werkzeuge, leisteten aber damit Handarbeit.

Im Unterschied zu den beiden, auf Handarbeit beruhenden Organisationsformen der Manufaktur, bestand die historisch entscheidende Neuerung der Fabrik im systematischen Einsatz von Maschinen: Kraftmaschinen zum Antrieb und Arbeitsmaschinen werden im Arbeitsablauf aufeinander bezogen, miteinander koordiniert. Charakteristisch für die industrielle Arbeit in der Fabrik ist es, daß die Arbeiter, die Angestellten, und die Direktoren an diesem Zentralort zusammenkommen. Ihre Zusammenarbeit in der Fabrik beruht auf einer klaren Definition der jeweiligen Funktionen und Verantwortlichkeiten, die die am Arbeitsprozeß (beispielsweise beim Bau einer Dampfmaschine) beteiligten Personen zueinander einnehmen:[11] Die Rolle des Unternehmers oder der Aktionäre beruht auf ihrer Einlage von Kapital (in Erwartung eines Ertrags oder einer Rendite), mit dem das Fabrikgrundstück und ein Gebäude gekauft, die Maschinen angeschafft und die Rohstoffe, aber eben auch die Löhne der erforderlichen Arbeitskräfte, bezahlt werden. Der persönlich leitende Unternehmer oder der von Aktionären eingesetzte und ihnen verantwortliche Direktor und Manager kontrollieren den Einsatz des Kapitals, stellen die Arbeitskräfte ein und leiten deren Einsatz. Sie definieren die jeweiligen Aufgaben im Arbeitszusammenhang und sorgen zugleich für den Verkauf der in der Fabrik hergestellten Produkte auf dem Markt. Die Hierarchie von Verfügungsgewalt und Rollenverteilung beim Einsatz des Kapitals und der Organisation der Arbeit mit Hilfe von Maschinen bildete sich mit der Geburt der Fabrik heraus.

Arbeitern und Handwebern war es – von Ausnahmen abgesehen – nicht möglich, die hohen Investitionskosten für die mechanischen Anlagen und die Maschinen aufzubringen. Die Gründung einer Werkstätte und deren Ausbau zu einer Fabrik ,,dynamo-elektrischer" Maschinen, die beispielsweise Sigmund Schuckert mit von seinem zurückgelegten Lohn angesammelten Ersparnissen finanzieren konnte, zählt zweifellos zu den Ausnahmen. Ohnehin galt die Möglichkeit der Fabrikgründung mit geringem Kapital allenfalls für besonders qualifizierte Facharbeiter und Handwerker, nicht wenige scheiterten aber auch bei solchen Versuchen.

Einzelnen Fabriken gelang innerhalb von drei oder vier Jahrzehnten nach Beginn der Industrialisierung der Ausbau von kleinen Werkstätten zu riesigen Fabrikarealen mit verschiedenen Fabriken, die unterschiedliche Produktionszweige aufnahmen. Die Maschinenfabrik Augsburg, die 1840 gegründet wurde, entwickelte sich bis zur Jahrhundertwende zu einem Werksgelände. Die Gußstahlfabrik Krupp in Essen beispielsweise war bereits Mitte der sechziger Jahre zu einer eigenen Fabrikstadt gewachsen: durch Neubau von Hallen (zum Beispiel für den Hammer Fritz), von Werkstätten und Schmieden. Der Ankauf von Kohle- und Erzgruben und der Bau großindustrieller Hütten um 1900 war die Konsequenz. Imperien der Schwerindustrie entstanden.

Dieser Prozeß zeigt sich anschaulich in der Zahl der Beschäftigten. Während um 1840 schon dreißig bis fünfzig Arbeiter eine große Fabrik ausmachten, gab es um 1910 Werke mit tausenden von Arbeitern. Die Gußstahlfabrik von Krupp zählt schon früh zu den führenden schwerindustriellen Fabriken in Deutschland:

1819	8	Beschäftigte
1848	74	"
1853	357	"
1861	2108	"
1891/92	25000	"

Die Fabrik begründet zugleich auch ein soziales Verhältnis der darin Arbeitenden. Dieses Wachstum macht aber deutlich, daß von der patriarchalischen Rolle der Fürsorge des Werkstattbesitzers zu ,,seinen" Arbeitern bereits in den

Das „Borsig'sche Etablissement zu Moabit bei Berlin", um 1855
Die Rauchfahnen galten in den fünfziger Jahren des 19. Jahrhunderts, beim Durchbruch der ersten Industrialisierungswelle, als Symbol und Zeichen, als „Fahnen" des Fortschritts, und dies besonders in den neuen Industrievierteln, die um diese Zeit gerade entstanden. Wo Fabrikschlote rauchten und industrielle Arbeitsstätten ausgebaut wurden, begann die neue Zeit. An das Wachstum der neuen Industriezweige band sich die Hoffnung auf Wohlstand oder zumindest die Verbesserung der Existenz durch regelmäßige Arbeit.

größeren Fabriken der fünfziger Jahre in der Wirklichkeit nicht mehr viel geblieben sein kann, wenn auch der Anspruch, das soziale Leitbild, weiter bestand, aber stärker institutionelle Formen in Stiftungen und Schenkungen annahm. Im ausgehenden 19. Jahrhundert gab es dann bereits Massenbetriebe, in denen der einzelne Beschäftigte sich leicht als winziges „Rädchen" empfand, die Fabrik selbst aber als eine übermächtige arbeitsteilige Maschine. Die Fabrik wurde für den einzelnen Arbeiter vollkommen unüberschaubar.

Werften beispielsweise wuchsen seit der Zunahme des Schiffsbaus um 1900 zu solchen Massenbetrieben. So zählte Blohm & Voß 1919 etwa 10000 Arbeiter und Angestellte, 1930 bestand die Werft bereits aus vielen Einzelbetrieben, Büros und Sonderdiensten, die für die Montage eines Schiffsneubaus produzierten und zulieferten: zwei Maschinenfabriken, zwei Schlossereien, drei Kesselschmieden, zwei Tischlereien und anderen Werkstätten mehr.

Als die elektrotechnischen Fabriken durch die verstärkte Elektrifizierung in den neunziger Jahren und um 1900 zur Massenfertigung übergehen mußten, wurde der Bau völlig neuer und geplant angelegter Fabriken und Werke notwendig, dies war gleichermaßen bei Schuckert, AEG und bei Siemens der Fall. Sie wurden auf damals noch freiem Felde vor der Stadt gebaut, da an den alten Standorten in den dichtbebauten Straßen innerhalb der Stadt weitere notwendige Erweiterungen nicht mehr möglich waren. Zudem boten solche Neubauten die Chance, neue, auf Rationalität angelegte Fertigungsweisen zugrunde zu legen: ein Ingenieur plante die erforderlichen Hallen und ihre Nebentrakte, ein Architekt wurde lediglich hinzugezogen, um die funktionale Konstruktion ästhetisch zu schmücken.

2. Industrialisierung

Was ist Industrialisierung?

Seit der Mitte des 18. Jahrhunderts befinden sich Arbeits- und Lebensformen, Kultur und Gesellschaft in einem tiefgreifenden Wandel, der sich in den letzten Jahrzehnten noch beschleunigt hat: Fabriken sind überall entstanden, Wirtschaftsstrukturen, Technik und Alltagskultur verändern sich kontinuierlich. Dies ist in unserer eigenen Umgebung sichtbar. Wir bezeichnen diese Veränderung gewöhnlich mit dem Begriff „Modernisierung“.[1]

Ausgelöst wurde dieser selbstverständlich gewordene dynamische Prozeß des ständigen Wandels nahezu aller gesellschaftlichen, kulturellen und politischen Lebensumstände durch die Industrialisierung. Die Fabrik ist dabei die wichtigste räumliche und soziale Institution. Als Industrialisierung können wir einige Wirkungsfaktoren beschreiben, deren Zusammenspiel notwendig ist. Hierzu zählen:[2]

die Entwicklung von Arbeitsmaschinen und mechanischen Anlagen;

die Ersetzung von tierischer oder menschlicher Kraft durch die unbeseelte Kraft der von Dampf, Elektrizität, Gas etc. angetriebenen Maschinen;

die Verbesserung von Verfahren zur Erzeugung und Verarbeitung von Rohstoffen, beispielsweise das Bessemerverfahren zur Herstellung von Stahl;

die Konzentration der Produktion in der Fabrik mit ihrer charakteristischen Kombination von Arbeits- und Kraftmaschinen;

die Produktion für den Markt;

die zunehmende Arbeitsteilung;

die Trennung der Arbeitenden in Unternehmer als Besitzer der Produktionsmittel, charakterisiert durch Eigentum an investiertem Kapital und darauf gegründetem unternehmerischen Handeln;

und Arbeiter, die lediglich die freie Verfügung ihrer eigenen Arbeitskraft in den Produktionsprozeß einbringen können und dafür einen Lohn erhalten;

eine neue exakte Zeitstruktur und damit verbunden ein synchrones System von Disziplin, Selbstdisziplin und Kontrolle.

Das Zusammenspiel dieser Faktoren, die insgesamt den Industrialisierungsprozeß ausmachen, vollzog sich historisch in verschiedenen geographischen Räumen unterschiedlich schnell. Die jeweiligen kulturellen, wirtschaftlichen, gesellschaftlichen und politischen Voraussetzungen beschleunigten oder verzögerten den Durchbruch und die Entwicklung dieser neuen Arbeitsformen, je nach den besonderen Umständen von Nation, Region oder lokalen Räumen.

Beginn der Industrialisierung in England

Am Ende des 18. Jahrhunderts war England bereits eine teilweise industrialisierte Nation. Die Zeitgenossen und vor allem die Kaufleute und Manufakturisten reisten von den

Die Eisenbahner mit ihrer Maschine bei der Einfahrt in die Fabrik, um 1910
Lokomotiven dieser Art, sogenannte T_3, waren besonders im Bereich der Königlich Preußischen Eisenbahnverwaltung in Betrieb. Sie waren vorzugsweise beim Rangierverkehr zwischen den Industrieanlagen und den Güterbahnhöfen eingesetzt.

„Frei der Eiserne Pfad – eile, geflügeltes Rad! Rings um das Erdenrund knüpfe den Völkerbund", Photo um 1895
Dieser 1882 am Empfangsgebäude des neuen Bahnhofs am gerade eröffneten Nordeingang des St. Gotthard-Tunnels angebrachte Spruch formuliert den programmatischen Mythos, der die Eisenbahnen im 19. Jahrhundert umgab. Die Weite der Entfernungen, die nun über Ländergrenzen hinweg zurückgelegt wurden, und die hohen bis dahin unbekannten Geschwindigkeiten, die die Lokomotiven erreichen konnten, vermittelten den Menschen ein neues Raumgefühl: die Verkürzung von Entfernungen, die Verbindung der Länder und Nationen, der Regionen.
In den größeren Städten hatte der Personen- und Güterverkehr bis in die achtziger Jahre so zugenommen, daß vielfach neue Bahnhofsanlagen weiter außerhalb, auf noch freien Flächen am Rande der Städte angelegt wurden.

Ländern des Kontinents auf die Britischen Inseln, um mit Bewunderung die neuen Textilfabriken und deren Arbeitsformen persönlich kennenzulernen und aus eigener Anschauung beurteilen zu können. Die Größe der Fabrikanlagen und die Güte der Produkte spielten in ihren Schilderungen eine wesentliche Rolle. Doch um diesen Industrialisierungsprozeß überhaupt zu ermöglichen, waren einige grundlegende Innovationen notwendig gewesen und vorausgegangen. Betrachtet man diese genau, so zeigt sich, daß sie in den seltensten Fällen „Erfindungen" im Sinne eines einmaligen neuen Einfalls waren, sondern in Wirklichkeit ganze Ketten von Einzelschritten, die insgesamt dann eine neue Technik und eine Maschine hervorbrachten. Gerade in der Frühphase der Industrialisierung ist dies gut sichtbar.
Im Jahre 1709 war Abraham Darby ins Severntal, in der Grafschaft Shropshire, gezogen. Er war als Kaufmann und Hüttenbesitzer an Verbesserungen der tradierten Techniken der Eisenherstellung interessiert und begann bald – und dies war revolutionierend – eiserne Gefäße in Sandformen zu gießen. Bis dahin war üblicherweise in Formen aus Lehm gegossen worden, ein sehr umständlicher Arbeitsvorgang, der mit hohen Kosten für Gußwaren verbunden gewesen war. Der Hochofen war traditionell mit Holzkohle befeuert worden. Darby experimentierte auch mit den Brennstoffen und fand heraus, daß es wesentlich günstiger war, Kohle zu verkoken und mit Koks den Hochofen zu befeuern: das Formen und Gießen in Sand und die Verhüttung mit Koks verbilligten und beschleunigten die Herstellung von Eisenwaren wesentlich.
Darbys Sohn verbesserte einen weiteren Faktor entscheidend: den Transport. Man hatte traditionell die geförderte Kohle und die Grubenbaustoffe auf Pferden transportiert. Der junge Darby hingegen ließ nun eine Straße bauen und mit Schwellen und Schienen belegen, wie dies bereits in Nordengland praktiziert wurde. Da Holz als einer der wichtigsten Rohstoffe knapp und teuer war, ging er dazu über, Schienen und Schwellen aus Roheisen einzusetzen, die zwar in der Anschaffung keineswegs billiger waren, sich aber nicht so rasch abnutzten. Auf diesem Schienenweg konnten drei Pferde dieselbe Gütermenge in Wagen befördern, die man zuvor zwanzig Pferden hatte aufladen müssen.
In der Textilherstellung hatte sich in der ersten Hälfte des 18. Jahrhunderts eine andauernde Garnknappheit hinderlich auf die Weiterentwicklung ausgewirkt. 1733 hatte der englische Ingenieur Kay das sog. ‚Schnellschützensystem' konstruiert, das die Arbeitsproduktivität der Weber so steigerte, daß 8 bis 12 Spinner arbeiten mußten, um das erforderliche Garn für einen Weber liefern zu können. Durch dieses Ungleichgewicht entstand ein starker Druck, diesen Zustand zu verändern: 1735 wurde die erste Spinnmaschine von Wyatt gebaut, die bereits spinnen konnte, ohne dabei noch den Einsatz der Hand beim Spinnvorgang zu erfordern, der mit dieser Maschine mechanisiert wurde.

Die Dienstmänner vom Anhalter Bahnhof, 1906
Die Bahnhöfe waren vor der Motorisierung die fast ausschließliche Drehscheibe für den Personen- und Güterverkehr. Da zudem in der wilhelminischen Gesellschaft bei wohlhabenden und ,,feinen" Leuten, vor allem bei Damen, der Grundsatz galt, daß das Schleppen von Gepäck nicht nur anstrengend, sondern auch ,,unschicklich" sei und das eigene Ansehen mindere, gab es auf jedem Bahnhof eine beachtliche Zahl von Dienstmännern. (Jeder hatte eine Nummer zur Identifikation zugeteilt bekommen und trug diese auf der Mütze.) Ihre Körpersprache signalisiert die tägliche Kraftanstrengung, die körperliche Arbeit des Tragens. Es ist zu dieser Zeit üblich, daß ein alter Mann (ganz rechts) weiterarbeitet, solange es geht, denn die Altersversorgung ist noch sehr selten ausreichend. Dienstmänner gab es auf den Bahnhöfen bis in die 60er Jahre.

Doch den eigentlichen Durchbruch schuf die nochmals verbesserte ,,spinning Jenny", die Hargreaves 1767 konstruierte. Auf ihr konnte bereits mit 12 bis 18 Spindeln gleichzeitig mechanisch gesponnen werden, wodurch die beim Arbeitsvorgang erzeugte Menge entscheidend stieg. Kurz darauf, 1771, begann Arkwright die mit Wasserkraft betriebene Flügelspinnmaschine einzuführen.
Ein weiterer Schritt und vorläufiger Höhepunkt einer Entwicklungskette in der englischen Industrialisierung war dann 1779 die Einführung der Mule-Spinnmaschinen durch Crompton. Einige Jahre danach konnte auch die Produktivität des Webens wesentlich durch den ,,Mechanischen Webstuhl" gesteigert werden, den Cartwright 1785 baute. Die Konstruktion von Arbeitsmaschinen zur Mechanisierung des Spinnens und Webens als ineinandergreifende Arbeitsgänge war damit soweit ausgereift, daß die englische Baumwollherstellung den industriellen Durchbruch vollzog.[2]
Bereits 1769 hatte James Watt eine als Kraftmaschine einsetzbare Version der Dampfmaschine vervollkommnen können, an der ebenfalls schon verschiedene Konstrukteure jahrzehntelang experimentiert hatten. Der Bau dieser Dampfmaschine verlieh dem englischen Maschinenbau seine technologische Führungsrolle. Die entstehenden Textilfabriken begannen neben der Wasserkraft auch die Dampfmaschinen zum Antrieb einzusetzen, aber auch die Pumpen zum Entwässern von Bergbaugruben wurden bald in großer Zahl damit ausgerüstet.

Immer wieder wurde die Frage diskutiert, warum der Industrialisierungsprozeß in England begonnen hatte. Zwei plausible Gründe sind hierfür zu nennen: Einmal war England als Insel mit günstigeren Transportverbindungen auf Wasserwegen versehen, um Kohle und Eisenerze zusammenzuführen und dann die fertigen Waren zu ihren Märkten zu bringen. Die Entfernungen zur Küste waren zu bewältigen. Ein weiterer Grund ist darin zu erkennen, daß Großbritannien als Kolonialmacht unter dem Schutz seiner militärischen Gewalt Rohstoffe, wie beispielsweise Baumwolle aus Indien einführen und zugleich dorthin die industriell gefertigten Waren wieder liefern konnte. Daneben boten sowohl der englische Heimatmarkt wie auch die europäischen Nationen große Absatzgebiete.

Voraussetzungen und Vorphase der Industrialisierung in Deutschland

Am Ende des 18. Jahrhunderts, als die Industrialisierung in England schon grundsätzliche Wandlungen in Gang gebracht hatte, war Deutschland noch bäuerlich-agrarisch geprägt. 85 Prozent der Bevölkerung lebten auf dem Land. Der Analphabetismus war vorherrschend, allerdings mit großen regionalen Unterschieden: in Sachsen um Leipzig gab es protestantische Gegenden, deren Bevölkerung zu einem hohen Prozentsatz lesen und schreiben konnte, und anderseits katholische Dörfer in Altbayern, in denen allen-

falls der Pfarrer schriftkundig war. In den noch weitgehend mittelalterlich strukturierten Städten sprachen die Zünfte nach wie vor ein bestimmendes Wort.
Dennoch hatte etwa um 1720 auch in Deutschland eine ,,Transformationsphase" eingesetzt, die die langsame Auflösung der traditional-ständischen Gesellschaft bewirkte und entscheidende kulturelle und wirtschaftliche Voraussetzungen für die Industrialisierung schuf. Dies war die Entstehung der bürgerlichen Kultur und Gesellschaft und die Herausbildung nichtzünftischer Arbeitsformen bei den Kaufleuten, den Verlegern und Manufakturisten sowie den freien Lohnarbeitern, wie den Kattundruckern, den Handwebern, den Spielzeugmachern und anderen Leuten.

Die Herausbildung der bürgerlichen Kultur schuf neue Bedingungen, die für die Kaufleute und dann die Fabrikanten selbstverständlich wurden und Wissen sowie notwendige Informationen für den Arbeitsalltag verfügbar machten:[3] Ein Informationssystem bildete sich heraus: über Zeitungen und Zeitschriften, patriotische und Lesegesellschaften, aber auch Geselligkeitsvereine, in denen man sich zum Gespräch, zur Unterhaltung und zur Selbstaufklärung, sowie Beratung über Reformmöglichkeiten versammelte. In dieser Tradition entstand beispielsweise bereits 1792 die Hamburger ,,Patriotische Gesellschaft zur Beförderung der vaterländischen Industrie", in der grundsätzliche Maßnahmen zur Gewerbeförderung beraten wurden. Andere Polytechnische Vereine, wie der Berliner, regten Gewerbeausstellungen an und machten Erfindungen bekannt. Schriftlichkeit und eine flüssige deutsche Hochsprache zählten zu den selbstverständlich beherrschten Kulturtechniken in dieser neuentstandenen bürgerlichen Schicht, die sich schon allein damit von der großen Mehrheit der Dialekt sprechenden Bevölkerung abhob. Um die Mitte des 18. Jahrhunderts hatte sich der Fortschrittsbegriff der Aufklärung in der bürgerlichen Kultur durchgesetzt. Die gesellschaftlichen Lebensbedingungen und auch das individuelle Handeln der Menschen wurden als verbesserungsbedürftig, aber auch verbesserbar zum Gegenstand von Erörterungen und Versuchen. Es wurde darüber nachgedacht, wie Kindererziehung sinnvollerweise aussehen solle, wie in der individuellen Haushaltsführung von Kaufleuten dem notwendigen Repräsentationsbedürfnis nachgekommen und zugleich aber die gebotene Sparsamkeit gewahrt werden könne, welche Erfahrungen und Möglichkeiten der Erkennung, Heilung oder Linderung von körperlichen und psychischen Krankheiten bekannt seien, aber auch wie Arbeitsmöglichkeiten für beschäftigungslose und verelendete Menschen geschaffen werden könnten.

Die Eisenbahnerin, etwa 1916
Während des Ersten und Zweiten Weltkrieges wurden die Stellen von zum Militär eingezogenen Männern mit Frauen besetzt, wie hier bei der Berliner Stadt- und Ringbahn. Die ankommenden und abfahrenden Züge werden auf dem Bahnsteig durch ein herausgezogenes Schild angezeigt. Ganz rechts steht ein gußeiserner Automat, der mit neobarocken Verzierungen geschmückt ist und vermutlich in den achtziger Jahren des 19. Jahrhunderts hergestellt wurde.

Die Grundthese war formuliert: es sei möglich, die Lebensumstände und Arbeitsformen durch eigenes Handeln mit dem Ziel zu verbessern, dadurch mehr individuelles Glück zu erreichen und die „Harmonie" eines glücklichen gesellschaftlichen Zusammenlebens unter besseren Umständen erfahren zu können.

Diese Utopie der Aufhebung von Leid, trennenden Widersprüchen und Konflikten war charakteristisch für die bürgerliche Hoffnung und die Aufbruchsutopie aus den Schranken der feudalen Gesellschaft. Sie hatte motivierende Kraft.

Dazu müsse allerdings die individuelle Entwicklung der Menschen durch Selbstaufklärung weiter vorangetrieben werden: um mündig, in eigener Verantwortung handeln und sich zugleich ein eigenes Urteil bilden zu können.

Dieser liberale Anspruch blieb nahezu ungebrochen bis zur Revolution von 1848/49 als bürgerlicher Emanzipationsanspruch einer aufgeklärten, humanistisch eingestellten Minderheit. Der spätere Industrieherr Cramer-Klett verstand sich noch in den vierziger Jahren als Träger eines aufgeklärten Fortschrittsverständnisses.[4] Der Beginn der Industrialisierung galt im bürgerlichen Bewußtsein bis in die Mitte des 19. Jahrhunderts auch als Einlösung dieser Hoffnung auf neue, freiere Lebens- und Arbeitsformen. Ein Teil der Arbeiterschaft hatte allerdings zu dieser Zeit bereits die Folgen ökonomischer Abhängigkeit erfahren.

Die Eisenbahner auf dem Heimweg, 1932
Eine Zigarette nach Dienstschluß war das erste. Lokführer und Heizer der deutschen Reichsbahn posieren vor einem Lokschuppen. Er war halbkreisförmig gebaut, so daß das Anschlußgleis über die Drehscheibe, die die Eisenbahner gerade überqueren, mit allen Halleneinfahrten verbunden war.

Darüber hinaus wurde über die „Nützlichkeit" des Handelns in der Arbeit nachgedacht. Durch die Beobachtung der gesellschaftlichen Wirklichkeit und der individuellen Entscheidungsbedingungen wurden Möglichkeiten der Effektivierung und der „Rationalisierung" von Arbeitsformen gefunden. Es kam nicht mehr darauf an, wie in der traditional-ständischen Gesellschaft, nach deren Verhaltensmustern sich nach wie vor die zünftischen Handwerker und Bauern richteten, eine Arbeit so auszuführen, „wie es schon immer war", sondern durch individuelles Überprüfen, durch „vernünftiges" Handeln im Alltag den „Nutzen" zu steigern. Dies ist ein Rationalisierungsanspruch, der bis in unsere Gegenwart gültig geblieben ist. Die Zahl von Versuchen wuchs, neue wirksamere Arbeitsgeräte zu finden oder beispielsweise Öfen für einen geringeren Verbrauch an Heizmaterial zu bauen.

Eine dritte weltanschauliche Wertsetzung kam durch die bürgerliche Aufklärung in das Bewußtsein: Alle Menschen besitzen aufgrund ihrer naturrechtlichen Würde ein gleiches Recht auf Individualität und persönliche Selbstentfaltung. Einige Spätaufklärer wie Immanuel Kant oder Johann Benjamin Erhard leiteten daraus im ausgehenden 18. Jahrhundert die Notwendigkeit der Emanzipation aus sozialen Abhängigkeiten – beispielsweise der Dienstboten – und entmündigender ständischer Hierarchie ab.

Die erstmals als politischer Anspruch debattierte und von einer breiten Volksbewegung getragene Forderung nach Grundrechten und Abschaffung der Reste des Feudalsystems wurde in dieser Tradition 1848/49 in der Frankfurter Nationalversammlung vorübergehend durchgesetzt. Die Realisierung der Grundrechte scheiterte jedoch am Widerstand der Fürsten und dem Erstarken der neoabsolutistischen Reaktion binnen kurzer Zeit.

Die motivierenden Sinnansprüche lauteten also: Die Verbesserung von Lebens- und Arbeitsumständen ist auf allen Ebenen erstrebenswert, dazu sind Überlegungen notwendig, die den größtmöglichen „Nutzen" erkennbar machen und somit Effektivierung und Rationalisierung erlauben.

Diese drei kulturellen Ergebnisse der bürgerlichen Aufklärung gingen als handlungsorientierende Grundsätze in die Industrialisierung ein, zunächst uneingeschränkt als optimistische Perspektiven, bis die negativen Folgen des Kapitalismus bei einem Teil der Arbeiterschaft die Suche nach neuen Formen der Hoffnung auf Verbesserung der gesellschaftlichen Verhältnisse bewirkten.

Obwohl dieser bürgerliche Innovationsanspruch große Teile des aufgeklärten Bürgertums leitete, ließ die Übernahme der englischen Erfindungen doch auf sich warten. Der Elberfelder Kaufmann Johann Gottfried Brügelmann stellte eine Ausnahme dar, als er 1784 als erster in Deutschland sein Glück mit den neuen Fabrikationsweisen versuchte. Er richtete in Ratingen bei Düsseldorf eine mit Wasserkraft angetriebene mechanische Baumwollspinnerei ein, die sich bis 1798 zu einer zu diesem Zeitpunkt stattlichen Größe von 5200 Spindeln entwickelte. Es war ihm gelungen, in England die Maschinen kaufen und zugleich zur Aufstellung und zum Nachbau weiterer Maschinen einen Mechaniker mitengagieren zu können.

Ebenso blieb für einige Jahrzehnte die Aufstellung der ersten Dampfmaschine nur eine Episode. Bereits 1783 war der Ingenieur und „Künstler" Bückling auf Weisung seines Königs Friedrich II. nach England gereist und hatte in der Sohoer Dampfmaschinenfabrik die neue Technik studiert. Sein Versuch, für die Pumpanlage des Hettstedter Schachts im Mansfelder Bergrevier die erste deutsche Dampfmaschine zu bauen und zu betreiben, hatte Erfolg. Um 1800 versuchte das preußische Bergwerks- und Hüttendepartment durch den Kauf erster englischer Dampfmaschinen der noch nicht in Gang gekommenen Modernisierung Impulse zu vermitteln: Im oberschlesischen Berg- und Hüttenrevier in der königlichen Eisenhütte in Gleiwitz und in Königshütte wurden für Hochofenanlagen Dampfmaschinen aufgestellt. Doch diese ersten Versuche der Entwicklung von Fabrikationsformen durch Einbeziehung der neuen Technik leiteten noch nicht grundlegend die Industrialisierung ein.

Allerdings hatten sich in der zweiten Hälfte des 18. Jahrhunderts in verschiedenen deutschen Regionen Formen der Protoindustrialisierung[5] stärker entwickelt. Besonders in den Mittelgebirgsgegenden, in denen die bäuerliche Wirtschaft eher karge Erträge erbrachte und andererseits sich der im Mittelalter vielfach entstandene Bergbau im Dauersiechtum befand, waren zahlreiche Menschen auf die ländliche Hausweberei angewiesen: beispielsweise neben dem Fichtelgebirge und dem Frankenwald, im Erzgebirge, im Böhmerwald, aber auch in Württemberg. Dort hatten Verleger und Manufakturisten die Produktion organisiert: sie schossen den Garneinkauf oder die Wolle und Baumwolle vor, gaben dem Weber die Rohstoffe aus, ließen ihn diese verarbeiten und vertrieben dann den fertigen Stoff auf dem überregionalen Markt. In diesen protoindustriellen Wirtschaftsformen gab es keine zünftischen Schranken, aber auch nicht den Schutz, den die Zunftgenossen aus einer gemeinsamen Ehrvorstellung und Kasse einander in Notfällen geboten hatten.

Aufgrund seiner geographischen und politischen Situation hatte Deutschland schlechtere Ausgangsbedingungen als England: es hatten sich seit dem Hochmittelalter verschiedene deutsche Staaten herausgebildet, die bis 1806 zwar vom Heiligen Römischen Reich Deutscher Nation zusammengehalten worden waren, die sich aber dann, nach dem Zusammenbruch der napoleonischen Herrschaft 1814, auf dem Wiener Kongreß im Deutschen Bund zu souveränen Einzelstaaten zusammenschlossen. Diese 34 Länder erhoben jeweils eigene Zölle, hatten eigene Wirtschaftsbehörden, Währungen und Meßeinheiten. Es war daher von grundsätzlicher strukturpolitischer Bedeutung, als 1834 ein Zusammenschluß der deutschen Staaten zum Zollverein zustande kam und innerhalb dieses neuen deutschen Zollgebiets alle bisher hemmenden Zölle wegfielen, so daß Handel und Transport zwischen den verschiedenen Regionen wesentlich erleichtert und gefördert wurden.

Bereits seit dem letzten Drittel des 18. Jahrhunderts war im Zusammenhang der Reformdiskussion der deutschen Aufklärungsbewegung über den Ausbau des Verkehrssystems beraten worden. Aufgeklärte Beamte und Fürsten setzten sich, angeregt von französischen Vorbildern, für den Bau neuer Schnellstraßen, sogenannter Chausseen, ein, aber auch Kanäle galten als billige und moderne Verkehrswege. Bereits 1780 war die Ruhr mit 16 Schleusen schiffbar gemacht worden, um Steinkohle nach Holland, aber auch rheinaufwärts aus dem Ruhrrevier besser transportieren zu können. In den dreißiger Jahren des 19. Jahrhunderts wurde der Bau eines Kanals zwischen Main und Donau vorangetrieben, der nach seinem Förderer, dem bayerischen König Ludwig I., benannt wurde. Die Verbesserung der

Strukturbedingungen für die Wirtschaft war als Ziel aufgenommen: Beschleunigung des Warenverkehrs sollte fördernd wirken, der Austausch von Kenntnissen, Erfahrungen und Nachrichten erleichtert werden. Doch den Durchbruch zu einer revolutionierenden Beschleunigung des Verkehrs brachte erst die Eisenbahn.
Ein weiterer Faktor war die Bevölkerungsexplosion, die im letzten Drittel des 18. Jahrhunderts begonnen hatte und im 19. Jahrhundert weiter zunahm: zwischen 1816 und 1850 wuchs die Einwohnerzahl in den Ländern des Deutschen Bundes von 24,8 Millionen auf 35,5 Millionen. Um 1900 wurden dann bereits 56,3 Millionen Menschen im Deutschen Reich gezählt. Diese gravierende Bevölkerungszunahme sprengte die bis in die ersten Jahrzehnte des 19. Jahrhunderts noch relativ intakten Integrationsmechanismen der geburtsständischen Gesellschaft endgültig. Vor allem auf dem Land gab es bald einen Bevölkerungsüberschuß. Die Menschen konnten in der bäuerlichen Wirtschaft kaum mehr Arbeit finden. Dieser ,,Pauperismus" führte wegen der großen Zahl von arbeitsuchenden Menschen zu niedrigen Reallöhnen, die sich zwar auf die beginnende Industrialisierung fördernd auswirkten, aber für die ungelernten Arbeiter, die in den neuen Fabriken ,,unterkamen", kaum das Existenzminimum bedeuteten. 1847 gab es die letzte agrarisch bedingte Hungerkrise in Deutschland, die wegen schlechter Ernten in aufeinanderfolgenden Jahren sofort einen starken Preisanstieg für Grundnahrungsmittel, wie Brot und Kartoffeln, zur Folge hatte. Besonders getroffen wurden hiervon die Armen, Alten und Schwachen.

Etwa 1895 in Pirmasens
Die Moritzstraße führt zur Innenstadt. Eine Postkutsche ist unterwegs. Rechts und links stehen bescheidene ebenerdige und einstöckige Häuser, in denen einfache und vielfach auch arme Leute wohnen. Für die Kinder der Nachbarschaft ist die Straße auch der Spielort. Die Buben laufen barfuß. Links ist eine Schuhmacherfamilie zu sehen. Ein Kind schleppt einen Sack auf dem Rücken. Die Gasse wird großteils von Schuhmachern bewohnt. Sie haben ihre Werkstatt und ihre Wohnkammern im selben Haus, soweit sie nicht als Arbeiter bereits in eine Schuhfabrik gehen. Viele arbeiten als Heimschuhmacher für einen Schuhverleger, denn die Industrialisierung befindet sich in dieser Zeit erst in ihren Anfängen.

Die erste Industrialisierungsphase

Der Beginn der Industrialisierung in Deutschland liegt im Jahrzehnt zwischen 1835 und 1845. Ein Stichjahr gibt es hierfür nicht. Die Industrialisierung ist vielmehr ein einsetzender struktureller Entwicklungsprozeß, der sich in den fünfziger Jahren zu einem ersten Industrialisierungsschub verstärkte.
Das Scheitern der bürgerlichen Revolution von 1848/49 und des Versuchs, vor allem des Bürgertums, sich über die parlamentarische, in freien Wahlen konstituierte Nationalversammlung an der Ausübung der politischen Macht zu beteiligen, hatte die neoabsolutistische Reaktion wieder erstarken lassen. Das Wirtschaftsbürgertum konzentrierte sich auf den Ausbau der Industrie und seiner Geschäfte, es entpolitisierte sich: Bürgerliches Selbstbewußtsein wuchs aus dem Erfolg beim Aufbau der Fabrik und nicht aus der politischen Mitentscheidung über die eigenen Angelegenheiten im Staat.

Neue Stadtviertel wachsen aus der Stadt, um 1890
Innerhalb von drei Jahrzehnten im ausgehenden 19. Jahrhundert erlebten die neuen Industriestädte ein ungeheueres Wachstum. Neue Stadtviertel entstanden außerhalb der Stadtgrenzen, die jahrhundertelang gegolten hatten.

Die Markthalle II in Berlin, etwa 1895
Sie ruht auf gußeisernen Säulen und ist in der zeittypischen industriell gefertigten Glas-Eisen-Konstruktion montiert. Die lange Hallenstraße wird (weiter hinten) von zwei Männern gereinigt.

Der entscheidende Impuls für den Beginn der Industrialisierung ging vom Bau eines Eisenbahnnetzes aus, das in zweifacher Hinsicht wichtig wurde: einerseits als Transportsystem, andererseits als Markt für den entstehenden Maschinenbau. Die Eisenbahn wurde ein schnelles und billiges Massenverkehrsmittel, das den Verkehr wesentlich beschleunigte und erleichterte. Es ermöglichte eine bis dahin ungekannte Mobilität der Menschen und veränderte die Raum- und Zeiterfahrung grundlegend.
Darüber hinaus aber erwies sie sich als wichtiges Transportmittel für den Güterverkehr: sie verbilligte den Einkauf von Rohstoffen wie Baumwolle, ermöglichte einen ungleich billigeren Bezug von Kohle und ließ andererseits die Versendung der fertigen Produkte schneller und günstiger zu. Diese Funktion war von den Propagandisten des Baus einer Eisenbahn in Deutschland wie von Friedrich List oder Friedrich Harkort in ihrer strukturellen Bedeutung für die industrielle Entwicklung erkannt worden. Friedrich Harkort wies der Eisenbahn eine revolutionierende Funktion zu. Er sah, daß mit ihr ein regelmäßiger und zuverlässiger Transport möglich sein würde, auch dort, wo bisher Naturumstände, wie beispielsweise der Wasserstand in den Flüssen, unkalkulierbare Verzögerungen gebracht hatten.[3] Sein Interesse lag darin, unabhängig vom schwankenden Wasserstand der Ruhr Kohle aus den Zechen zu seiner ,,Mechanischen Werkstätte" zu transportieren und andererseits selbst regelmäßiger und billiger liefern zu können. Der Kohlebedarf lag beispielsweise allein für die Städte an der Wupper im Jahre 1833 bei 72000 t, die auf Pferden transportiert werden mußten.
Das Vorbild für die deutschen Eisenbahnen lag in England. Bereits seit 1814 hatte George Stephenson auf den Grubengleisen in Newcastle daran experimentiert, eine Dampfmaschine auf einen Wagen zu montieren und diesen ,,Dampfwagen" als mechanische Zugmaschine zu benutzen. Nach einigen Verbesserungen war seine ,,Lokomotive" so weit ausgereift, daß 1825 die erste öffentliche Eisenbahnstrecke zwischen Stockton und Darlington und die erste Personendampfeisenbahn 1830 zwischen den Industriezentren Liverpool und Manchester eröffnet werden konnte.
Teile des deutschen Bürgertums, der aufgeklärten Beamten und Kaufleute, sahen die neuen Möglichkeiten und waren bereit, in Erwartung eines Ertrages, Kapital zu inve-

Bauern bringen ihre Gänse, 1897
In jeder Stadt entstanden in den letzten beiden Jahrzehnten des 19. Jahrhunderts zentrale Vieh- und Schlachthöfe wie hier in Berlin. Grund dafür war neben wachsendem Fleischbedarf die Notwendigkeit der Seuchenverhütung.

Schafe werden geschlachtet, 1897
Die Organisationsweise folgt den zeittypischen industriellen Arbeitsmethoden: Die Serienschlachtung (Photo) wird in den zwanziger Jahren von der Fließarbeit abgelöst. Von jedem Tier werden Fleischproben nach Krankheitserregern untersucht.

stieren. Mit Hilfe einer Aktiengesellschaft wurde das Kapital zusammengebracht, um 1835 die erste deutsche Eisenbahn zwischen Nürnberg und Fürth bauen zu können. Das Unternehmen wurde ein geschäftlicher Erfolg und gab den Anstoß zum Bau großer Linien. Für die 9 Kilometer lange Strecke zwischen Nürnberg und Fürth benötigte der von der englischen Lokomotive „Adler" gezogene Zug durchschnittlich etwa 12 Minuten. Der Bau von Fernverbindungen eines sich bald über ganz Deutschland erstreckenden Eisenbahnnetzes erfolgte in den darauffolgenden Jahren in Teilstrecken:

1835 Nürnberg – Fürth
1837 Leipzig – Dresden
1838 Potsdam – Zehlendorf
Braunschweig – Wolfenbüttel
Düsseldorf – Erkrath
1840 München – Augsburg
1841 Düsseldorf – Elberfeld
1844 Nürnberg – Bamberg
1846 Berlin – Hamburg

1850 war bereits ein Streckennetz von 6000 km Länge entstanden. Die wichtigsten größeren Städte und Regionen waren mit der Bahn für den Fernverkehr von Personen und Gütern untereinander verbunden. Der Ausbau dieses Schienennetzes wurde bis in die siebziger Jahre im großen Stil betrieben.

Zugleich entwickelte sich der Eisenbahnbau zu einem eigenen Markt für die Eisenbahnherstellung und den Maschinenbau, was aus einigen Fabrikgeschichten zu sehen ist.

So war die Gußstahlfabrik von Friedrich Krupp zwar bereits 1812 gegründet worden und stellte anfänglich vor allem Walzen her, mit denen beispielsweise Bestecke gewalzt und geprägt werden konnten, doch ihren großen Durchbruch erlebte diese Fabrik erst mit der Zulieferung der Radreifen für Lokomotiven und anderer Stahlteile für den Eisenbahnbau. Der Nürnberger „Mechaniker" Wilhelm Späth hatte in den zwanziger Jahren eine Werkstatt mit Mühlenantrieb eingerichtet. Er baute die notwendigen Brücken, Drehscheiben, Kräne und andere Eisenteile für die erste deutsche Eisenbahn. Unmittelbar mit dem Bau der neuen Eisenbahnstrecken sind dann einige führende Maschinenfabriken entstanden: 1837 die Maschinenbauanstalt von August Borsig in Berlin mit etwa 50 Beschäftigten; 1837/38 die Fabrik von Johann Anton Maffei in der

Hirschau bei München mit 160 Arbeitern; 1837 die Werkstätte für Eisenbahnarbeiten von Johann Friedrich Klett in Nürnberg (dem späteren Nürnberger Werk von MAN) mit 12 Arbeitern; 1840 die Maschinenfabrik von Ludwig Sander, die C. Reichenbach übernahm und zur Maschinenfabrik Augsburg ausbaute (dem Augsburger Werk von MAN), das sich bald stärker auf Dampfmaschinen und Schnellpressen spezialisierte; 1855 gründete L. A. Riedinger eine Maschinenfabrik in Augsburg, die kommunale Gasanstalten, aber auch Gaslichtbeleuchtung für Eisenbahnwagen, zunächst als wichtige Säulen in ihrem Produktionsprogramm hatte.

Doch bereits seit den zwanziger Jahren zeichneten sich weitere Entwicklungen ab. Bisher war Holz der wichtigste und zugleich der gebräuchlichste Rohstoff gewesen. Nun nahm die Verwendung von Eisen allmählich zu. Sollten Maschinen und Antriebswerke haltbar und stärkeren Belastungen gewachsen sein, dann mußten sie aus Metall durch Mechaniker und nicht mehr von Zimmerleuten hergestellt werden. Und die Antriebswerke spielten gerade zu Beginn der Industrialisierung eine wichtige Rolle: Wasserenergie sollte mit Hilfe von eisernen Mühlenwerken und tierische Energie durch Laufgöpel für Pferde oder Ochsen auf Wellen übertragbar sein, um Arbeitsmaschinen damit zu betreiben. Erst seit den vierziger Jahren wurde der Bau von Dampfmaschinen als Antriebsmaschinen häufiger und zum üblichen Produkt der Maschinenfabriken. Doch Dampfmaschinen waren teuer, sowohl in der Anschaffung wie in den Betriebskosten, und erst von einer gewissen Betriebsgröße einer Fabrik an rentabel einsetzbar. Gerade für Handwerksbetriebe war die Dampfmaschine nicht zu gebrauchen: für Schlossereien, für Gürtlereien, Bürstenbindereien und andere nichtindustrialisierte Gewerbeformen gewann in den sechziger Jahren der Gasmotor große Bedeutung. Seine industrielle Fertigung verbilligte den Motor, so daß vorindustrielle Göpel und Wasserräder allmählich verdrängt wurden.

Bereits 1826 war in Deutschland, in Hannover, die erste „englische Gasanstalt“ errichtet worden. 1828 folgte eine weitere in Berlin. Doch der große Durchbruch zum Gas als wichtiger Energieform vollzog sich erst in den vierziger und fünfziger Jahren. Bis zu diesem Zeitpunkt mußte man auch in den Fabriken nach Einbruch der Dunkelheit mit Rüböllampen und Kerzen als Beleuchtung auskommen. Gerade in Maschinenfabriken, in Textilfabriken und in Bahnhöfen bedeutete es eine wesentliche Verbesserung, mit Gaslicht beleuchten zu können. Als Voraussetzung hierfür wurden meist über private Aktiengesellschaften finanzierte Gasanstalten errichtet. Das erforderliche Kapital war relativ niedrig und bewegte sich für die Anlagen mittelgroßer Städte wie Bamberg oder Bayreuth zwischen 50000 und 100000 fl. Seit den fünfziger Jahren hat der Maschinenbau quantitativ stetig zugenommen. Neben kleinen und mittleren Betrieben sind auch industrielle Massenbetriebe entstanden. Das Wachstum dieses industriellen Leitsektors zeigt sich in den folgenden Beschäftigtenzahlen:

1861	51000 Arbeiter
1882	356000 Arbeiter
1907	1120000 Arbeiter

Zwischen den dreißiger und den fünfziger Jahren ist neben dem Maschinenbau auch die Textilindustrie als zweiter Sektor entstanden. Es gab sowohl Fabriken, die mit dem Kapital einzelner Unternehmer aufgebaut wurden, als auch Fabriken, wie die 1853 gegründete Mechanische Spinnerei Hof, die von Anfang an als Aktiengesellschaft finanziert wurde. Bereits 1836 war Friedrich Merz von Nürnberg nach Augsburg gegangen. Ein Grund hierfür war die dort verfügbare billige Antriebsenergie in Form von Wasserkraft. Merz begann damit, die neu beschafften Spinnmaschinen zunächst durch Wasserräder, dann mit Wasserturbinen in Gang zu setzen.

Diese Augsburger Kammgarnspinnerei, ein weiteres Beispiel, wuchs jedoch bereits in den vierziger Jahren mit dem Bau eines großen Fabrikgebäudes und dem Einsatz einer Dampfmaschine zum Großbetrieb.

Die zweite Industrialisierungsphase

In den achtziger Jahren begann mit dem Durchbruch der Elektrotechnik eine zweite Industrialisierungsphase: Die Elektrifizierung des Nahverkehrs, wie der Straßenbahnen, beschleunigte den innerstädtischen Verkehr. Die Einführung des Glühlichts verbesserte die Beleuchtung und machte sie zugleich sicherer. Der Fernsprecher schuf ein neues Netz der individuellen Gesprächsmöglichkeit, ohne daß sich die Teilnehmer am selben Ort aufhalten mußten. Neue Ämter entstanden, private Haushalte, Büros und Fabriken

Die Ausweitung des innerstädtischen Massenverkehrs
Die zunehmende räumliche Trennung zwischen den Arbeitsplätzen in den Fabriken oder Büros und andererseits den Wohnvierteln erhöhte das Verkehrsaufkommen in den wachsenden Städten der zweiten Hälfte des 19. Jahrhunderts. Die Menschen mußten morgens zur Arbeit und abends nach Hause fahren. Besorgungen in den Einkaufsstraßen der Innenstadt waren zu Fuß von den neuen Stadtvierteln aus kaum möglich. Dies galt vor allem für Millionenstädte wie Berlin, in denen sich am Rande der alten Stadt neue Städte, beispielsweise Charlottenburg, bildeten. In Berlin wurde 1902 die U-Bahn eröffnet. Sie galt als modernstes und schnellstes Massenverkehrsmittel. Fast gleichzeitig waren nach dem schon 1863 fertiggestellten Londoner Vorbild auch um 1900 in Paris und 1904 in New York unterirdische Schienenwege gebaut worden.
Oben, um 1905: Die Pferde-Fuhrwerke erledigen noch den innerstädtischen Güterverkehr, aber auch den Transport zwischen Werkstätten und Fabriken oder den Bahnhöfen. Die „Elektrische" befährt bereits die Hauptstrecken des sich ausweitenden Straßenbahnnetzes. Daneben gibt es noch pferdegezogene Omnibusse, die jedoch schon im folgenden Jahrzehnt von motorgetriebenen Autobussen verdrängt wurden. Fahrräder sind noch nicht sehr verbreitet. Lediglich ganz rechts auf dem Photo ist ein Fahrradfahrer zu sehen. Eine Abteilung Kaiserlicher Kavallerie reitet über die Brücke.
Mitte, um 1900: Die Ausschachtungen zur Untertunnelung der Straßen beim Bau von U-Bahn-Schächten erforderten harte körperliche Arbeit mit der Schaufel. Das Erdreich wurde mit Pferdefuhrwerken abtransportiert.
Unten: Ende der zwanziger Jahre hatte sich der Massenverkehr nochmals ausgeweitet: der Straßenbahnverkehr ist dichter geworden, Autobusse fahren zusätzliche Haltestellen an. Automobil-, Fahrrad-, Motorradverkehr haben stark zugenommen und ermöglichen schnelle individuelle Bewegungen und Ortswechsel. Im Laufe der Jahre veränderten die Straßen, besonders die großen Boulevards, ihr Gesicht. Sie wurden von den Autos erobert und zunehmend auf den Charakter von Rollbahnen reduziert.

mußten mit entsprechenden Einrichtungen ausgestattet werden.
Viele Dörfer vor der Stadt, die bis dahin bäuerlich bestimmt waren, entwickelten sich zunächst zu Industriedörfern und wurden schließlich zu Stadtvierteln, integriert in die weiten Flächen der industriellen Großstädte. Ausgelöst wurde dieser Prozeß durch einen in dieser Radikalität einmaligen Vorgang: die rasche Verstädterung führte dazu, daß nach einigen Jahrzehnten mehr Menschen in den Städten als auf dem Land lebten. Sie zogen in die Städte, weil sie dort Arbeit zu finden hofften und zumeist auch fanden. Die Wohnungsnot dieser Jahrzehnte hatte zur Folge, daß

Ein Grabengel wird montiert, um 1905
Der Kopf wird gerade auf den Rumpf aufgesetzt. Für die Verschraubung ist eine Bohrung notwendig: Die elektrische Bohrmaschine beschleunigt und vereinfacht den Vorgang der Montage des Denkmals. In Werkstätten wie dieser Bildgießerei blieb die Arbeit bis zur Gegenwart handwerklich geprägt, mit geringer Arbeitsteiligkeit. Der Bildgießer (rechts) behielt sich jedoch die künstlerische Arbeit des Entwurfs, ebenso wie die Aufsicht beim Guß und bei der Montage vor. Das Bild veranschaulicht, wie schnell der Elektromotor seit 1890 in alle Bereiche der Arbeit als Antriebsform vordrang.

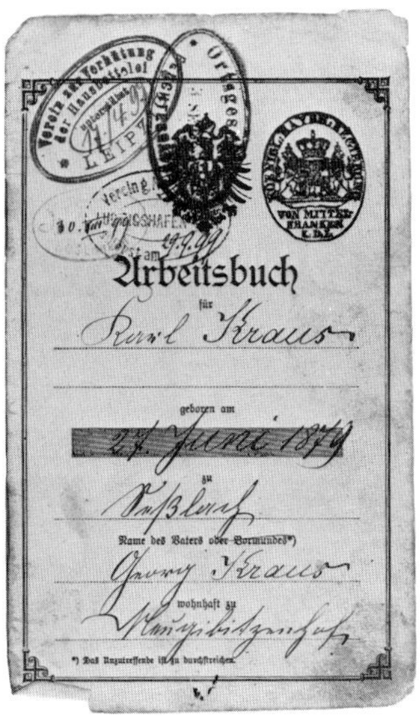

selbst die bescheidenste Nische oder feuchte Souterrains als Wohnungen vermietet werden konnten. Um die Mieten überhaupt bezahlen zu können, vermieteten Arbeiterfamilien, die mit mehreren Kindern in zwei Zimmern lebten, noch zusätzlich Schlafplätze an sogenannte „Schlafgänger".
Die Urbanisierung zeigt sich im Wachstum der Einwohnerzahlen deutscher Großstädte

	1875	1890	1910
Nürnberg	91 000	142 000	333 000
München	193 000	349 000	596 000
Berlin	966 000	1 587 000	2 071 000
Duisburg	37 000	59 000	229 000

Die Notwendigkeit, die zahlreicher werdende Bevölkerung mit Nahrungs- und Gebrauchsgütern zu versorgen, ließ eigene neue Verkehrsorte, wie Schlachthöfe, entstehen, die nach industriellen Arbeitsformen organisiert waren.
Ein riesiger Markt entwickelte sich, der die Expansion elektrotechnischer Fabriken wie Siemens, Schuckert oder AEG zu Großbetrieben und die Einführung neuer Formen von Massenproduktion zur Folge hatte. Die deutsche Elektroindustrie entwickelte sich gerade auch wegen starker Exportanteile auf dem Weltmarkt innerhalb weniger Jahrzehnte zur Großindustrie:

1882	1 690	Beschäftigte
1895	26 000	"
1907	142 000	"

1913 entfielen bereits mehr als die Hälfte des Welthandels mit elektrotechnischen Erzeugnissen auf deutsche Lieferungen.
Für die Industrialisierung gewann der seit 1890 in hohen Stückzahlen gefertigte Elektromotor eine große Bedeutung. Er ermöglichte den Übergang vom zentralen Antrieb durch eine Dampfmaschine, von der ein System von Transmissionen ausging, zu Einzel- oder Gruppenantrieben, die weit ökonomischer den jeweiligen Bedingungen angepaßt werden konnten. Die Transmissionen waren nicht nur laut, sondern sie hatten auch „wie ein Wald" die Arbeitssäle verdunkelt und zudem bildeten sie eine ständige Gefahrenquelle. Elektromotoren waren dagegen wesentlich vielseitiger einsetzbar: In den Werkstätten lösten sie die Gasmotoren weitgehend ab, bei vielen Haushaltsgeräten, wie dem Föhn, dem Ventilator oder dem Staubsauger, wurden sie

Der Konsumladen, um 1905

Die Konsumläden entstanden überall in den deutschen Industriestädten, um den Arbeitern einen möglichst billigen Einkauf zu ermöglichen. Sie waren entweder von der Selbstorganisation der Arbeiterschaft als Konsumvereine oder innerbetrieblich von den Fabriken eingerichtet worden. Das hier angebotene Warenspektrum sollte den Konsum der Arbeiter decken. Soweit es ging, versuchten die Arbeiter ihren Bedarf an Lebensmitteln durch Eigenproduktion in Kleingärten, auf einem gepachteten Kartoffelfeld, in Hühner-, Ziegen- und Hasenställen zu erwirtschaften. Gekauft wurden dagegen nur industrielle Produkte, die man nicht selbst herstellen konnte: Blechgeschirre, Kannen, Eimer, Tassen, Schöpfkellen, Seife und andere Gebrauchsgüter des Alltags: aber auch Bratheringe, Brot, Kaffee, Zigarren, Spirituosen oder Wurstwaren.

An der Decke hängen Fahrräder, die zu dieser Zeit für Arbeiter das begehrteste Transportmittel zwischen Arbeitsplatz und Wohnung waren.

als Antrieb eingebaut. Darüber hinaus wurden die neuen schweren Krananlagen in den Maschinenhallen mit Elektromotoren ausgerüstet. Die Muskelkraft der Schwerarbeiter, die bisher die Teile mit Handwinden hatten bewegen und hochziehen müssen, konnte nun durch die Kraft der Elektromotore ersetzt werden.
1883 wurde der Verbrennungsmotor erfunden. Als neue mobile Kraftquelle erwies er sich als folgenreich: in eine Kutsche eingebaut, sparte er die Pferde ein, wie die erste Reklameankündigung von Daimler werbend hervorhob. Das Automobil entwickelte sich nach 1900 zu einem immer stärker benutzten individuellen Verkehrsmittel, die Automobilindustrie entstand. Charakteristisch für sie ist, daß sich seit den zwanziger Jahren der Bau weniger Modelle in hohen Stückzahlen durchgesetzt hat und daß beim Automobilbau die Fließarbeit entwickelt wurde.
Als zweiter wichtiger industrieller Sektor, der sich in dieser Phase ausbildete, ist die chemische Industrie entstanden; die Farbenherstellung wurde bereits um 1850 in industriellen Arbeitsformen durchgeführt. Als eines der Ergebnisse der verstärkten naturwissenschaftlichen Forschung, die seit den achtziger und neunziger Jahren des 19. Jahrhunderts gezielt vorangetrieben wurde, konnte eine wachsende Zahl pharmazeutischer Produkte angeboten werden. Auch Kunstdünger fanden in der auf Steigerung des Ertrags ausgerichteten Landwirtschaft zunehmend ihren Absatzmarkt.
Die chemische Industrie wuchs entsprechend von:

um 1850 etwa 30000 Beschäftigte
auf 1911 etwa 270000 Beschäftigte.

Allerdings war auch hier der Exportanteil hoch. Beispielsweise lieferte die deutsche chemische Industrie 90 Prozent der Weltproduktion an synthetischen Farben.
Um 1900 verschob sich endgültig das Bevölkerungsverhältnis zwischen Stadt und Land, Industrie und Wirtschaft. Bis dahin hatten immer noch mehr Menschen in den bäuerlich-ländlichen Arbeitsformen ihren Lebensunterhalt verdient, nun begann industrielle Arbeit in der Gesellschaft dominant und prägend zu werden.

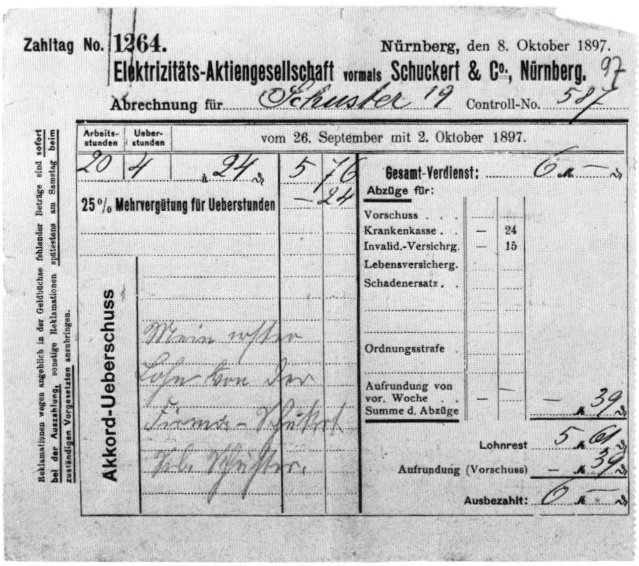
Zahltag No. 1264. Nürnberg, den 8. Oktober 1897.
Elektrizitäts-Aktiengesellschaft vormals Schuckert & Co., Nürnberg. 97
Abrechnung für Schuster 19 Controll-No. 587

Reklamationen wegen angeblich in der Geldbüchse fehlender Beträge sind sofort bei der Auszahlung, sonstige Reklamationen spätestens am Samstag beim zuständigen Vorgesetzten anzubringen.

Arbeitsstunden	Ueberstunden	vom 26. September mit 2. Oktober 1897.		
20	4	à 24 ₰	5	76
25 % Mehrvergütung für Ueberstunden			—	24
Akkord-Ueberschuss				

Gesamt-Verdienst: 6 ℳ — ₰
Abzüge für:

Vorschuss		
Krankenkasse	—	24
Invalid.-Versichrg.	—	15
Lebensversicherg.		
Schadenersatz		
Ordnungsstrafe		
Aufrundung von vor. Woche	—	—
Summe d. Abzüge	— ℳ	39 ₰

Lohnrest 5 ℳ 61 ₰
Aufrundung (Vorschuss) — ℳ 39 ₰
Ausbezahlt: 6 ℳ — ₰

Der Lohnzettel, 1897

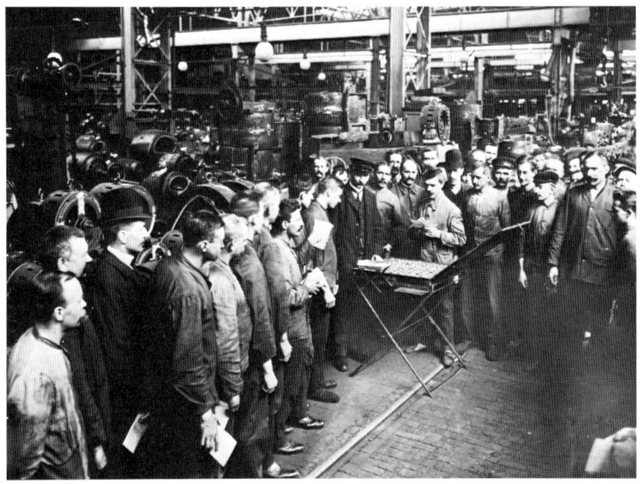

Die Lohnauszahlung, 1911
In den Großbetrieben fand die Lohnauszahlung am Freitagabend vor Arbeitsschluß statt. Aus dem Lohnbüro kam ein Angestellter mit weißem Kragen und Krawatte und brachte das Geld. Der Meister oder Vorarbeiter bezahlte dann jedem Arbeiter die errechnete Lohnsumme aus.

Die „gleichgeschaltete“ Belegschaft, um 1935
Die Arbeiter marschieren in einer Kolonne im Gleichschritt aus der Fabrik zu einer zentralen Kundgebung der Deutschen Arbeitsfront (DAF), der nationalsozialistischen Massenorganisation mit Zwangsmitgliedschaft für Arbeiter, Angestellte und Unternehmer. Damit sollte der „marxistische Klassenkampf“ „ausgemerzt“ werden.
Seit dem 1. Mai 1933 wurde der traditionelle „Tag der Arbeit“ erstmals als Feiertag mit Ansprachen und Appellen, als „Ehrentag der deutschen Arbeit“, begangen. Der Zug wird von SA-Leuten angeführt und von der Hierarchie der nationalsozialistischen Betriebsorganisation strukturiert.
Das Photo veranschaulicht den Gruppendruck der Anpassung an rituelle Formen im NS-Alltag. Die sogenannte „Betriebsgefolgschaft“ sollte ihren „Betriebsführern“, der Geschäftsleitung oder den Direktoren, „Gehorsam“ und „Pflichtgefühl“ entgegenbringen.

KZ-Gefangene in der Dreherei, um 1940
Ein Ausschnitt aus derselben Gesellschaft: er zeigt Gefangene, die sich der Nazi-Diktatur widersetzten oder der Integration in die „NS-Volksgemeinschaft“ als „nicht würdig“ erklärt worden waren. Diese Werkstatt kann überall in Deutschland eingerichtet gewesen sein: in Konzentrationslagern, wie Dachau, aber auch in einem der vielen Betriebe, die die Arbeitsfähigkeit von KZ-Häftlingen gegen Zahlungen an die SS-Verwaltung ausbeuteten. In den „Vernichtungslagern“ wurde die geplante Form der „Vernichtung durch Arbeit“ praktiziert: Gefangene bekamen Nahrungsmittelrationen, die nicht ausreichten, um den Hunger zu stillen. Sie zerbrachen körperlich und wurden zugleich zu schwerer Arbeit, vielfach durch Schläge, gezwungen. Nach Wochen, spätestens Monaten, starben die meisten an Entkräftung oder wurden, wenn sie zu schwach waren, um sich bewegen oder den Anordnungen der SS nachkommen zu können, erschossen, erschlagen oder auf andere Weise ermordet.

Die dritte Industrialisierungsphase

Vom Beginn der dritten Industrialisierungsphase läßt sich erst seit den siebziger Jahren unseres Jahrhunderts sprechen. Die Mikroelektronik veränderte seither klassische Industriesektoren wie die Elektrotechnik, den Maschinenbau und die Textilindustrie gravierend.
Bereits seit der zweiten Hälfte der sechziger Jahre hatte die elektronische Datenverarbeitung begonnen, sich in den Verwaltungen durchzusetzen. Die technischen Innovationen, die für diese Wandlungsvorgänge die Voraussetzung waren, lassen sich in einer Entwicklungskette skizzieren.
Bereits 1941 hatte der Berliner Elektroingenieur Zuse den ersten Rechenautomaten entwickelt, der nicht mehr nach dem Dezimal-, sondern nach einem Binärsystem arbeitete, das alle Rechenvorgänge auf Ja-Nein-Aussagen reduzierte. Die damalige Relaistechnik erlaubte eine Rechengeschwindigkeit von 15–20 Additionen in der Sekunde. Militärische Interessen, nämlich bessere und vor allem schnellere Rechner z. B. für den Bereich der U-Boot-Abwehr im Zweiten Weltkrieg zu bekommen, war die Motivation für die Amerikaner, nach neuen technologischen Wegen zu suchen und finanzielle Förderungsprogramme für solche Rechnerentwicklungen zu starten. 1946 konnte eine elektronengesteuerte Großrechenanlage bereits 5000 Operationen in der Sekunde ausführen. Doch dieses Gerät mit dem Namen ENIAC (Electronic Numerical Integrator and Computer) war mit 18000 Elektronenröhren ausgerüstet und füllte einen größeren Raum. Damit blieben die Einsatzmöglichkeiten für solche Großgeräte beschränkt. Doch bereits 1952 wurde von IBM der erste Computer für wissenschaftliche Zwecke und 1953 für kommerzielle Zwecke hergestellt. Die Programmierung dieser Geräte war allerdings noch außerordentlich kompliziert und erforderte genaues Fachwissen über ihre Funktionen. Die Programmierarbeit blieb damit zunächst ein sehr hoher Kostenfaktor.
Das Rennen der USA und der Sowjetunion um den Vorsprung in der Weltraumforschung in den fünfziger und sechziger Jahren, lenkte hohe Staatsmittel in die Computerforschung. Ergebnis intensiver und vor allem auf den Zweck hin gezielt betriebener Technologieforschung in Ost und West waren die ersten Satellitenprogramme. Bei ihrer Realisierung spielten Rechner eine wesentliche Rolle: 1957 wurde der erste künstliche Erdsatellit „Sputnik" von der UdSSR aus in den Weltraum geschossen.
Doch erst das Ausreifen der Transistorentechnik um 1960 brachte eine enorme Beschleunigung des Arbeitsprozesses bei den Rechnern. Vor allem aber konnten wesentlich kleinere Maschinen gebaut werden. Ihre Einsatzmöglichkeiten nahmen damit zu. Bedarf gab es genug: die Nachkriegsgesellschaften in den hochindustrialisierten Ländern, und ganz besonders die der Bundesrepublik, wurden durch eine enorme quantitative Ausweitung industrieller Arbeit und der Warenproduktion, vor allem von Konsumartikeln, geprägt.
Die Dienstleistungs-, Verwaltungs- und Behördenbürokratien expandierten sowohl in ihren Aufgabenstellungen wie in ihrem Personal in den sechziger Jahren enorm. Viele der notwendigen Buchungs- und Rechenoperationen, die seit dem ausgehenden 19. Jahrhundert von Buchhaltern bearbeitet worden waren, konnten mit Hilfe der neuen Computertechnik in der zweiten Hälfte der sechziger Jahre mechanisiert werden. Entsprechende Programme wurden entwikkelt und in industriellen Arbeitsprozessen erprobt. Besonders Routinearbeiten im Büro wie die Kontenführung und die Speicherung von Informationen wurden der elektronischen Datenverarbeitung (EDV) übertragen: Das Personal an kaufmännischen Angestellten und Buchhaltern wurde bei solchen „Rationalisierungen" wenn auch nicht überflüssig, so doch „abgebaut". Zur Programmerstellung für Arbeitsgänge, die dem Computer übertragen wurden, stellte man Datenverarbeitungsfachleute ein, denen man auch Planungskompetenz übertrug: Ein neuer Beruf entstand, der des „Programmierers". Insgesamt brachte die EDV Einsparungen von Lohnkosten, vor allem aber eine starke Beschleunigung des Arbeitsablaufs.
Anfang der sechziger Jahre wurde eine Innovation beherrschbar, die sich als revolutionär erwies: die Halbleitertechnik. Sie ermöglichte es, komplexe Schaltungen auf winzigen Flächen unterzubringen. Siliziumplättchen sind nicht nur klein und leicht, sie können auch in industrieller Massenfertigung hergestellt werden: hochdifferenzierte Schaltungen werden in vollautomatischen Arbeitsgängen auf diese Plättchen aufgedampft. Die billige Herstellung ermöglichte die universelle Einführung dieser Schaltelemente, die in Deutschland um 1970 begann. Beispielsweise wurden von einem in Amerika hergestellten Mikroprozes-

sor (8080 A) bis 1977 weltweit 8 Millionen Stück verkauft, auf dem deutschen Markt wurden sie zu einem Preis von 25 Mark angeboten. Der neue Industriesektor der Computertechnik expandierte schnell. Vor allem die japanische Industrie hatte in der ersten Hälfte der siebziger Jahre gezielt begonnen, den neuen Markt für elektronische Konsumgüter zu erschließen. Das erste Produkt war der mikroelektronische Taschenrechner, der sich für die verschiedensten Lebensbereiche als tauglich erwies: von den Schülern wurde er für die Lösung ihrer Rechenaufgaben ebenso verwendet wie von den Angestellten in den Büros, Verwaltungen, Konstruktionsabteilungen und Läden. Die Kopfarbeit des Rechnens wurde weitgehend überflüssig, und mit den leicht transportierbaren Rechencomputern automatisiert. Der Rechenschieber war damit überholt. In bis dahin mechanischen Registrierkassen wurden kleine mikroelektronische Rechner eingebaut und oft mit Waagen kombiniert: so wurde auch der alltägliche Einkauf beschleunigt und für den Verkäufer die meist lästige Kopfarbeit des Zusammenrechnens erleichtert.

Seit Mitte der siebziger Jahre hat sich der Bereich der mikroelektronischen Massenkonsumgüter erweitert. Die Uhrentechnik, die jahrhundertelang auf einer komplizierten Rädermechanik beruht hatte, wurde mit dem ebenso präzisen mikroelektronischen „Chip" revolutioniert. Computerspiele ermöglichen es, auch gegen sich selbst zu spielen, sie setzen keinen menschlichen Partner mehr voraus.

Seit 1975 hat der Bau von Mikroprozessoren als Massenware auch in Deutschland begonnen. Die elektrotechnischen Großunternehmen wie AEG und Siemens erkannten die strukturellen Dimensionen der neuen Technologie und entwickelten eigene neue Produkte. Doch weitgehend marktbeherrschend blieben amerikanische Konzerne wie IBM. Die amerikanische Waffenindustrie hatte, mit staatlichen Fördermitteln finanziert, die militärische Anwendbarkeit der neuen Computertechnologie erforscht und seit Ende der siebziger Jahre eine neue Waffengeneration entwikkelt, die die Zielgenauigkeit von Raketen und Artilleriekanonen mit ihren computerunterstützten Zielgeräten erheblich erhöhten. Es gibt nun „schlaue Bomben", deren Zielgenauigkeit nur noch teilweise von der Erfahrung und Treffsicherheit des Piloten abhängt, die vielmehr eine mikroelektronische Steuerung besitzen und auf den Radarstrahlen ihre Ziele selbst suchen, die von der gegnerischen Flugabwehr zur Ortung des Angreifers ausgestrahlt werden.

Der Einbruch der Mikroelektronik in die Arbeitstechnologie hat erst in der zweiten Hälfte der siebziger Jahre stattgefunden. Beispielsweise beim Bau und in der Konstruktionsweise von Fernschreibern.

Die bisher in Drehereien hergestellten und der Montage zugelieferten 936 mechanischen Teile wurden durch Chips ersetzt, die auf einer Platte montiert werden. Siemens baute 1976 eine neue Fernschreiberfabrik, die auf die neuen Fertigungsweisen ausgerichtet wurde und in automatisierten Produktionsstraßen organisiert ist.

Der klassische Beruf des Drehers im Maschinenbau beispielsweise hat sich gravierend verändert: sein Können entschied traditionell über die Präzision eines bearbeiteten Teils. Es lag an seiner individuellen Erfahrung, ob es ihm gelang, den Arbeitsmechanismus der Drehbank entsprechend einzustellen und zu beherrschen. Dieser Vorgang der Einrichtung des Drehstahls wird nun durch Mikroprozessoren gesteuert. Dafür wird ein eigenes Programm entwickelt, das selbst in der Arbeitspraxis noch verbessert und „optimiert" werden kann. Der an dieser Drehbank arbeitende Facharbeiter leistet somit nicht mehr die erfahrungsbezogene Kopfarbeit an der Drehbank, wie dies bisher gewesen war, sondern er muß nun den reibungslosen Arbeitsablauf der Maschine überwachen. Sie steuert sich selbst. Der Arbeiter muß jedoch sofort eingreifen, sobald „etwas kaputt geht", beispielsweise der Drehstahl bricht, und dann schnell große Schäden entstehen können. Ihm wird somit keine körperliche Arbeit mehr abverlangt, bis auf die anfallenden Reparaturen, er muß sich vielmehr psychisch ständig auf die Maschine einstellen. Lediglich seine nicht durch Sensoren ersetzbare Fähigkeit der komplexen Sinneswahrnehmung ist (vorläufig) nicht automatisierbar.

Da die Anschaffungskosten solcher automatisierten Maschinen sehr hoch sind, ist das Interesse der Geschäftsleitung auf eine möglichst intensive Auslastung gerichtet, so daß die Einführung von Schichtarbeit ökonomisch zweckmäßig geworden ist. Die körperliche Belastung des Drehers hat abgenommen, aber die psychische ist gleichzeitig gestiegen. Dies führt jedoch zugleich dazu, daß sich der traditionelle Unterschied zwischen Angestellten und Arbeitern tendenziell verwischt.

In der Automobilindustrie haben Roboter Arbeiten über-

nommen. Ihre Präzision in der Ausführung von standardisierten Arbeitsgängen ist sehr exakt: Mit Industrierobotern wurde das Schweißen von Karosserien am Fließband vollautomatisiert. Bisher gesundheitsschädigende Arbeitsplätze, zum Beispiel in der Lackiererei, wurden mit den „eisernen Facharbeitern" besetzt.
Selbst in den Konstruktionsbüros verändert sich die Arbeitsform grundlegend: ‚standardisierbare' Kopfarbeit wird ersetzt durch computerunterstütztes Konstruieren. Die kreative Ingenieurarbeit des Entwerfens in den Konstruktionsbüros bleibt weitgehend erhalten. Der Konstrukteur muß nach wie vor die Rahmenbedingungen formulieren und diese in den Computer eingeben, der dann die entsprechende Zeichnung auf einem Bildschirm entwirft und die einzelnen Bestimmungen eines Teils berechnet. Der Computer verfügt in seinem Speicher nur über das ‚standardisierbare' Ingenieurwissen und kann damit die notwendigen Rechenoperationen ausführen. Der Konstruktionsprozeß wird hierdurch wesentlich beschleunigt. Die einzelnen gestaltenden Arbeitsphasen, die der Konstrukteur bewältigen muß, werden jedoch von der Zeitmessung des Computers kontrolliert, wodurch der Ingenieur einem stärkeren Zeitdruck unterworfen wird. Ist ein Produkt theoretisch fertig, so erledigt der Computer anhand der gespeicherten Konstruktionsdaten die Zeichenarbeiten, die bisher der technische Zeichner ausführte. Er druckt die Stücklisten aus und übernimmt weitgehend die vorbereitenden Routinearbeiten für die Fertigung.

3. Arbeitsteilung

Im mittelalterlichen Handwerk hatte sich schon zwischen dem 12. und 14. Jahrhundert eine ausgeprägte Arbeitsteilung innerhalb der Gewerbe herausgebildet. Nicht im Dorfhandwerk, das, wie der Dorfschmied, in der Regel alle Metallarbeiten, die im Dorfe bei Gebrauchsgütern der ländlichen Lebenswelt anfielen, auch ausführte, Ort der spezialisierten Handwerksgewerbe waren vielmehr die mittelalterlichen Städte. Soweit sie noch erhalten sind, ist die Arbeitsteiligkeit an den Namen der Straßen und Gassen ablesbar, denn die Handwerker eines Gewerbes hatten ihre Häuser, in denen sie arbeiteten, aber auch lebten und wohnten, nebeneinander. Beispielsweise gab es nach der ältesten überlieferten Handwerkerzählung aus dem Jahre 1363 in Nürnberg eine Fülle von metallverarbeitenden Gewerben: Kesselschmiede, Klingenschmiede, Schwertfeger, Haubenschmiede, Nagler, Pfannenschmiede, Panzerhemdenmacher, Flachschmiede, Knopfschmiede, Schleifer, Nadler, Drahtschmiede und andere. Doch bei aller Spezialisierung blieb das Prinzip des Handwerks im wesentlichen erhalten: es gab keine (oder nur eine begrenzte) systematische Arbeitsteilung bei der Herstellung eines Werkstücks. Jeder Handwerker bearbeitete sein Produkt von Anfang bis zur Fertigstellung, und vor allem kontrollierte er sich dabei selbst: Planung und Fertigung, Kopfarbeit und Handarbeit waren noch in einer Person vereinigt.
Dieses Prinzip änderte sich grundsätzlich mit der Manufaktur, die im 18. Jahrhundert als zentrale Arbeitsstätte entstand. Innerhalb der Werkstatt konnte sich die Arbeitsteilung – unter der Leitung des Manufakturbesitzers – bei der Fabrikation von Fingerhüten oder Nähnadeln entwickeln: der gesamte Herstellungsprozeß wurde in Teilaufgaben zerlegt. Ein Arbeiter verlor in dieser zentralen Manufaktur die Möglichkeit, am gesamten Arbeitsvorgang mit seinen verschiedenen Phasen vollständig teilzuhaben, aber er konnte sich auf die ihm zugewiesenen Teilaufgaben spezialisieren und darin seine Fähigkeiten vervollkommnen. Die Beschreibung des Arbeitsprozesses einer Stecknadelmanufaktur durch den schottischen Nationalökonomen Adam Smith entstand nach einer Besichtigung im Jahr 1776 und vermittelt uns ein grundsätzliches Bild dieser vorindustriellen Arbeitsform:[1]
„So ist das wichtigste Geschäft der Stecknadelfabrikation in ungefähr 18 verschiedene Verrichtungen geteilt, die in manchen Fabriken alle von verschiedenen Händen voll-

Die Hutmanufaktur, um 1910
Links sitzt der Prinzipal mit seinem Sohn auf den Knien. Rechts eine Reihe von aneinandergestellten Nähmaschinen. Die Hüte und Mützen werden in kleineren Serien genäht. Die stehenden Arbeiterinnen und Arbeiter schneiden zu oder verpacken die Ware. An der Rückwand ist das Regal mit Hutformen zu erkennen. Die Nähmaschine ist in dieser „Fabrik" die wichtigste Arbeitsmaschine, doch die Löhne der Näherinnen sind sehr niedrig: „Näherin" war einer der am schlechtesten bezahlten Frauenberufe.

bracht werden, während in anderen ein einziger Mensch zwei oder drei derselben auf sich nimmt. Ich habe eine kleine Fabrik dieser Art gesehen, in der nur zehn Menschen beschäftigt waren und manche daher zwei oder drei Verrichtungen zu erfüllen hatten. Obgleich nun diese Leute sehr arm und darum nur notdürftig mit den erforderlichen Maschinen versehen waren, so konnten sie doch, wenn sie tüchtig arbeiteten, zusammen etwa zwölf Pfund Stecknadeln täglich liefern. Ein Pfund enthält über viertausend Nadeln von mittlerer Größe. Jene zehn Personen konnten mithin zusammen täglich über acht und vierzig Tausend Nadeln machen, als Verfertiger von vier Tausend acht Hundert Nadeln an einem Tage angesehen werden. Hätten sie jedoch alle einzeln und unabhängig voneinander gearbeitet und wär keiner für sein besonderes Geschäft angelernt worden, so hätte gewiß keiner zwanzig, vielleicht nicht eine Nadel täglich machen können, d.h. vielleicht nicht den viertausend achthundertsten Teil von dem, was sie jetzt infolge einer geeigneten Teilung und Verbindung ihrer verschiedenen Verrichtungen zu leisten imstande sind. In jeder anderen Kunst und jedem anderen Gewerbe sind die Wirkungen der Arbeitsteilung denen, welche dieses so wenig belangreiche Gewerbe darbietet, ähnlich, obgleich in vielen derselben die Arbeit weder in so viele Unterabteilungen zerlegt noch auf eine so große Einfachheit in der Verrichtung zurückgeführt werden kann. Doch bringt die Arbeitsteilung, soweit sie sich einführen läßt, in jedem Gewerbe eine verhältnismäßige Vermehrung der Produktivkräfte der Arbeit zuwege. Die Trennung der verschiedenen Gewerbe und Beschäftigungen scheint infolge dieses Vorteils entstanden zu sein."

Diese Form der Arbeitsteilung entwickelte sich in Deutschland bei der Herstellung von Gebrauchsgegenständen (wie eben Fingerhüten und Stecknadeln), für die es Massenbedarf gab, denn das Nähen von Kleidern zählte noch weitgehend zu den häuslichen Arbeiten, die aufgrund der geschlechtsspezifischen Arbeitsteilung den Frauen zufielen.

Im entstehenden Maschinenbau der zwanziger Jahre des 19. Jahrhunderts gab es noch kaum über die handwerkliche Spezialisierung der Modellmacher, Former und Gießer und anderer Handwerksberufe hinausgehende organisierte Arbeitsteiligkeit. Aus der Fabrik Friedrich Harkorts in Wetter wird uns vielmehr von einem Baukonstrukteur Hoffmann, der die Werkstatt 1828 besuchte, eine kritische Schilderung vermittelt:[2] es gebe dort ,,zu viele Befehlende: Wenn einer einem gewissen Arbeiter etwas aufgetragen hat, so kommt bald darauf ein anderer und will von demselben etwas anderes gemacht haben." Der Grund für diesen zeitraubenden Arbeitsablauf scheint in der noch nicht organisierten Arbeitsteiligkeit dieser frühen Maschinenfabrik gelegen zu haben und nicht nur in der persönlichen Leitung durch den Unternehmer, dem spontanes Handeln mit wechselnden Willensbekundungen nachgesagt wurde. Allerdings wurde 1830 für das neu eingerichtete Comptoir eine eigene Ordnung vom Fabrikherrn Harkort erlassen, in der er auch ihren Zweck erklärt.[3] Die Maschinenfabrik des Kaufmanns Johann Friedrich Klett mußte 1844/45 umorganisiert werden, da der Arbeitsertrag zu wünschen übrig ließ.[4] Die beiden englischen Teilhaber, die sich Klett als kompetente Techniker geholt hatte, um die Fabrik überhaupt aufbauen zu können, konstruierten und fertigten zusammen mit den Arbeitern zwar sehr gute Maschinen, doch der Gewinn blieb manchmal sogar aus. Da zwischen den Ansprüchen der Techniker, die gute Maschinen bauen wollten, und dem Kaufmann, der den Ertrag des investierten Kapitals heben wollte, kein Kompromiß möglich war, trennte sich Klett in einem harten Konflikt von den Engländern. Er war als der größere Kapitalgeber der Stärkere und schuf ein neues, arbeitsteiliges Organisationssystem, das Werkstättensystem. Die Maschinen wurden nur noch in einer jeweils dafür vorgesehenen Werkstatt gebaut und dort wurden auch die entsprechenden Arbeitsgänge durchgeführt.

Bei der Neuanlage von Fabriken, wie der 1846 gebauten Maschinenfabrik Esslingen, galt für Werkstätten wie Dreherei, Schlosserei, Montierung und Schmiede bereits das Prinzip klarer Zuordnung zur Logik des Arbeitsablaufs bei der Gesamtmontage.[5] Das hatte funktionale Gründe, denn es bedeutete Kräfteersparnis, wenn schwere Teile, wie etwa für den Lokomotivenbau, nur über kurze Wege zum nächsten Arbeitsvorgang transportiert werden mußten. Es war außerdem ebenso wesentlich, daß die Nähe zum ,,Comptoirgebäude", zur Verwaltung, gesucht wurde. Dort hatten neben den drei Direktoren vor allem die konstruierenden Ingenieure ihre Arbeitsplätze.

Die Spezialisierung in die verschiedenen produzierenden Handarbeiten in den Werkstätten einerseits und in die gestaltende, entwerfende, planende und rechnende Kopfarbeit im Büro andererseits, mußte in einem funktionsfähigen Zusammenhang bleiben. Doch Hand- und Kopfarbeit waren bereits grundsätzlich auf verschiedene Arbeitsorte hin voneinander geschieden, wenn auch die Werkstättenmeister einige Jahrzehnte lang noch wesentlich an der konkreten Gestaltung ihrer Werkstücke beteiligt blieben.

Um allerdings diese Arbeitsteilung auch funktionsfähig zu machen, entstand mit der Geburt der Fabrik die Notwendigkeit, ein zentrales organisierendes ,,Management" einzurichten. Oft war der Unternehmer selbst der Manager, oder er übertrug diese Aufgaben dem kaufmännischen und technischen Direktor und den ,,Privat-Beamten". Sie kontrollierten den Arbeitsprozeß und setzten die Arbeitsziele. Hierzu gehörten, schon seit der Zusammenfassung der Arbeiter in der zentralen Werkstatt, der Fabrik, die Festsetzung der Arbeitszeiten und die Überwachung der Arbeit, um einen intensiveren Arbeitsablauf zu sichern.

Zur leitenden Kopfarbeit gehörte auch die ordnungssetzende Ausübung von Entscheidungsbefugnissen, die Hierarchie von Verfügungsgewalt und Kompetenzen in der Fabrik: Sie wurden durch die Direktoren, durch die für ihre Bereiche verantwortlichen Privat-Beamten und durch die Obermeister und Meister repräsentiert.
Eine tendenzielle Weiterentwicklung dieses Verhältnisses von Hand- und Kopfarbeit vollzog sich erst mit der fortschreitenden Mechanisierung durch verbesserte Arbeitsmaschinen zwischen den fünfziger und den neunziger Jahren. Als besonders dringlich mußte diese Entwicklung aus der Sicht der Unternehmensleitungen in Arbeitsbereichen gelten, die auf Grund steigender Nachfrage zur Massenfertigung übergegangen waren. Dies galt bereits seit den sechziger Jahren für die in Deutschland entstandene Nähmaschinenindustrie,[6] aber auch für die Elektrotechnik. Nähmaschinenteile wurden in sehr hohen Serien gefertigt und bald durch sehr präzise Maschinenarbeit so perfektioniert, daß eine hohe Paßgenauigkeit der standardisierten Teile erreicht wurde. Das hatte den damals überraschenden Vorteil, daß bei der Reparatur von Nähmaschinen die beschädigten Teile nur ausgewechselt werden mußten, was für uns heute selbstverständlich geworden ist. Die Typisierung eines Serienprodukts wurde erst bei der Nähmaschinenproduktion entwickelt, war aber zugleich Vorbild und Muster für die industrielle Massenproduktion.
Eine Beschreibung aus dem Jahre 1872, der „Gründerzeit", vermittelt uns ein Bild der Vorteile dieser stärkeren Mechanisierung aus der Sicht des Elektrounternehmers Siemens:[7]
„Das Geschäft ist bei seiner *Vielseitigkeit* und *Kompliziertheit* zu groß geworden und die Arbeiternot wird geradezu unerträglich. Wir haben jetzt leere Säle in Menge, können aber keine Arbeiter zu ihrer Besetzung bekommen. Da halte mal einer Termine! Wir sind daher namentlich seit einem Jahre eifrig bestrebt, *wie die Amerikaner alles mit Spezialmaschinen* zu machen, um auch *mit schlechten Arbeitern gute Sachen machen zu können.* Das hat sich auch schon brillant bewährt. So z. B. haben wir die 1200 Torpedo-Indikatoren, welche England [d. h. der englische Zweig der Firma] bei uns bestellte, in fabelhaft kurzer Zeit ganz zum Termine, und für die Hälfte ca. des Arbeitslohnes gemacht, welchen wir London als Selbstkosten aufgaben! Diese Arbeit war uns sehr nützlich als Probe der Leistungsfähigkeit unserer Einrichtungen, hat uns aber leider in anderen Dingen zurückgehalten. Jetzt sind alle davon überzeugt, daß in der Anwendung der amerikanischen Arbeitsmethode unser künftiges Heil liegt und daß wir in diesem Sinne unsere ganze Geschäftsleitung ändern müssen. Nur *Massenfabrikation* darf künftig unsere Aufgabe sein, darin können wir künftig jedes Bedürfnis befriedigen und jede Konkurrenz überwinden! Um sie zu bekommen, müssen wir allerdings unseren Kunden einen gewissen Zwang auferlegen und ihnen *unsere Konstruktionen* vorschreiben. Wir können dies dadurch tun, daß wir unsere ‚fabrizierten' Konstruktionen sehr billig, gut und schnell liefern, andere aber teuer und langsam oder gar nicht ... Der Fehler ist nur, daß die Herren Ingenieure und Werkstattsvorstände nicht lassen können, selbst zu konstruieren und zu erfinden ... Wir haben jetzt die Preise für unsere Fabrikationskonstruktionen so niedrig gestellt, daß uns niemand nachkommen kann. Trotzdem ist unser Abschluß brillant, weil die Massenfabrikation ungeahnte Hilfsquellen bietet. Das ist unser Weg. Willkürliche Abänderungen unserer festen Konstruktion müssen ebenso lächerlich werden, wie wenn einer eine abgeänderte Nähmaschine bestellen wollte. Will er sie haben, so muß er sich eine Fabrik dafür anlegen oder zehnmal so teuer durch Handarbeit sie machen lassen ..."
Für die handwerklich geschulten Arbeiter bedeuten diese neuen Formen der Massenproduktion eine Dequalifizierung: sie bedienten eine Maschine; die gestaltenden Funktionen, deren Anteil zuvor in vielen handwerklichen Arbeitsabläufen noch viel größer gewesen war, gingen verloren. Dies führte bei den Arbeitern offensichtlich zu tiefer Unzufriedenheit, wie wir der Schilderung eines Werkmeisters entnehmen müssen, zumal sich damit auch die Arbeitsintensität erhöhte und die mechanische Anstrengung für die Arbeiter wuchs:[8]
„Da man für die Maschinen meist gewöhnliche Arbeiter – wenn möglich natürlich von den alten – anlernen mußte und diese dann durchweg im Akkord beschäftigt wurden, so bildete der sogenannte amerikanische Saal bald einen starken sozialistischen Angriffspunkt. Die starke Arbeitsbeschleunigung paßte den Leuten eben nicht. Es hat lange gedauert, ehe sich die alten Handwerker der Werkstatt damit abfanden."
Seit den achtziger Jahren des 19. Jahrhunderts entwickelte sich der industrielle Großbetrieb. Er hatte einen verstärkten Ausbau der Büros, der innerbetrieblichen Bürokratie,

zur Folge. Verschiedene Abteilungen entstanden:[9] „Der Einkauf" besorgte die Rohmaterialien, „der Verkauf" suchte die günstigsten Preise auf dem Markt für die fertigen Produkte zu erzielen, „die Materialverwaltung" kontrollierte die Lagerbestände an Rohstoffen, „die Buchhaltung" hielt alle kaufmännischen Rechnungsvorgänge in ihren Büchern fest. Jeglicher Geldverkehr lief über „die Kasse". „Die Korrespondenz" erledigte den Briefwechsel mit Lieferanten und Kundschaft.
Doch bezeichnend für den industriellen Großbetrieb wurde es seit etwa 1900, daß die Arbeitsplanung bereits vor der Fertigung in den Werkstätten vom „Betriebsbüro" auf Formularen genau festgehalten wurde. Der Meister in der Werkstatt fand „auf den Zetteln" alle zur Ausführung der Arbeiten erforderlichen Angaben vor. Sobald das Produkt hergestellt war, mußte nochmals kalkuliert werden. Hierzu lieferte „das Lohnbüro" die auf Lohnlisten festgehaltenen und zusammengerechneten Lohnsummen, die bei einem Produktionsvorgang angefallen waren. Dem „Kalkulationsbüro" blieb dann die Berechnung der Selbstkosten aus den vorliegenden Angaben.

Taylorismus

Doch die amerikanische Großindustrie hatte kurz vor 1900 für die rationalisierende Weiterentwicklung der Arbeitsformen eine Leitfunktion. Die industrialisierten Länder orientierten sich an „amerikanischen Methoden", wenn es um die Steigerung des Ertrags von Massenprodukten ging.
Theoretiker eines Verhältnisses zwischen ausführender und dispositiver Arbeit wurde der Ingenieur Frederick Winslow Taylor. Seine zentrale These lautete: Den Arbeitern müsse genau vorgegeben werden, auf welche Weise, mit welchen Körperbewegungen, in welchen Arbeitsschritten die Arbeit auszuführen sei, dann könne die Arbeitsintensität beträchtlich gesteigert werden. Die Kontrolle über den Arbeitsablauf müsse der Ingenieur ausüben. Er müsse vorher genau studieren, wie der Arbeitsplatz aussehe und daraus ein Konzept entwickeln, das ganz genau die Bewegungsabläufe mit der dafür erforderlichen Zeit, mit der Stoppuhr abgemessen, festhalte. Hierbei könnten die Regeln gefunden werden, mit deren Hilfe die Effizienz der Arbeitsleistung gesteigert werde. Eine verbesserte Organisation erhöhe die Arbeitsmenge und entsprechend den Gewinn.
Nicht die Erfahrung des Arbeiters sei dabei das ausschlaggebende, sondern die Anwendung der Methoden der von Taylor entwickelten sogenannten „wissenschaftlichen Betriebsführung": Durch Arbeitsplatz-, Zeit- und Bewegungsstudien könne man die logische Abfolge der einzelnen Handlungsschritte im Arbeitsprozeß bestimmen. Hierin liege, durch Bestimmung gezieltester Bewegungen und ihrer kürzesten Zeitdauer, die Chance der Standardisierung von Arbeitsabläufen. Allerdings bedeutet dies die Ausschaltung jeglicher Selbstbestimmung des Arbeiters über seinen Arbeitsrhythmus. Die Planung des Arbeitsablaufs eines Arbeiters übernimmt nun statt dessen ein Ingenieur, der am Arbeitsplatz die Meßwerte abnimmt und in seinem Büro den Arbeitsgang entwirft. Die strikte Trennung zwischen dieser dispositiven Kopfarbeit des Ingenieurs und der nachvollziehenden Handarbeit des Arbeiters wird festgelegt. Die planende Vorbereitung im Büro und die ausführende Arbeit in der Werkstatt bilden eine klare Hierarchie. Der Ingenieur plant die organisatorische Mechanisierung des Arbeiters. So jedenfalls beschreibt uns Taylor seine Versuche um die Effektivierung der Arbeit mit seinen Bemühungen um eine Theorie:[10]
«Eine der ersten Arbeiten, die von uns übernommen wurden als ich begann, meine Ideen bei den Bethlehem-Stahlwerken einzuführen, war das Verladen von Roheisen nach dem Pensumsystem. Bei Beginn des spanisch-amerikanischen Krieges lagen einige 80000 t Roheisen in kleinen Haufen auf einem offenen Platz, der an das Werk grenzte, aufgestapelt. Die Preise für Roheisen waren so gefallen, daß es nicht mit Nutzen abgesetzt werden konnte und deshalb eingelagert werden mußte. Mit Ausbruch des Krieges stiegen die Preise wieder, und das gewaltige Eisenlager wurde verkauft; das gab uns eine gute Gelegenheit, den Arbeitern ebenso wie den Eigentümern und Direktoren schon in ziemlichem Umfange die Vorteile der Pensumarbeit vor der althergebrachten Tages- und Stückarbeit an einer sehr elementaren Art von Arbeit zu zeigen.
Die Bethlehem Steel Co. hatte fünf Hochöfen. Das Verladen des produzierten Roheisens geschah seit langen Jahren durch eine besondere Arbeiterkolonne. Damals bestand diese aus ungefähr 75 Mann, lauter guten Durchschnitts-

verladern, die unter einem ausgezeichneten Vorarbeiter, der selbst Rohverlader gewesen war, standen; alles in allem wurde die Arbeit so schnell und so billig ausgeführt wie nur irgendwo anders.

Ein Eisenbahngleis wurde unmittelbar die Roheisenstapel entlang auf das Feld hinaus gebaut. Dicke Planken wurden an die Wagen angelegt, jeder Mann nahm von dem Roheisenhaufen einen Barren im Gewicht von ungefähr 40 kg, ging damit das Brett hinauf und warf ihn hinten im Wagen nieder.

Wir stellten fest, daß in dieser Kolonne jeder einzelne durchschnittlich ungefähr 12½ t pro Tag verlud; zu unserer Überraschung fanden wir aber bei eingehender Untersuchung, daß ein erstklassiger Roheisenverlader nicht 12½, sondern 47 bis 48 t pro Tag verladen sollte. Dieses Pensum erschien uns so außerordentlich groß, daß wir uns verpflichtet fühlten, unsere Berechnung wiederholt zu kontrollieren, bevor wir unserer Sache vollkommen sicher waren. Einmal jedoch davon überzeugt, daß 47 t eine angemessene Tagesleistung für einen erstklassigen Roheisenverlader bedeuteten, stand uns klar vor Augen, was wir als Arbeitsleiter auf Grund der neuen Ideen zu tun hatten. Wir mußten darauf sehen, daß jeder Mann pro Tag 47 t verlud, anstatt 12½ t wie bisher. Wir mußten ferner darauf sehen, daß diese Arbeit ohne einen Ausstand, ohne Streitigkeiten mit den Arbeitern getan würde, und daß die Leute beim Verladen von täglich 47 t freudiger und zufriedener wären als bei den 12½ t von früher.

Unser Erstes war es, die rechten Leute herauszufinden, denn „Eines schickt sich nicht für alle". Das neue System macht es zur unbeugsamen Regel, bei Verhandlungen mit Arbeitern immer nur einen einzelnen Mann auf einmal vorzunehmen. Denn jeder Arbeiter hat seine engbegrenzten Fähigkeiten, und wir wollen die Arbeiter nicht „en masse" behandeln, sondern nach Möglichkeit jeden einzelnen Mann für sich zur höchsten Kraftverwertung (efficiency) und Prosperität heranziehen. Unser erster Schritt war also, den rechten Mann zu finden, mit dem man anfangen konnte. Wir beobachteten deshalb die fraglichen 75 Mann sorgfältig etwa drei oder vier Tage lang. Schließlich waren wir auf vier Leute aufmerksam geworden, die körperlich geeignet erschienen, täglich 47 t Roheisen zu verladen. Jeder einzelne von diesen Leuten wurde dann zum Gegenstand eines sorgfältigen Studiums gemacht. Wir gingen ihrem Vorleben nach, soweit dies praktisch durchführbar war, eingehende Untersuchungen wurden angestellt bezüglich ihres Charakters, ihrer Gewohnheiten und ihres Ehrgeizes. Schließlich suchten wir einen unter den Vieren aus als denjenigen, mit dem man am besten beginnen konnte. Es war ein untersetzter Pennsylvanier deutscher Abstammung, ein sog. „Pennsylvania Dutchman". Unserer Beobachtung nach legte er nach Feierabend seinen ungefähr halbstündigen Heimweg ebenso frisch zurück wie morgens seinen Weg zur Arbeit. Bei einem Lohn von 1,15 Doll. pro Tag war es ihm gelungen, ein kleines Stück Grund und Boden zu erwerben. Morgens, bevor er zur Arbeit ging, und abends nach seiner Heimkehr arbeitete er daran, die Mauern für sein Wohnhäuschen darauf aufzubauen. Er galt für außerordentlich sparsam. Man sagte ihm nach, er messe dem Dollar einen außerordentlich hohen Wert bei; wie einer der Leute, mit dem wir über ihn sprachen, sagte, hatte sein Pfennig für ihn eine Bedeutung, als ob er so groß wie ein Wagenrad wäre.

Diesen Mann wollen wir Schmidt nennen.

Unsere Aufgabe bestand nunmehr darin, Schmidt dazu zu bringen, 47 t Roheisen pro Tag zu verladen, seine Lebensfreude jedoch nicht zu stören, ihn im Gegenteil froh und glücklich darüber zu machen. Dies geschah in folgender Weise. Schmidt wurde unter den anderen Eisenverladern herausgerufen und etwa folgende Unterhaltung mit ihm geführt:

„Schmidt, sind Sie eine erste Kraft?"

„Well, – ich verstehe Sie nicht."

„O ja, Sie verstehen mich ganz gut. Ich möchte wissen, ob Sie eine erste Kraft sind oder nicht?"

„Ich kann Sie nicht verstehen."

„Heraus mit der Sprache! Ich möchte wissen, ob Sie eine erste Kraft sind oder einer, der den übrigen billigen Arbeitern gleicht. Ich möchte wissen, ob Sie Doll. 1,85 pro Tag verdienen wollen oder ob Sie mit Doll. 1,15 zufrieden sind, d. h. mit dem, was diese billigen Leute da bekommen."

„1,85 Doll. pro Tag verdienen wollen, heißt man das eine erste Kraft? Well, dann bin ich so einer."

„Sie machen mich ärgerlich. Freilich wollen Sie 1,85 Doll. pro Tag, das will jeder. Sie wissen recht gut, daß das sehr wenig damit zu tun hat, ob Sie eine erste Kraft sind. Antworten Sie endlich auf meine Fragen und stehlen Sie mir nicht meine Zeit! Kommen Sie hierher; sehen Sie diesen

Haufen Roheisen? [...] bei gutem Willen 47 t Roheisen verladen könnten anstatt 12½ t?"
Schmidt begann zu arbeiten, und in regelmäßigen Abständen wurde ihm von dem Mann, der bei ihm als Lehrer stand, gesagt: „Jetzt heben Sie einen Barren auf und gehen Sie damit! Jetzt setzen Sie sich hin und ruhen sich aus! etc."
Er arbeitete, wenn ihm befohlen wurde zu arbeiten und ruhte sich aus, wenn ihm befohlen wurde, sich auszuruhen, und um halb sechs Uhr nachmittags hatte er 47½ t auf den Waggon verladen.
Die drei Jahre hindurch, die ich in Bethlehem war, arbeitete er stets in diesem Tempo und leistete das verlangte Pensum tadellos. Er verdiente diese ganze Zeit hindurch etwas mehr als 1,85 Doll. durchschnittlich, während er vorher nie mehr als 1,15 Doll. täglich verdient hatte, was damals in Bethlehem der normale Taglohn war. Er erhielt also 60% mehr Lohn als die anderen Arbeiter, die nicht unter dem Pensumsystem arbeiteten. Ein Mann nach dem anderen wurde ausgelesen und angelernt, 47½ t Roheisen pro Tag zu verladen, bis alles Roheisen auf diese Weise verladen war. Natürlich erhielten sämtliche Beteiligte 60% mehr Lohn als die andern.»
Taylor perfektionierte freilich lediglich einen Prozeß der organisatorischen Effektivierung der Arbeit, der sich ohnehin vollzog und bereits vor dem Ersten Weltkrieg in den Großbetrieben des Deutschen Reiches versuchsweise praktiziert wurde. So setzte die Diskussion über die Anwendbarkeit der „amerikanischen" Methoden sicher nicht zufällig in den führenden Großbetrieben Borsig, Siemens-Schuckert und Bosch ein.
An den „Rationalisierungen" in der Massenproduktion von Zündkerzen bei Bosch zeigt sich der grundsätzliche Wandel durch stärkere Einführung von Arbeitsplanung.[11] 1908 wurden neue zentrale Büros für die Selbstkostenvorberechnung, ein Akkordbüro und ein technisches Büro (insbesondere für die Werkstattzeichnungen) eingerichtet. Die Funktionen, die diese Angestellten nun übernahmen, waren vorher von den Meistern ausgeübt worden. Diese wurden somit eines weiteren Teils ihrer organisierenden Kopfarbeit enthoben. Doch das Ergebnis bestätigte die Richtigkeit der Neuerung aus der Sicht der Betriebsleitung: Die Arbeitsintensität stieg. Bosch hatte bereits 1906 den 8-Stundentag eingeführt, weil er erkannte, daß eine längere Arbeitszeit keineswegs im Interesse der Produktivität lag. Ihm kam es auf die Steigerung der Intensität an, die durch den Arbeitsablauf bestimmt war, nicht durch die Dauer des Arbeitstages.[12] (1910 wurde der freie Samstagnachmittag bei Bosch eingeführt.)
Seit den zwanziger Jahren gewann der Begriff der „Rationalisierung" zunehmend an Bedeutung bei der Umorganisierung des Arbeitsprozesses: Die Arbeiter mußten befürchten, daß der eigene Arbeitsplatz „wegrationalisiert" werden könnte.[13] Für die Betriebsleitung dagegen war Rationalisierung gleichbedeutend mit einer Steigerung der Produktivität und damit des Arbeitsertrages. In der öffentlichen Diskussion der zwanziger Jahre klang bei „Rationalisierung" auch die Bedeutung „modern" mit.

„In ununterbrochenem Fluß"

Die Einführung der Fließfertigung hatte grundlegende Bedeutung für die „Rationalisierung" der Produktion, und keineswegs zufällig kam das Vorbild hierfür aus den Automobilfabriken der USA. Dort hatte schon vor dem Ersten Weltkrieg die Entwicklung des Automobils zu einem auch für breitere Bevölkerungsschichten erschwinglichen Verkehrsmittel eingesetzt: entscheidend war es, Arbeitstechniken zu finden, die den Preis für die Automodelle verbilligten. Zwischen 1903 und 1914 hatte es bei der gewaltigen Ausdehnung der Produktion strukturelle Veränderungen gegeben, deren revolutionäres Ergebnis das Fließband in der Endmontage war: Die Arbeiter gingen nicht mehr von einem Stück der nebeneinanderliegenden Serie zum nächsten, wie dies beispielsweise beim Bau von Straßenbahnmotoren der Fall war, sondern das entstehende Produkt wurde auf einem Band an den feststehenden und nebeneinander angeordneten Arbeitsplätzen vorbei transportiert: der gesamte Montagevorgang wurde in seine einzelnen Arbeitsschritte zerlegt und in seiner Folge den einzelnen Arbeitsplätzen zugewiesen. Die Bandgeschwindigkeit regelte die Arbeitsintensität. Diesen Arbeitsfluß zu planen und festzulegen wurde Aufgabe der Ingenieure des „Managements". Sie hatten somit die Kontrolle über die Arbeit. Dispositive, planende und ausführende Arbeit wurde am Fließband in die Rollen der Ingenieure und der Arbeiter geschieden, Kopfarbeit wurde von Handarbeit getrennt.
Die Fließfertigung wurde von den elektrotechnischen Fa-

briken für Produkte eingeführt, die auf dem Massenmarkt billig angeboten werden sollten. Bei Siemens wurde, auf Anregung der Verkaufsabteilung, Anfang der zwanziger Jahre begonnen, einen Staubsauger zu entwickeln, der nicht, wie noch die „Staubpumpe" um 1905, eine teure und unhandliche Arbeitsmaschine war, sondern leicht tragbar und billig zu fertigen sein sollte. 1923/24 stand ein Prototyp zur Verfügung. In Verbindung mit dem „Arbeitsbüro" sollten nun durch Rationalisierung der Arbeitsmethode und Verkürzung der Fertigungszeiten möglichst günstige Fabrikationskosten angestrebt werden: „Auch Montagearbeiten wurden einer Nachprüfung unterzogen und es konnte in der Montage für Staubsauger eine Zeitersparnis von 50 Prozent zur Durchführung gelangen. Da man sich vom Absatz der Staubsauger Erfolg versprach, ist eine besonde-

Das Konstruktionsbüro, 1910
In diesem Großraum saßen die Ingenieure eines elektro-technischen Großbetriebs.
Rechenoperationen mußten bis zum Durchbruch des Mikroprozessors und des Computers seit dem Ende der sechziger Jahre mit dem Rechenschieber ausgeführt werden.
Zeichnen auf dem Reißbrett gehörte zu den Routinearbeiten. Technische Zeichner übernahmen die Arbeit des Aus- und Reinzeichnens seit den zwanziger Jahren.

Die Damen der Lochkartenabteilung, um 1950
Bereits seit den zwanziger Jahren wurden standardisierbare Daten mit Hilfe von Lochkarten gespeichert (Hollerithmaschinen). Sie mußten an diesen Maschinen gestanzt werden.

Das Großraumbüro, 1969

re Werkstatt nach der Methode fließender Fertigung im Entstehen begriffen."[14] Diese Versuche zur Rationalisierung führten zur Fertigung an einem Fließband, mit dessen Hilfe bald 125 Stück täglich montiert werden konnten. Zugleich wurde der gesamte Produktionsprozeß in einem Arbeitssaal konzentriert, in dem vom Rohguß bis zum verpackten Staubsauger der gesamte Herstellungsvorgang organisiert war. Verbilligung wurde durch kurze Lagerzeiten für das Material und stark verringerte Arbeitszeiten erreicht. Nach diesen, aus der Sicht der Betriebsleitungen, positiven Erfahrungen wurde die neue Fließfertigung auch bald für andere Produkte übernommen, so die Zählerfertigung und andere Haushaltsgeräte. Nach einigen Jahren war die Massenfertigung 1927/28 bereits auf eine Jahresproduktion von 129074 Staubsaugern gestiegen. 1932 war die „rationalisierte" Fließbandfertigung für den Elektromotor eines Tischventilators eingerichtet: „... die einzelnen Arbeitsmaschinen sind aneinandergereiht, so wie es der Fabrikationsgang der Motore erfordert; Transporteinrichtungen laufen von Maschine zu Maschine, eine davon ist 450 m lang und geht durch drei Stockwerke. So wandern die fertiggestellten Teile zu der Montagestelle, wo die Motore zusammengebaut und geprüft werden. Hier befindet sich ein langer Tisch, dessen Platte in bestimmten Zeitzwischenräumen, die eingestellt werden könnnen, um je einen Arbeitsplatz weiter wandert. Nach der Fertigstellung gehen die Motore noch durch einen Trockenofen, und dann, ebenfalls mittels Transporteinrichtungen, zum Lager bzw. zur Versandstelle."[15]

Die Koordination des Zeitablaufs wurde als der wichtigste Faktor betrachtet, um die Fabrikation zu verbilligen. Wo es möglich war, wurden Arbeitsmaschinen eingesetzt und von angelernten Männern oder Frauen bedient. Deren Handgriffe und Bewegungen im Arbeitsfluß sind genau geplant und in ihrer zeitlichen Dauer exakt bestimmt. Ihre Arme und Hände werden gleichsam Teile des Produktionsablaufs. Sie verrichten diese Bewegungen in der Regel „mechanisch", denn diese wiederholen sich ständig.

4. Die Arbeitenden

Die Sozialstruktur der industriellen Gesellschaft entwickelte sich aus der Fabrik. Sie war die Geburtsstätte der neuen arbeitsteiligen Gesellschaft. Die sozialen Rollen im Arbeitsprozeß schufen die neuen Klassen und Schichten. Die Fabrik ‚verschmolz' Dienstboten, Knechte und Mägde, ehemals zünftische Handwerker und Gütler, „Genieoffiziere" (Militäringenieure) und nahezu alle Angehörigen der alten ständischen und agrarisch-ländlichen Gesellschaft, die sich mit der Bildung der neuen, der industriellen Gesellschaft, endgültig auflöste. Die neuen Rollen in der Fabrik hießen Fabrikant, Arbeiter und Angestellter. Sie bedeuteten nun nicht mehr geburtsständische Zugehörigkeit, sondern sie wiesen zunächst vor allem eine bestimmte Funktion in der Arbeitsteiligkeit der Fabrik zu. Diese war zugleich in die gesellschaftliche Statushierarchie eingebettet, die in kulturellen Symbolen individuell repräsentiert werden mußte: in der Qualität der Kleidung, in der Körpersprache und dem sprachlichen Ausdruck, in den Dingen, die als statuswertig angesehen wurden und die Rollenzugehörigkeit unterschieden, beispielsweise die Kutsche, der Fabrikantenwohnsitz, das Automobil, oder der Anzug und die weißen Krägen der „Kopfarbeiter" in den Büros. Die Hierarchie der Beschäftigten wird zugleich in der Art ihrer Bezahlung durch die Fabrik festgelegt: die „Privatbeamten" und Angestellten mit Gehalt, die Arbeiter mit Lohn.

Allerdings ist das zahlenmäßige Verhältnis der Fabrikanten, Angestellten und Arbeiter seit der Herausbildung der Fabrik um 1830/40 nicht gleichgeblieben, sondern hat sich mit der Entwicklung industrieller Arbeitsteiligkeit verändert: die Zahl der Fabrikanten und Selbständigen hat fortlaufend abgenommen, die der Arbeiter ist in den ersten Jahrzehnten gestiegen, stagnierte dann lange Zeit und sinkt seit dem Zweiten Weltkrieg wieder. Die Zahl der Angestellten nimmt seit etwa 1880 kontinuierlich zu.

Anfangs waren die Beziehungen zwischen den Arbeitenden in der Fabrik und in den Werkstätten noch sehr viel persönlicher geprägt. Doch mit der Entstehung des Großbetriebes, seit etwa 1890, hat sich eine Tendenz der zunehmenden Versachlichung durchgesetzt: die Beziehungen werden stark von funktionalen Notwendigkeiten des Arbeitsablaufs bestimmt, weniger durch die Wahrnehmung der individuellen Natur und Persönlichkeit des Kollegen.

Zudem veränderte sich in der Regel auch der Zugang zu den beruflichen Positionen. Die Bedeutung von Schulbildung und Studium nahm zu. Seit etwa 1960 gibt es kaum noch die Möglichkeit, allein durch berufliche Erfahrung aufzusteigen, beispielsweise vom Arbeiter zum Meister, oder vom Arbeiter zum Direktor. Dies bedeutet, daß die Ingenieure, Betriebswirte und Kaufleute des mittleren und oberen Managements, die sich ausschließlich durch ihren Studienabschluß qualifizierten, in der Regel auch keine eigenen Erfahrungen mehr von den Arbeitsgängen und -bedingungen in den Werkstätten besitzen. Außerdem ist ihre Mobilität gewachsen: der Wechsel eines Managers nach einigen Jahren in einen anderen Betrieb ist inzwischen normal. Dadurch hat sich zugleich das persönliche und (einst) durch längere gemeinsame Erfahrungen entstandene Verhältnis der Arbeitenden weitgehend aufgelöst und anonymisiert.

Bis in die dreißiger Jahre hinein galt die Konvention, daß selbst der Bürodiener, und erst recht der Obermeister, im ‚Frack' zur Arbeit erscheinen mußten. Bis in die fünfziger Jahre hielt sich die „Weiße-Kragen-Grenze" zwischen den „Kopfarbeitern" des Büros und den „Handarbeitern" der Werkstätten. Die Mikroelektronik der achtziger Jahre verwischt nun auch stärker die Grenze zwischen ausführender Handarbeit und planender Kopfarbeit. Es ist daher kein Zufall, daß sich in Großbetrieben, wie beispielsweise Siemens, die Tendenz zur Auflösung „berufsständischer" Hierarchien in der Fabrik zeigt: der Begriff „Mitarbeiter" ist zunehmend gebräuchlicher geworden. Er signalisiert lediglich noch funktionale Arbeitsteiligkeit, die von den Entscheidungsbefugten in der Fabrik strukturiert wird.

Fabrikherren, Unternehmer, Manager

Die Entscheidungsbefugnisse in der Fabrik blieben in der Regel an investiertes Kapital gebunden. Daher übten die Fabrikherren oder ihre Beauftragten die Leitungsbefugnisse aus: ihre wirtschaftliche Stellung wurzelte in der Verfü-

Der Herrenabend der Firmenleitung, um 1910
Das Bild des deutschen Kaisers Wilhelm II. hängt über dem Tisch und bietet einen „Blickpunkt" auf die wilhelminische Gesellschaft.

gungsgewalt und der Dispositionsmöglichkeit über das Kapital, ihre soziale Stellung in der Entscheidungshoheit über alle Angelegenheiten des Geschäftsablaufs, der Arbeitsorganisationen und der Einstellung, Entlassung und Bezahlung der Arbeiter und Angestellten. Die Fabrikherren kamen aus unterschiedlichen Positionen. Sie mußten entweder Kapital, Ingenieurwissen oder besondere handwerkliche Fähigkeiten besitzen.
Es gab Kaufleute und Finanziers, die über Kaufmannskapital verfügten und dieses gewinnversprechend in neue Unternehmungen zu investieren bereit waren. Der Nürnberger Maschinenfabrikant Johann Friedrich Klett hatte vorher – und dann gleichzeitig neben der Fabrik – ein Großhandelsgeschäft betrieben und bereits 1828 den Versuch einer ersten Fabrikgründung unternommen, allerdings einer Zuckerrübenfabrik. Der Maschinenfabrikant Maffei hatte in München gleichzeitig mehrere Unternehmen ausgebaut. Er besaß eine Tabakfabrik, wurde führend in der Aktiengesellschaft zum Bau der Eisenbahn München – Augsburg tätig, zugleich aber auch im Bankgeschäft. Der Erbe Johann Friedrich Kletts, der Kaufmannssohn und liberale Verleger Theodor Cramer-Klett, entwickelte sich nach 1850 zu einem der führenden Industriemanager, der als ausgebildeter Banker neben einem scharfen Blick für die Entwicklungstrends der industriellen Revolution, auch das Organisationsvermögen besaß, um erfolgreich Großprojekte konzipieren, finanzieren und abwickeln zu können. Er verstand es, gute Techniker in Leitungspositionen der neuentstehenden Geschäftsabteilungen zu bringen – wie beispielsweise im Eisenhoch- oder Brückenbau – und zugleich die geschäftliche Leitung in seiner Hand zu konzentrieren. Innerhalb von zwanzig Jahren gelang es ihm nicht nur, die Maschinenfabrik zu expandieren, sondern auch sehr großen persönlichen Reichtum zu schaffen. Cramer-Klett war Bankier, Fabrikherr und politisch einflußnehmender Manager zugleich.
Die aus der Kaufmannschaft hervorgegangenen Fabrikanten waren in der Regel Träger der bürgerlichen Kultur und in das Besitz- und Bildungsbürgertum integriert.
Anders verhielt es sich mit Handwerkern, die Fabriken aufbauten. Sie mußten in besonderer Weise handwerklich

Der Direktor auf dem Weg in sein Büro, um 1913
Er wird vom Bürodiener erwartet, der sich beim Nahen des Chefs von seinem Platz erhoben hat.

geschickt sein oder durch wichtige „Erfindungen" einen Markt für neue Produkte öffnen. Fabrikanten dieses Typs waren beispielsweise der Maschinenbauer Wilhelm Späth oder der Mechaniker Sigmund Schuckert. Beide blieben auch nach unternehmerischen Erfolgen in ihrer Mentalität Handwerker und integrierten sich kaum in die Klasse des Besitz- und Bildungsbürgertums.
In Fabriken, die von Anfang an als Aktiengesellschaften begründet waren – beispielsweise in der Textilindustrie –, regierten vom Aufsichtsrat berufene Direktoren, die allerdings den darin vertretenen Kapitalgebern verantwortlich blieben. Dieser Typ des Managers, der die unternehmerischen Funktionen ausübt, zugleich aber in seinem geschäftlichen Erfolg den Kapitalgebern Rechenschaft schuldig ist, hat zunehmend im 20. Jahrhundert die Fabrikleitungen übernommen. Diese mit Gewinnbeteiligung angestellten Manager rücken als Kaufleute oder Techniker aufgrund ihrer Ausbildung und erfolgreicher beruflicher Praxis in diese Leitungspositionen auf. Allerdings ist die Dauer ihrer Tätigkeit seit den fünfziger Jahren des 20. Jahrhunderts kürzer geworden, besonders in Branchen, die starke Wandlungen durchlaufen, wie beispielsweise die Textilindustrie. Mit dieser neuen Managergeneration haben sich die Sozialbeziehungen in den Fabriken noch stärker auf zweckrationale Funktionen versachlicht.

Privat-Beamte, Handlungsgehilfen, Angestellte

Die Bezeichnung Privat-Beamte leitet sich von ihrer Stellung ab: sie standen in einem besonderen Vertrauensverhältnis zum Fabrikanten und hatten von der Direktion auf sie delegierte Leitungsfunktionen auszuüben. Sie konnten als Kaufmann die Buchhaltung der Fabrik organisieren und leiten oder als Techniker die Konstruktion. Ihre Aufgabe besaß in jedem Falle eine besondere Bedeutung für den zentralen Funktionsablauf der Fabrik.
Für die ausführenden Arbeiten des Büros wurden dagegen Handlungsgehilfen eingestellt. Sie hatten in der Regel eine Handlungsgehilfenprüfung abgelegt, es kam aber auch durchaus nicht selten vor, beispielsweise in der Textilindustrie, daß einem Arbeiter, der sich im Spinn- und Websaal bewährt hatte, Gelegenheit geboten wurde, in das Büro aufzusteigen. Die Handlungsgehilfen, die späteren kaufmännischen Angestellten, hatten vorgegebene Arbeiten zu verrichten, die nach erprobter Routine und standardisierten Mustern vollzogen werden mußten: Material- und Lohnlisten wurden ergänzt oder der Versand durchgeführt. Die Nachkalkulation beispielsweise berechnete aus den von anderen Büros zugelieferten Zahlen die tatsächlichen Kosten eines Produkts.

Die Buchhalter und *Die Herren der Nachkalkulation, 1912*
Obwohl die Kleidervorschrift eingehalten war und alle Angehörigen des Büros weiße Hemden, Kragen und Binder tragen, verrät die Kleidung doch beträchtliche Unterschiede in der Hierarchie und damit auch in der Bezahlung. Die Privat-Beamten der Buchhaltung tragen feinere und stattlichere Anzüge als die Angestellten, vermutlich Handlungsgehilfen der Nachkalkulation.

Seit etwa 1900 begann sich die Bezeichnung „Angestellte“ für alle diejenigen durchzusetzen, die als „Kopfarbeiter“ im Büro saßen. Ihnen war gemeinsam und zur täglichen Pflicht gemacht, mit weißem Kragen und mit Krawatte und Anzug im Büro zu erscheinen. Dennoch gab es auch große Unterschiede in der Qualität ihrer Kleidung, etwa zwischen den feinen Stoffen, die die Buchhalter, und den etwas gröberen, die die Handlungsgehilfen in der Nachkalkulation trugen. Dies ist auch nicht verwunderlich, da die Gehaltsunterschiede beträchtlich waren und Handlungsgehilfen sich in der Regel keineswegs einen besseren Lebensstandard leisten konnten als Facharbeiter.
Dennoch integrierten sich die Angestellten in den zwanziger Jahren zu einer neuen gesellschaftlichen Schicht mit eigenem Bewußtsein, weiterhin in Abgrenzung zu den Arbeitern. Ihr Anteil an den abhängig Beschäftigten wuchs fortlaufend bis in die Gegenwart:

Angestellte

1882	4,7	Prozent
1895	7,2	Prozent
1907	11,4	Prozent
1925	17,7	Prozent
1933	18,6	Prozent
1950	22,5	Prozent
1960	30,4	Prozent
1970	35,1	Prozent
1979	40,6	Prozent

In diesen Zahlen verbirgt sich jedoch eine überproportionale Zunahme von Frauen. Seit etwa 1890 wuchs ihr Anteil in den Angestelltenberufen kontinuierlich, zunächst in dem Maße, wie es den industriellen Fabrikorganisatoren, den Planern des industriellen Großbetriebs, um 1900 gelang, Arbeitsgänge im Büro zu schematisieren. Frauen wurden beispielsweise oft als ungelernte Arbeitskräfte eingestellt.
Mit der Einführung der Schreibmaschine entstanden eigene Schreibbüros und der neue Beruf der Stenotypistin. Als Handlungsgehilfen fanden die Frauen zunehmend Arbeitsplätze in den Büros der Handelsunternehmen, zum Stanzen von Karteikarten an den Hollerithmaschinen, aber auch in den expandierenden Kaufhäusern.

Arbeiter

Lohnarbeiter hat es schon jahrhundertelang gegeben, beispielsweise in den frühkapitalistischen Unternehmen des 15. und 16. Jahrhunderts und später in den Manufakturen. Doch erst mit der Industrialisierung nach 1840 stieg ihre Zahl fortlaufend an und erreichte um die Jahrhundertwende etwa die Hälfte der erwerbstätig Beschäftigten. Sie kamen naturgemäß aus unterschiedlichen sozialen und kulturellen Traditionen: aus der Stadtarmut ebenso wie aus den pauperisierten Schichten des Landes. Sie waren die Söhne und Töchter armer Leute, die sich als Tagelöhner in der vorindustriellen Gesellschaft mühsam durchgebracht hatten und für die es vielfach schon als Verbesserung galt, überhaupt eine regelmäßige Arbeit zu finden. Sie waren oft nachgeborene Söhne und Töchter von Bauern gewesen, die nicht selten froh waren, aus den gedrückten Verhältnissen des Hofes und des Dorfes in die Stadt gehen zu können. Das Dorf blieb zwar ihre Heimat, der sie oft auch weiterhin anhingen, aber auch dort verschaffte vor allem die Hierarchie des Besitzes Geltung, und wer ein „armer Teufel“ war, der hatte in der patriarchalischen Gesellschaft des Dorfes auch nichts zu lachen gehabt: Hunger und mitunter brutale soziale Abhängigkeit gab es auch dort. Wer sich dem ausgeliefert sah, für den konnte die Fabrik in der Stadt die Erwartung von Freiheit bedeuten, wenn sich auch bald neue Abhängigkeiten zeigten. Zumindest hatte man wegen der größeren Mobilität die Hoffnung, und manchmal auch die tatsächliche Chance, eine besser bezahlte, vielleicht sogar gute und befriedigendere Arbeit zu finden. Wenn diese Menschen in die Stadt kamen, brachten sie in der Regel lediglich ihre praktischen Kenntnisse aus der ländlich-bäuerlichen Arbeitswelt mit, zugleich aber auch die jeweiligen Formen regionaler Alltagskultur: Verhaltensweisen im Umgang, Nahrungsgewohnheiten (besondere Gerichte) und umgangssprachlichen Dialekt und häufig auch ihre eigene Religiosität.
Ihre Kenntnisse bäuerlicher Arbeit galten in der Fabrik nichts. In der Regel arbeiteten diese ungelernten Arbeiter als Tagelöhner. Sie waren beispielsweise als sogenannte „Hoftagelöhner“ zu Transportarbeiten eingesetzt oder halfen den Facharbeitern mit vor- oder nachbereitenden Arbeiten.[1] Es bedeutete für sie Aufstieg in der Hierarchie der

G. HARRACH BLITZABLEITERFABRIK
INHABER:
JOH. HARRACH & CH. DIETZ
Königlich Bayer. Hof-Lieferant
MÜNCHEN
Blutenburgstrasse 4.

München 37, 18. Juli 1902

Herrn

Zeugnis.

Wir bestätigen, daß Karl Kraus als Former vom 5. März 1902 bis heute bei uns in Arbeit stand und hat sich während dieser Zeit unsere volle Zufriedenheit erworben. Sein Austritt erfolgt wegen Abreise.

München, den 18. Juli 1902

Blitzableiterfabrik Georg Harrach
Inh.: Joh. Harrach u. Ch. Dietz
Georg Harrach

Das Zeugnis, 1902
Zeugnisse waren sehr wesentlich zum Nachweis bisheriger Tätigkeiten für die Suche nach neuer Arbeit. Sie beschrieben langfristig das Bild der beruflichen Entwicklung.

In Notzeiten waren „einfache Leute" froh, sich eine Pferdewurst kaufen zu können, um 1919

Fabrik, wenn es ihnen gelang, in die Werkstatt zu kommen und dort beispielsweise für die Former den Sand aufzubereiten oder sich als angelernte Arbeiter oder Arbeiterinnen an der Spinn- und Webmaschine zu qualifizieren und Maschinenführer zu werden.

Diese un- und angelernten Arbeiter und Arbeiterinnen wurden typisch für den industriellen Großbetrieb und seine Arbeitsplätze an den Maschinen in der Fertigung von Massenprodukten. Es kam nicht auf ihr individuelles Können an, im Gegenteil. Die Ingenieure wollten mindestens seit 1910 die Produktion möglichst unabhängig von persönlichen Fähigkeiten der Arbeiter halten.[2] So blieben sie in ihrer Person leicht austauschbar und wurden zur Bedienung einer Maschine oder später zur Ausführung bestimmter Handgriffe am Band nur kurz angelernt. Bei „Rationalisierungen" waren sie daher als erste von „Einsparungen" betroffen, sobald Arbeitsgänge mechanisiert werden konnten. Bis zum Beginn des 20. Jahrhunderts blieb es, beispielsweise in großen Maschinenfabriken, durchaus üblich, daß ungelernte Arbeiter nicht im Wochenlohn, sondern im Tagelohn beschäftigt waren und entsprechend bei stockender Auftragslage nicht weiter beschäftigt wurden.

Die gelernten Arbeiter verdienten wesentlich besser. Sie hatten zumeist eine Lehre im Handwerk absolviert und gingen danach – bis nach 1900 – als Gesellen auf Wanderschaft, wie es dem zünftischen Brauchtum entsprach. Sie arbeiteten für einige Monate, oder solange es ihnen gefiel, in einer Fabrik und zogen dann weiter. Während ihrer Wanderschaft wurden sie durch das Unterstützungs- und soziale Sicherungssystem ihrer Zunft in Notfällen unterstützt. Wenn sie in ihrem handwerklichen Können sehr qualifiziert waren, brauchten sie sich um jeweils neue Arbeitsplätze kaum zu sorgen, zumal der Wechsel von Fabriken auch ihre Kenntnisse und Praxiserfahrung mit den verschiedenen, gleichzeitig üblichen Arbeitsformen und -techniken erhöhte. Diese gelernten Arbeiter, deren individuelle Sicherheit in ihrem beruflichen Können lag, hatten aus den handwerklichen Traditionen ein gutes Selbstbewußtsein entwickelt: die Gießer, Former, Schmiede, Tapezierer, Schreiner und andere waren in den sechziger, siebziger und achtziger Jahren die Arbeitereliten, die die Selbstorganisation der Arbeiterschaft als Gewerkschaft oder als sozialdemokratische Partei vorantrieben. Sie formulierten einen stärkeren Kampfeswillen, um die Verbesserung schlechter

Nach der Arbeit ein Bier, 1913
Der Stehausschank war zugleich Treffpunkt, um sich außerhalb der Fabrik mit Kollegen oder Freunden nach Feierabend zu treffen, zu unterhalten und zu entspannen.

und gesundheitsschädigender Arbeitsbedingungen und der Löhne, der Arbeitszeiten und die Beteiligung an der politischen Macht in Staat und Gesellschaft zu erreichen.
Im 19. Jahrhundert war Kinderarbeit in den Fabriken eine zwar bekämpfte, aber gegebene Tatsache. In der Landwirtschaft, auf den Bauernhöfen und bei den dörflichen Gewerben galt die Mitarbeit der Kinder als selbstverständlich. In den Fabriken hatten die Kinder häufig Arbeiten auszuführen, die ihre natürliche Entwicklung und körperliche Gesundheit gefährdeten. Die Arbeitszeiten waren im 19. Jahrhundert so lang, und damit die physische Belastung so hoch, daß zeitgenössische Beobachter das Aussehen dieser Kinder als bleich beschrieben und auf früh alt gewordene Gesichter und abgestumpftes Verhalten hinwiesen: Denn neben der tagtäglichen, sich meist wiederholenden Arbeit blieb kein Raum für Spiel, Phantasie oder individuelles Lernen und Erleben.
Das preußische Militär äußerte Bedenken über den beklagenswerten körperlichen Zustand der jungen Rekruten. Der Schutz der „Fabrikkinder" wurde daher nicht nur von aufgeklärten Philantropen und den Vertretern der entstehenden Arbeiterbewegung, sondern auch von Militärs betrieben. 1839 erließ die preußische Regierung ein „Regulativ über die Beschäftigung jugendlicher Arbeiter in den Fabriken", das die Arbeit für Kinder unter neun Jahren völlig verbot und die Arbeitszeit für Neun- bis Sechzehnjährige auf zehn Stunden begrenzte. Im Verlauf des Jahrhunderts wurden diese Bestimmungen zunehmend verschärft, doch die Durchsetzung in der gesellschaftlichen Realität war keineswegs einfach, die Dunkelziffer blieb bis zur Revolution von 1918/19 hoch. Solange der Verdienst „einfacher Leute" so niedrig blieb, daß „es kaum zum Leben reichte", mußten viele Eltern kinderreicher Familien für einen Zuverdienst durch ihre Kinder sorgen.
Noch 1898 zählte eine Untersuchung des Deutschen Lehrervereins[3] etwa 1 Million Kinder unter 14 Jahren, die als erwerbstätig galten. Die Mehrheit war allerdings in der Landwirtschaft beschäftigt, in Pommern etwa 30, in Mecklenburg 50 Prozent aller Schulkinder. Erst in den zwanziger Jahren ging die Kinderarbeit in den Fabriken endgültig entscheidend zurück.

Alter Mann, 1927 *Junger Schmied, 1925*
Im Jahr der Aufnahme wurde die Arbeitslosenversicherung gesetzlich eingeführt. Die Alters- und Invalidenversicherung war bereits 1889 gesetzlich im Deutschen Reich eingeführt worden: sie sah einen Rentenanspruch ab 70 Jahren vor. Doch nur etwa 3 Prozent der Fabrikarbeiter erreichten dieses Alter (nach einer Statistik der Sanitätsverwaltung des Königreichs Bayern im Jahr 1884/85). 1916 wurde das Rentenalter auf 65 Jahre herabgesetzt.

5. Die Zeit

In der industriellen Gesellschaft hat die Bedeutung der Zeit als kultureller Faktor des Lebenszusammenhangs ständig zugenommen. Die Zeit bewirkt die Synchronisation des individuellen Handelns im Alltag und in der Arbeit. Neben den natürlichen Lebenssignalen wie der Orientierung nach dem Sonnenstand oder, in agrarisch-ländlichen Gesellschaften, dem Krähen der Hähne am Morgen, sind Uhren immer stärker in unseren Lebensräumen präsent geworden.

Seit dem 14. Jahrhundert verbreitete sich in Europa die mechanische Zeitmessung in Form großer Uhrwerke, die auf zentralen Türmen aufgestellt wurden: Kirchtürmen und Stadttürmen vor allem.[1] Sie boten für die in den lokalen Öffentlichkeiten lebenden Menschen die Möglichkeit, sich exakter auf die angegebenen Zeitgrößen zu beziehen und ihre Tätigkeiten danach einzurichten.

Seit dem 18. Jahrhundert begann die Taschenuhr als individuell verfügbare Zeitmessung sich stärker zu verbreiten. Voraussetzung dafür waren arbeitsteilige Manufakturindustrien, wie es sie beispielsweise im Schwarzwald, in der Schweiz oder in England gab, die durch Arbeitsteiligkeit in der Handarbeit die Taschenuhren in höheren Stückzahlen – und damit billiger – herstellen konnten. So begann es im Bürgertum bereits im 18. Jahrhundert zu den kulturell üblichen Wünschen zu zählen, eine Taschenuhr zu besitzen. In der entstehenden Arbeiterschaft des 19. Jahrhunderts wurde die möglichst kostbare und schmuckvolle goldene Taschenuhr zu einem Prestigeobjekt.

Doch bis in die Mitte des 20. Jahrhunderts war es keineswegs selbstverständlich, daß Kinder eine eigene Uhr besaßen. Das Patengeschenk in Form einer Armbanduhr galt vielmehr bei der Konfirmation gleichzeitig mit der Entlassung aus der Volksschule (und damit aus der Schulpflicht) als Symbol der Übertragung von Eigenverantwortung, als Initiationsritus für die Erwachsenenwelt.

Pünktlichkeit gewann in der industriellen Gesellschaft den Wert einer individuellen Tugend, denn Pünktlichkeit wurde zunehmend mit Zuverlässigkeit assoziiert.

Daß dies ein kultureller Faktor ist, wird deutlich, wenn man Vergleiche zwischen industriellen und vorindustriellen Lebensformen zieht.

Beispielsweise gab es in der Heimarbeit und im Verlagssystem eine wesentlich geringere Zeitsynchronisation als in der Fabrik. Der Hausweber organisierte sich in seiner Zeiteinteilung weit stärker an den besonderen Gegebenheiten seiner Lebenswelt: beispielsweise an den Notwendigkeiten der häuslichen Selbstversorgung oder an den individuell festgelegten Essenszeiten. Er konnte eine Arbeitspause einlegen, wenn ihm danach war, er konnte seinen Bedürfnissen folgen. Sein individueller Rhythmus fand allerdings seine Grenzen an den acht- oder vierzehntägigen, vom Faktor oder Verleger diktierten Abgabefristen des gewebten Stoffs, aber auch an der Tatsache, daß der kärgliche Verdienst nur bei sehr langen Arbeitszeiten zu einem Existenzminimum hinreichte. Allerdings war der Handweber besonders bei anspruchsvolleren Mustern auch geistig gefordert. Er mußte den Schußtakt mitzählen, um die Farben immer wieder wechseln zu können und sich dabei stark konzentrieren.

Um sich diese Anspannung, von der das Arbeitsergebnis abhing, zu erleichtern, wurden Lieder erfunden und gesungen, die den Takt des Arbeitsvorgangs mitvollzogen.

Einer der entscheidenden Vorteile der Fabrik lag dagegen in der Synchronisation verschiedener Arbeitsgänge. Dies war schon allein aus dem technischen Ineinandergreifen von Antriebs- und Arbeitsmaschinen unumgänglich. Ihr Betrieb setzte einen aufeinander abgestimmten Arbeitsablauf voraus.

Die Formulierung und Setzung von schriftlichen Fabrikordnungen durch die Fabrikherren oder Direktoren war daher ein durchaus funktionaler Vorgang, um einen verbindlichen zeitlichen Rahmen zu schaffen, der jedoch zugleich disziplinierende Vorschriften für das Sozialverhalten innerhalb der Fabrik beinhaltete. Die Fabrikordnungen blieben in ihrer Sprache Ausdruck der innerbetrieblichen Herrschaft, sie veränderten sich seit den vierziger Jahren des 19. Jahrhunderts bis zum Ersten Weltkrieg nur geringfügig: Neben genauen Zeitbestimmungen, deren Einhaltung durch Zeitmessung mittels Kontrollmarken und Stechuhren überwacht wurde, wurden Kündigungen und Umgangsformen festgesetzt. Beispielsweise durfte nicht geraucht werden. In der Ordnung der Maschinenfabrik von

Johann Friedrich Klett sind aber auch Bestimmungen zu finden, die den Übergang von handwerklich-zünftischen Bräuchen der Handwerkergesellen zur Fabrikarbeiterschaft veranschaulichen, beispielsweise beim Verbot des „Blauen Montags". Ferner wurde festgelegt, daß es nicht erlaubt war, sich während der Arbeitszeiten von seinem Arbeitsplatz zu entfernen und sich nach dem persönlichen Bedürfnis mit den Kollegen zu unterhalten. (Der Handweber oder Handwerker war es dagegen gewohnt, sich nach dem individuellen Leistungsprinzip selbst zu organisieren.) Die Nichtbeachtung der Bestimmungen war unter Strafe gestellt.

Regeln und Vorschriften
für die
Arbeiter in der Eisengießerei & Maschinenfabrik
von
Klett & Comp.

§ 1

Alle Arbeiter verpflichten sich bei ihrer Aufnahme zum Gehorsam gegen die Fabrikherren, zur genauen Beobachtung der ertheilten Vorschriften und zur sorgfältigen & fleißigen Ausführung der ertheilten Arbeiten, sowie auch von jeder vorkommenden Veruntreuung unverzüglich Anzeige zu machen ist.

§ 2

Die festgesetzten Arbeitsstunden sind von 6 bis 12 Uhr Vormittags und von 1 bis 6½ Uhr Nachmittags. Von 8 bis 8½ Uhr früh wird eine halbe Stunde zum Frühstück freigegeben, zu welchem Endzweck sämtliche Arbeiter die Werkstätten zu verlassen haben. Wer außer dieser Zeit Bier oder geistige Getränke sich verschafft, verfällt in eine Strafe von ½ Tag Abzug.
Den Gießern ist gestattet, wenn dieselben über die Zeit mit Gießen beschäftigt sind, und die Fabrik nicht verlassen dürfen, von 6½ bis 7 Uhr durch einen dazu bestimmten Handlanger sich bis 1 Maß Bier holen zu lassen.

§ 3

Wenn die Arbeit besonders pressant ist, so müssen die erforderlichen Arbeiter gegen Vergütung über die bestimmte Zeit arbeiten und in diesem Falle ist es ihnen erlaubt, ihr Nachtessen von 6½ bis 7 Uhr zu nehmen. Sollte sichs ereignen, daß die ganze Nacht durch gearbeitet wird, so hat der Arbeiter beim Nachtessen seine erforderlichen Lebensmittel mitzubringen.

§ 4

Sämmtliche Arbeiter müssen sich pünktlich zur bestimmten Arbeitszeit in der Fabrik einfinden; 10 Minuten nach Glockenschlag 6 Uhr Morgens wird die Thüre geschlossen und kein Arbeiter mehr eingelassen; wer öfter als 2mal fehlt, wird mit Abzug nach § 5 gestraft.

§ 5

Wer ¼, ½ oder 1 Tag fehlt, verliert nicht nur den verhältnismäßigen Lohn, sondern wird auch noch um ebensoviel gestraft; besondere Ausgänge sind nur dann gestattet, wenn gültige Beweise für deren Nothwendigkeit beigebracht werden. – Täuschungen haben augenblickliche Entlassung zur Folge.

§ 6

Wer blauen Montag hält, wird der Polizei angezeigt, so wie die bestehenden Gesetze es verlangen.

§ 7

Zum Ein- und Ausgang ist das bekannte große Thor bestimmt; wer über die Mauer, durchs Fenster oder über den Zaun des Nachbars steigt, wird sogleich entlassen.

§ 8

Jedem Arbeiter werden die nöthigen Werkzeuge übergeben und zwar unter Verschluß, wofür derselbe verantwortlich ist; so daß derselbe auf eigne Kosten ersetzen muß, was davon abgehen sollte; wer eines Andern Kasten öffnet, um Werkzeug zu benützen, wird mit 1 Tag Abzug gestraft.

§ 9

Die in Arbeit gegebenen Gegenstände sind genau nach Angabe zu fertigen; wer aus Nachlässigkeit Stücke bricht, oder auf sonstige Art unbrauchbar macht, hat selbe zu ersetzen, was sich auch auf beschädigten Werkzeug erstreckt.

§ 10

Jeder Arbeiter, welcher Reibahlen, Schraubenbohrer oder andern Werkzeug nöthig hat, muß sich deswegen an den Hausmeister wenden, welcher die Stückzahl, sowie den Arbeiter, der sie empfängt, notirt; jeden Abend müssen diese

Die Kaffeeküche, 1902

Werkzeuge gereinigt und in vollkommener Ordnung dem Hausmeister zurückgegeben werden, bei Strafe von ½ Tag Abzug.

§ 11

Jeder Arbeiter, welcher Schmiedearbeit gebraucht, als Keile, Schrauben, Durchschläge pp muß sich, nachdem die Modelle gemacht sind, an das Aufsichtspersonal, den Hausmeister oder auch Buchhalter wenden, um einen Zettel zu empfangen, worauf bemerkt ist, wofür diese Gegenstände bestimmt sind, unter Angabe des Namens. – Dieser Zettel muß mit der fertigen Arbeit dem Hausmeister zurückgegeben werden.

§ 12

Die Schmiede oder andern Arbeiter der Fabrik dürfen keinen Werkzeug ohne Auftrag der Fabrikherrn anfertigen; wer gegen diese Vorschrift handelt, wird sogleich entlassen.

§ 13

Alle jene Arbeiter, welche während der Arbeitszeit herumlaufen, mit einander plaudern oder schwätzen, und Nichts thuend bei einander stehend und somit ihre Arbeit versäumen, verfallen in eine Strafe von ¼ Tag Abzug; Streitigkeiten, Raufereien und unanständiges Betragen ist mit ½ Tag Abzug belegt, unbeschadet des Einschreitens der Polizeibehörde auf Anruf des einen oder andern Theils.

§ 14

Jeder Arbeiter, der aus der Fabrik in Arbeit geschickt wird, muß von dem Bauherrn oder dessen verantwortlichen Vertreter einen Nachweis beibringen, wie viel Tage derselbe jede Woche bei ihm gearbeitet hat; wenn dieses unterlassen bleibt, so wird der ganze Lohn eingehalten, bis die Vorschrift erfüllt ist; bei solchen Veranlassungen muß dem Hausmeister angegeben werden, was für Werkzeug mit aus der Fabrik genommen wird, und der Arbeiter bleibt verantwortlich alles richtig mit zurückzubringen, wenn die Arbeit vollendet ist; alles Fehlende muß durch denselben ersetzt werden, wenn nicht erwiesen ist, daß die Stücke zurückgelassen worden sind.

§ 15

Das Tabakrauchen innerhalb der Fabrik ist bei 1 Tag Abzug verboten.

Betriebsratswahl in einem Großbetrieb, um 1970

Die Kontrolluhr muß beim Verlassen der Fabrik gedrückt werden, 1900
Die Arbeiter stehen Schlange, um „vorschriftsgemäß“ die Zeit des Ein- und Ausgehens von der Uhr festhalten zu lassen.
Diese Kontrolluhr war ein amerikanisches Patent, das von einer deutschen Firma nachgebaut wurde.

§ 16

Wenn ein Arbeiter austreten will, so hat er 8 Tage vorher zu kündigen, zu welchem Ende 1 Wochenlohn einbehalten wird, ebenso wird auch ihm von Seite der Fabrikherren gekündigt, wenn er entlassen werden soll.
Widerspenstiges, unredliches Betragen, sowie auch wiederholte Uebertretung aller in vorhergehenden Paragraphen gegebenen Vorschriften machen eine Ausnahme, in solchen Fällen können die Arbeiter augenblicklich entlassen werden, und zwar wird alsdann die Ursache jedesmal der Polizei angezeigt.

§ 17

Alle eingehenden Strafen sind zu einem wohlthätigen Zweck für die Arbeiter bestimmt.

§ 18

Alle 14 Tage werden die Löhne bezahlt und dabei jedesmal dem Geldempfänger 6 Kr. als Krankenhaus-Beitrag in Abzug gebracht.

§ 19

Streitigkeiten, welche über vorstehende Punkte zwischen den Fabrikherren und den Fabrikarbeitern entstehen, werden durch die Polizeibehörde entschieden werden.
Vorstehende Regeln und Vorschriften für die Arbeiter in der Klettschen Eisengießerei und Maschinenfabrik werden von Polizeiwegen genehmigt, jedoch vorbehältlich derjenigen Abänderungen, welche die Einführung eines allgemeinen Pflegverbandes der Handwerksgesellen und Fabrikarbeiter, bei Eröffnung des neuen Krankenhauses bezüglich des § 18 nothwendig machen wird.
Nürnberg, 14. Octr. 1844.

Der Magistrat
Wegen Beurlaubung des I. Bürgermeisters
(LS) Turkowitz Müller.

Die Fabrikordnung beschreibt freilich nur einen normativen Verhaltensrahmen innerhalb dieses sozialen Zusammenhangs der Fabrik, sie ist nicht immer identisch mit der Realität. Doch wir können sehr wohl ein Bild einiger wichtiger Faktoren daraus gewinnen.
Kennzeichnend für die Maschinenarbeit in der Fabrik wurde es, daß der Arbeiter sich in der Regel an den Maschinenrhythmus anpassen mußte. Ihre Geschwindigkeit gab

das Arbeitstempo vor. Entscheidend blieb also, wer dieses bestimmte. Am Selfaktor in den Spinnereien beispielsweise gehörte es zum individuellen Vermögen des Spinners, diesen Zeitrhythmus selbst genau einzustellen, so daß einerseits der Arbeitsertrag möglichst hoch war (Akkordarbeit), andererseits aber die Qualität der Garne nicht darunter litt. An den Fließbändern der elektrotechnischen Massenproduktion oder auch der Automobilherstellung gewann dagegen der Zeittakt eine entscheidende Funktion, die über die Antriebsmaschinen geregelt wurde, allerdings nicht von den Arbeitern, sondern von der planenden Arbeitsvorbereitung. Seit dem Einsatz der Computer in den siebziger Jahren in der Arbeitsorganisation hat sich der Arbeitsablauf nochmals verdichtet. Das Zeitkorsett, in dem die ausführenden Arbeiter und Angestellten arbeiten, wird eng geschnürt (beispielsweise bei den Setzern an den teuren Geräten im Photosatz).

Seit der Geburt der Fabrik wurde von seiten der Geschäftsleitungen über die Verbesserung der Zeitmessung nachgedacht und diese erprobt, denn die Zeit war ein wichtiger

12 Uhr mittags, 1907

Arbeiter und Angestellte strömen in der Mittagspause aus der Fabrik. Das Photo veranschaulicht die Erfahrung des Großbetriebs: der einzelne fühlt sich als ,,Nummer", als Funktionsteil in einem Gesamtablauf, der für ihn nicht überschaubar ist und in dem er in seiner individuellen Persönlichkeit nicht wahrgenommen wird. Um diesen Funktionsmechanismus aufrecht zu erhalten, wird den Beschäftigten durch die Zeitvorgaben und die Arbeitsordnung ein verpflichtender Rahmen gesetzt.

Faktor der Fabrikorganisation. Bis in die dreißiger Jahre hinein gab es Glocken, mit deren Schlag eine autorisierte Person Beginn und Ende von Arbeitszeiten in den Arbeitssälen signalisierte, beispielsweise in den Textilfabriken. Die Fabriksirene ist bis heute das wichtigste akustische Signal geblieben.

Die Anbringung zentraler Uhren am Fabriktor und anderen Gebäuden erwies sich als grundlegend. Beispielsweise wurde um 1860 in der Gußstahlfabrik von Krupp der Uhrturm an einem zentralen Platz errichtet, so daß er von verschiedenen Maschinensälen aus sichtbar war und somit auch den Zeitablauf zwischen verschiedenen Werkstätten synchronisierte.

Seit etwa 1900 begann die Zeitkontrolle an den Fabriktoren, zunächst mit Kontrollmarken, die der Arbeiter in einen Meßapparat einlegen mußte. Seit etwa 1910 wurden dann Stechuhren eingeführt, an denen jeder Arbeiter sein Kommen und Gehen auf eine Arbeitszeitkarte aufstempeln lassen mußte.

Die industrielle Gesellschaft wird durch die harte Trennung von Arbeitszeit und Lebens- und Wohnorten charakterisiert. Daher war der Kampf um die Senkung der Arbeitszeit seit dem ausgehenden 19. Jahrhundert zugleich mit der Erhöhung der Löhne eines der existentiellen Kampfziele der Arbeiterbewegung. Bereits seit 1890 wurde der 8-Stunden-Tag[2] gefordert. Erst im November 1918 erließ der revolutionäre Rat der Volksbeauftragten als eine seiner ersten Verordnungen eine Bestimmung, die diesen einführte. Damit war die selbstbestimmbare Freizeit für die Arbeiterschaft erheblich erhöht, wenn die Auseinandersetzung um die faktische Einführung zwischen Arbeitgebern und Gewerkschaften auch noch lange anhielt.

Die allgemeine Einführung des Urlaubs[3] seit den zwanziger und dreißiger Jahren ermöglichte für viele Menschen einen neuen Erlebnisrhythmus, denn einige Wochen Urlaub wurden zumeist für Erholungsreisen genutzt. Andererseits stieg die Arbeitsintensität, der Streß und die psychische Belastung an vielen Arbeitsplätzen nach 1960, so daß die insgesamt größere Freizeit als notwendiger Ausgleich erforderlich wurde.

Die Pförtner, 1906
Sie haben an diesem Beamteneingang Kontrollbefugnis, überwachen die ein- und ausgehenden Personen und überprüfen, ob ordnungsgemäß die Kontrolluhr und die Arbeitszeitkarte ,,gedrückt" werden.

Der ,,Beamteneingang", 1901
Die ,,Allgemeine Elektrizitäts Gesellschaft" war als Großbetrieb angelegt worden. Dieses besonders geschmückte Tor war nach einem Entwurf von Franz Schwechten für die ,,Privat-Beamten" vorgesehen und wurde 1896 erbaut: es erinnert an den Toreingang einer mittelalterlichen Stadt und stand somit ganz in der historistischen Tradition der Anlehnung an mittelalterliche Formen.
Das Photo entstand, als die Teilnehmer eines Feuerwehrkongresses in Berlin die Fabrik nach einem Besuch verlassen und vor allem von den barfüßigen Proletarierkindern bestaunt werden. Die Herren in den Uniformen repräsentieren sehr gut die autoritären Gesten und sozialen Verhaltensmuster der wilhelminischen Gesellschaft.

Fabriktor in der wilhelminischen Ära

Die Maschinenfabrik, um 1855
Unmittelbar vor der Stadtmauer und dem Torturm entstand seit 1837 die Fabrik von Johann Friedrich Klett in Nürnberg. Die Reihe von Eisenbahnwaggons veranschaulicht die Bedeutung dieser ersten Serienprodukte für das Wachsen der Maschinenbau-Anstalten.

III. Leitsektoren

1. Maschinenbau-Anstalten

Werkstätten, Maschinenhallen, Werksanlagen

Die ,,Maschinenbau-Anstalten" veränderten sich in den ersten Jahrzehnten der Industrialisierung erheblich. Die Bilder zeigen es deutlich. Die frühindustrielle Fabrik der dreißiger Jahre des 19. Jahrhunderts mußte den Bedingungen der Fertigung einzelner Maschinen genügen. Bedarf und Markt für Maschinen ließen sich noch schwer kalkulieren.[1] Diesen Umständen entsprechend, erwarben die frühen Fabrikherren alte Hammerwerke und Werkstattgebäude und begannen darin die Produktion. Vielfach waren diese bereits vorhandenen Gebäude in den für die Region charakteristischen Formen, manchmal mit einer Fachwerkkonstruktion, errichtet. Doch bereits in den vierziger Jahren wurden mit der Spezialisierung der Arbeitsgänge und ihrer Konzentration in eigenen Werkstätten als Drehsäle und Montagehallen auch neue Fabrikanlagen notwendig.[2]
In den fünfziger Jahren setzte die Serienfertigung, beispielsweise beim Bau von Eisenbahnwagen, ein. Entsprechend große Hallen mußten errichtet werden: der typische Arbeitsort industrieller Großbetriebe.
Die zunehmende Arbeitsteiligkeit und das quantitative Wachstum schufen sich Raum, die neuen Maschinenhallen schoben sich in die Landschaft. Der Vergleich der Fabrikationsanlagen von Krupp, Anfang der fünfziger Jahre und Anfang der sechziger Jahre, macht diese strukturelle Expansion innerhalb von zehn Jahren in eindrucksvoller Weise deutlich: Am Ende des ersten Industrialisierungsschubs der fünfziger Jahre war aus der Fabrik eine Fabrikstadt geworden, wie die Panoramaphotographie aus dem Jahre 1864 dokumentiert. Gewaltige Hallen, wie die für den Dampfhammer Fritz, wurden geschaffen, von Schornsteinen und Fabriktürmen in bis dahin unvorstellbarer Höhe überragt.

Die Veränderungen der Fabrikanlagen sind nur das äußere Zeichen. Sie sind die notwendige Anpassung der Bauformen an die Erfordernisse der sich ausbildenden arbeitsteiligen Produktion. Die Voraussetzung war die zunehmende Nachfrage nach Maschinen in diesem Jahrzehnt, der sich ausweitende Markt, der den Ausbau der Maschinenbau-Anstalten zu Großbetrieben vorantrieb. Die Entstehung größerer Fabriken wird jedoch nicht nur in ihrer architektonischen Gestalt und der Größe ihrer Bauten anschaulich, sondern außerdem noch in der Zunahme der dort Beschäftigten.
Man darf jedoch nicht vergessen, daß trotz der durchschnittlich wachsenden Zahl der Arbeiter und damit der Betriebsgrößen, zugleich auch kleinere und mittlere Werkstätten und Fabriken bestanden. Dies wird beispielsweise in Berlin deutlich, das sich in den vierziger und fünfziger Jahren des 19. Jahrhunderts zu einem bedeutenden Zentrum des Maschinenbaus entwickelte. Dort gab es um 1840 einige sehr große Fabriken, wie Borsig, Eggels, Freund und eine Zahl von ,,Fabriken", die lediglich eine Fabrikkonzession hatten, tatsächlich aber weiter Handwerksbetriebe geblieben waren.
Die durchschnittlichen Belegschaftsstärken in der frühen Maschinenbauindustrie beinhalten die konjunkturellen Schwankungen, wie den Geschäftsrückgang nach der Wirtschaftskrise von 1847 und während der Revolution von 1848/49, aber insgesamt auch das Wachstum in der zweiten Hälfte der fünfziger Jahre:[3]

1837	24	1852	29,7
1840	86,3	1855	30,2
1843	91	1858	88,4
1846	85,4	1861	79,9
1849	23,2		

62 *Beim Probeguß, 1910*

Der Gußputzer, 1910

Im Jahre 1860 erreichte die „Maschinen-Anstalt und Eisengießerei" von August Borsig, ein in der Chausseestraße gelegener Großbetrieb, bereits eine Zahl von 1168 Beschäftigten. Daneben nahm sich die Beschäftigtenzahl der Eggels'schen Maschinenfabrik mit 350 oder der von Freund mit 168, beinahe bescheiden aus.[4]

Arbeitsformen – Arbeitsorte

Die ersten Stiche zeigen Handwerker bei der Arbeit, und vor allem bei körperlicher Arbeit. Außer zum Drehen und Bohren gab es um 1850 noch keine Arbeitsmaschinen. Erst in den fünfziger Jahren führte der gegenseitige Konkurrenzdruck der Maschinenfabriken im Kampf um die großen Aufträge beim Eisenbahnbau zu einer verstärkten Anstrengung, um schnell liefern und vor allem kostengünstig arbeiten zu können: bei der Serienfertigung von Eisenbahnwaggons wurden neue Möglichkeiten der Mechanisierung erprobt und entsprechende neue Arbeitsmaschinen konstruiert und eingesetzt: das Hobeln, das Blechschmieden, das Drehen von Schrauben, die Nietenfertigung konnten mechanisiert und, wie dies beispielsweise bei Schrauben notwendig ist, auch zugleich standardisiert und normiert werden. Für diese mechanisierte Produktion waren nun nicht mehr hochqualifizierte Handwerker erforderlich, vielmehr konnten angelernte Arbeiter die Maschinen ebenfalls bedienen, die zudem noch mit niedrigeren Löhnen bezahlt wurden. Die Fabrikherren sparten dabei Lohnkosten ein. Diese Tendenz verstärkte sich in den siebziger Jahren des 19. Jahrhunderts. Neben der Einzelfertigung, wie sie weiterhin für den Bau neuer Industrieanlagen oder auch der Dampfmaschinen galt, nahm die Fertigung von Maschinenserien zu, wie beispielsweise beim Bau der Gasmotoren. Die Mechanisierung der Serienfertigung entwikkelte sich zu einem strukturellen Trend: individuelle handwerkliche Fähigkeiten konnten durch mechanisierte Arbeit an Maschinen, die ein angelernter Arbeiter bediente, ersetzt werden. Dies führte zu einer Umstrukturierung innerhalb der Arbeiterschaft: während um 1860 noch zwischen 70 und 80 Prozent der Metallarbeiter in den Maschinenfabriken gelernte Handwerker waren, sank in den nächsten Jahrzehnten bis zum Ersten Weltkrieg ihre Zahl auf etwa 40 Prozent.[5]

Bereits mit dem Übergang von der systemlosen Fertigung zur Werkstättenorganisation in den vierziger Jahren, entstanden die klassischen Arbeitsorte der Maschinenfabrik:[6] der Modellbau zur Herstellung von Modellen aus Holz für den Guß; die Formerei, in der die Gußformen vorbereitet wurden; die Gießerei und Gußputzerei, in der die Gußstücke gegossen und vom Sand und anderen Rückständen gesäubert wurden; die Schmieden, in denen das Metall umgeformt wurde; die Härterei, die Dreherei und Fräserei, in denen die einzelnen Teile bearbeitet wurden; die Montage, in der die verschiedenen Einzelstücke zu Maschinen zusammengesetzt und einander angepaßt wurden. Die Stationen, die bis zur Fertigstellung einer Dampfmaschine zurückgelegt werden mußten, erhielten ein klares Profil. Anfangs hatten die leitenden Ingenieure und Maschinenbauer auch die Konstruktionen selbst „im Groben" entworfen. Manchmal wurde, besonders wenn es schnell gehen mußte, die Vorstellung von einer Maschine einfach mit Kreide auf einen Tisch des „Fabrikcomptoirs" skizziert. Ihre Meister in den jeweiligen Werkstätten führten dann nach eigenen, genauer ausgerechneten Plänen die Arbeiten durch.

Doch bereits mit der in den sechziger und siebziger Jahren zunehmenden Planung, die die Serienfertigung erforderte, wurden die Funktionen der Konstruktion den Meistern vielfach entzogen und in eigenen Büros zentralisiert.[7] Die gestaltende und entwerfende „Kopfarbeit" wurde von der „Handarbeit" getrennt.

So entwickelten sich neben den Fertigungshallen die Büros: das Konstruktionsbüro und das Technische Büro. Bei Großbetrieben wie Krupp entstand ein „Laboratorium" zur Werkstoffprüfung und innerbetrieblichen Forschung. Und aus dem „Comptoir" des Fabrikherren oder der Direktoren, das anfangs technische wie kaufmännische Arbeiten gleichermaßen erledigt hatte, entwickelte sich ein meist eigenständiger Zweig, das kaufmännische Büro, mit einem eigenständigen Bürovorsteher an der Spitze.

In den ersten beiden Jahrzehnten des 20. Jahrhunderts kamen dann weitere, arbeitsvorbereitende Büros hinzu: die Disposition, die Nachkalkulation und andere. Die Differenzierung von planenden Funktionen, die ursprünglich beim Fabrikherrn oder Meister lagen, nahm zu und bildete eigene Arbeitsorte in der Fabrik.

Die innerbetriebliche Hierarchie von handwerklichem Können und Gestalten und andererseits ausführenden und helfenden Arbeiten spiegelte sich von Anfang an auch in beträchtlichen Unterschieden bei der Bezahlung.

So errechnete das „Statistische Amt im Königlichen Polizei-Präsidium zu Berlin“ für das Jahr 1853 die folgenden durchschnittlichen Wochenlöhne. Ihre Abstufung veranschaulicht einerseits diese lohnsteigernde Bedeutung von handwerklichem Fach- und Erfahrungswissen, aber andererseits auch die besondere Einstufung schwerer körperlicher Arbeit in den Maschinenbaubetrieben:[8]

	Maximum	Mittlerer Lohn	Minimum
Modelltischler	18.00	15.00	12.00
Tischlermeister	30.00	27.00	24.00
Schlosser- und Schmiedegesellen	24.00	18.00	12.00
Kesselschmiede	36.00	30.00	18.00
Schmiedegesellen am Feuer	36.00	30.00	24.00
Fabrikarbeiter	24.00	15.00	12.00
Monteure	24.00	–	18.00
Tagelöhner	9.00	–	7.00
Arbeitsburschen	6.00	5.00	3.00
Heizer	–	10.50	–
Maschinenwärter	15.00	12.00	10.50
Dreher und Schlosser	30.00	24.00	21.00

Diese Wochenlöhne wurden in Mark errechnet.

Die Gießer, die Former, die Modellbauer und die Schmiede blieben immer die in ihrem handwerklichen Erfahrungswissen am höchsten qualifizierten Arbeiter in den Maschinenfabriken und Gießereien. Dies zeigte sich in der, im Verhältnis zu ihren Kollegen, guten Bezahlung, aber auch in ihrem Selbstbewußtsein. Sie verstanden sich als die Arbeiterelite in den Fabriken, die sich zusammenschloß: anfangs in den sechziger und siebziger Jahren in noch stark von handwerklich-zünftischen Traditionen geprägten Gewerkvereinen, nach der Aufhebung des Sozialistengesetzes 1890 im Deutschen Metallarbeiterverband. Sie entwickelten ein starkes Gruppenbewußtsein; selbst auf den Photographien zeigt ihre Körpersprache dies deutlich. Interessant ist diese Tatsache, wenn man sie mit der Arbeitssituation in den Schmieden vergleicht: Das Schmieden am Dampfhammer erforderte äußerste Gruppendisziplin. Denn die meist schweren Werkstücke konnten überhaupt nur mit der gewaltigen Wucht der Dampfhämmer bearbeitet werden, wenn der Schmied und seine Gehilfen ihre körperlichen Kräfte in koordinierender Abstimmung einsetzten. Mangelndes Zusammenspiel wurde zudem sehr schnell gefährlich, da ein zu einem falschen Zeitpunkt ausgelöster Hammerschlag den Kollegen schwere Verletzungen zufügen konnte. Die Solidarität der Schmiede hatte daher auch eine funktionale Grundlage. Zugleich war dieses kollektive Bewußtsein aber sicher ebenso durch die gemeinsame Erfahrung des Hämmerns, Krachens, Zischens, Dröhnens und ohrenbetäubenden Lärms bedingt, der bei der Umformung von Eisen entstand. Eine ähnliche Kooperationsbereitschaft mußten auch die Gießer entwickeln, um produktiv beim Vergießen der Pfannen arbeiten zu können, aber auch, um Gefährdungen durch glühendes, überlaufendes Eisen zu mindern.

Die meisten Arbeiter waren „Angelernte“ und Hilfsarbeiter: sie arbeiteten als Gußputzer, Gußschmirgler und in vielen anderen vor- und nachbereitenden Produktionsgängen im Fabrikationsablauf oder sie schafften erforderliche Materialien herbei, beispielsweise den Sand für die Former. An diesen Arbeitsplätzen entstanden Gefährdungen auf unterschiedlichste Weise. Es konnte immer passieren, daß Teile, die mit dem Kran durch die Halle geschwenkt wurden, sich aus ihren Halterungen lösten und herabstürzten. Oder es kam vor, daß an einem Dampfhammer ein Ventil explodierte und ein Eisenteil wie ein Geschoß durch die Werkstatt flog und einen Arbeiter schwer verletzte oder sogar tötete.

Insbesondere in den ersten Jahrzehnten der Industrialisierung, solange es noch keinerlei Arbeitsschutz gab, bestand in den Gießereien die Gefahr, daß Gußpfannen zersprangen und das auslaufende glühende Metall Arbeiter verbrannte. Die Berichte der nach der Gewerbeordnung für die Überwachung zuständigen staatlichen Aufsichtsbeamten aus dem Jahre 1911 beschreiben zugleich Situationen an den Arbeitsplätzen:[9]

„Ein Kranführer, der schnell über die Laufbühne eines Gießhallenlaufkrans lief, stieß hierbei so heftig mit dem Fuße gegen eine auf der Laufbühne stehende Ölkanne, daß ihm deren Ausgußrohr nach Durchlöcherung des Schuhwerks tief in den Fuß eindrang.

Ein Kesselwärter war nach erfolgter Reinigung eines Kes-

sels mit dem Anstreichen des inneren Kesselraums mit Teer beschäftigt, als ein Funken seiner Lampe auf eine frisch gestrichene Teerfläche fiel und sie in Flammen setzte. Beim schleunigen Verlassen des Kessels stieß nun der Arbeiter unglücklicherweise noch den mit Teer gefüllten Eimer um, dessen Inhalt sich gleichfalls sofort entzündete und die Hose des Arbeiters in Brand steckte. Hierdurch und durch den Versuch, das Feuer zu ersticken, zog er sich erhebliche Brandwunden zu.
In einer Maschinenfabrik sollte ein Dreherlehrling Gußteile abschleifen, wozu eine Schmirgelscheibe in der Schmiede benutzt werden mußte. Er bat dort zwei ältere Schmiede ihm den Vorlegeriemen für die Schmirgelscheibe aufzulegen, was beide aber trotz wiederholten Bittens nicht taten, so daß der Lehrling den Riemen schließlich selbst auflegte, dabei aber von der Transmission erfaßt und herumgeschleudert wurde, was verschiedene schwere Knochenbrüche, Kopf- und Brustquetschungen zur Folge hatte.
Ein Arbeiter einer Automobilreparaturwerkstätte war in der Arbeitsgrube damit beschäftigt, unter dem Wagengestell eines Automobils Reinigungs- und Reparaturarbeiten auszuführen, als bei seiner elektrischen Glühbirnhandlampe plötzlich Kurzschluß eintrat, wobei die entstandene Flamme die fettigen Hände des Arbeiters und die beim Wagengestell anhaftenden Schmier- und Ölrückstände in Brand setzte. Der Arbeiter, der sofort ganz von Flammen umgeben war, konnte den Ausgang aus der Grube nicht mehr finden und wurde lebensgefährlich verbrannt.
In einem Martinwerk war eine 25 Tonnen-Pfanne gefüllt und mit dem Kran an die Gießgrube befördert worden, wo in dem Augenblick, als der Verschlußstopfen gehoben werden sollte, eine Explosion des Pfanneninhalts erfolgte, wobei vier Personen, davon eine tödlich, verbrannt wurden. Eine richtige Erklärung war nicht ausfindig zu machen, da zwischen dem Füllen der Pfanne und der Explosion schon ein Zeitraum von etwa sieben Minuten verstrichen sein mochte.
In dem gleichen Martinwerk sollte ein Ofen abgestochen werden. Die beiden zum Transport der Pfanne für gewöhnlich bestimmten 25 Tonnen-Krane waren zufällig betriebsunfähig geworden, weshalb ein dritter 40 Tonnen-Kran benutzt werden mußte, um die am Boden liegende Pfanne, an der noch drei Mann mit Auskratzen beschäftigt waren, hochzuheben und an den Ofen zu befördern. Beim Versuche des Kranführers, den Kranhaken in die Öse des Pfannenbügels einzuführen, wurde letzterer nach den vor der Pfanne stehenden drei Leuten zu umgeworfen, von denen zwei am Rücken getroffen wurden, was einen Bruch des Rückrats bei beiden und ihren sofortigen Tod zur Folge hatte.“

Neue Produkte und ihr gesellschaftlicher Bedarf

Eisen und Stahl haben sich als der grundlegende Werkstoff beim Maschinenbau erwiesen. In den ersten Jahrzehnten des 19. Jahrhunderts diente Gußeisen jedoch noch zugleich als Material für künstlerisches Gestalten: Grabkreuze wurden gegossen, ägyptische Stelen kopiert.
Seit den dreißiger Jahren lernten die Ingenieure Eisenträger bei Bauten einzusetzen und viel weiter reichende Spannweiten zu konstruieren, die mit Holzbalken oder in Steinbauweisen bis dahin nie oder nur, wie bei Kathedralen, bei sehr kunstvollen, langjährigen Baumaßnahmen erreichbar waren: Die Erbauung der ersten gußeisernen Brücke der Welt, 1778, in „Ironbridge“ im Severntal in England gelegen, wurde in den ersten Jahrzehnten ihres Bestehens als Weltwunder von Besuchern, die von weither anreisten, bestaunt. Die ersten Vorbilder waren besonders für den Brückenbau sehr bedeutsam, der zur Verlegung der Schienenstraßen der Eisenbahnen als neues Problem auf die Ingenieure zukam. Aber auch der Eisenhochbau in Form von Markthallen und Glaspalästen hatte seit den fünfziger Jahren strukturelle Bedeutung für den Industrialisierungsprozeß gewonnen.
Darüber hinaus aber stellte sich zunehmend die Frage des Baus von Maschinen: Dampfmaschinen waren die wichtigsten Neuerungen. Sie waren als Antriebsmaschinen eine zentrale Voraussetzung für die Industrialisierung.
Als Lokomotiven und Lokomobile waren sie aber auch zur steuerbaren mechanisierten Bewegung tauglich, wie keine Maschine zuvor. Der Nah- und Fernverkehr beschleunigte sich in einem bis dahin für unvorstellbar gehaltenen Maße. Mobilität vieler Menschen entstand: Personen- und Gütertransport waren eine der wesentlichen Voraussetzungen der industriellen Gesellschaft.
Dampfmaschinen entwickelten sich bis 1860 zu bis dahin unbekannten Großmaschinen, die mit ihrer gewaltigen

Die Königliche Eisengießerei in Berlin, um 1810

Kraft und ihren rhythmischen Geräuschen von den Zeitgenossen als die das Zeitalter prägenden Neuerungen wahrgenommen wurden.
Der Engländer Nasmyth hatte 1839 eine Maschine konstruiert, mit der es möglich wurde, große Schmiedestücke zu bearbeiten, die, wie Schiffskurbelwellen, später auch Kanonen und Panzerplatten, einer hohen Belastung standhalten sollten. Hierzu sah er einen schweren Hammer vor, dessen Fall durch die Betätigung eines Dampfventils ausgelöst wurde. Bereits 1841 wurde nach diesem Modell ein schwerer Dampfhammer in der Schneiderschen Fabrik in Le Creusot geschmiedet. Im Jahre 1861 wurde dann der gigantische Kruppsche „Hammer Fritz" gebaut. Diese Dampfhämmer waren Symbol der Bewegung, der Stärke, des industriellen Mythos vom prometheischen Aufbruch.
Die großen Dampfmaschinen und das rhythmische Zischen, Schnauben und Pfeifen des Dampfhammers waren die Symbole der industriellen Entwicklung. Sie verkörperten den technischen Mythos von beherrschter und nutzbar gewordener Kraft, aber auch die Bedrohung, die von dieser mechanisierten Gewalt für die Menschen ausging: die Maschine gewann Gewalt über die Menschen.
Doch in den zwanziger Jahren hatte die Dampfmaschine bereits den Höhepunkt ihrer gesellschaftlichen Bedeutung überschritten. Sie wurde von Dieselmotoren und Elektromotoren allmählich verdrängt.

Der Hof in der Maschinenfabrik, etwa 1855
Wie sehr die Arbeiten im Maschinenbau noch handwerklicher Natur sind, ist an diesen Szenen zu erkennen. Rechts wird das Unterteil eines Gaskessels genietet, in der Mitte der Kessel einer Lokomotive. Daneben schlagen Arbeiter Nietenlöcher in die am Boden liegenden Bleche. Links hinten steht ein vierfüßiger Bock, mit dem schwere Teile gehoben oder verladen werden konnten.

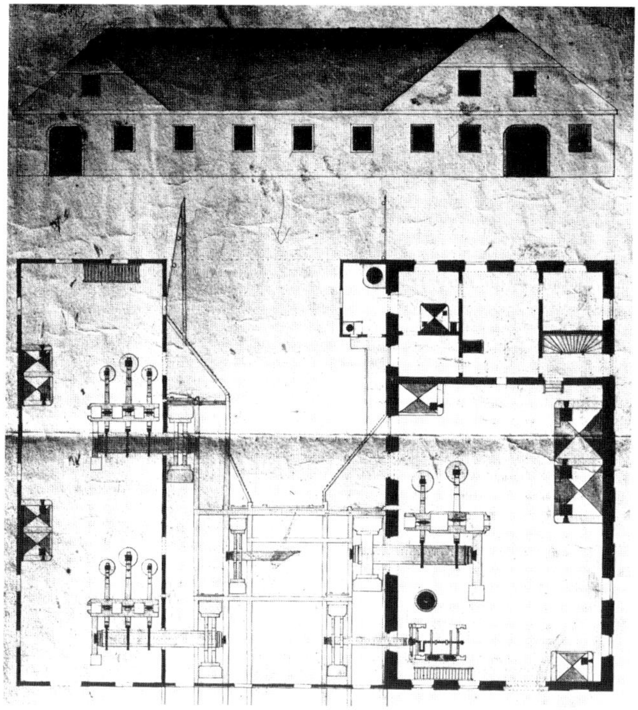

Mechanik und Aufriß des Lindauer'schen Hammers, den Maffei 1837 erwarb

Hammeranlagen dieser Art wurden bis zum Durchbruch des Dampfhammers in der Jahrhundertmitte mit Wasserkraft über Räder angetrieben und lagen daher an Flußläufen, deren Wasseraufkommen und Fließgeschwindigkeit sich dafür eigneten. Am Bau und den Arbeitsprinzipien dieser Hammeranlagen hatte sich seit ihrer Einführung im 14., 15. und 16. Jahrhundert kaum etwas geändert.

Die drei nebeneinanderliegenden Stielhämmer waren bis zu ihrem Abriß um 1900 noch in Betrieb.

„Als die jüngste Zeit in ihrem gewaltsamen Streben nach Entfesselung des Verkehrs die Eisenbahnen begehrte ...", 1839

Erste Fahrt auf der neuen Eisenbahnlinie. Der Zug hat sich aus der Einsteighalle herausbewegt und beschleunigt dampfend und schnaubend seine Fahrt. Das Publikum bestaunt die Attraktion. Man plaudert und unterhält sich über die möglichen Auswirkungen. Getränke werden ausgeschenkt.

Wenig später sollte diese Szene, hier an der München-Augsburger-Eisenbahn, als selbstverständlich wahrgenommen werden. Die Eisenbahn verkürzte mit ihrer bis dahin nicht gekannten schnellen Reisegeschwindigkeit die Entfernungen und verband die regionalen Lebensräume. Im Hintergrund ist München zu erkennen. Der erste Bahnhof war auf freiem Gelände errichtet worden. Die Schienenführung zerschnitt die Landschaft in Richtung Westen.

Die ersten deutschen Lokomotiven wurden in England hergestellt und im Entwicklungsland Deutschland lediglich montiert. Für diese Eisenbahnlinie wurde jedoch schon 1841 die erste bei Maffei gebaute Lokomotive „Der Münchner" in Betrieb gestellt: Die Zugmaschinen dieser ersten Generation waren für flache Strecken gebaut und konnten notfalls, wenn die Streckenführung nicht anders möglich war, auch leichte Höhenunterschiede überwinden. Doch bereits zehn Jahre später, 1851, war die Technik so weit entwickelt, daß auch Gebirgsstrecken zu bewältigen waren. Als die Semmeringbahn in Österreich mit Lokomotiven ausgestattet werden sollte, kam es zu einem Wettstreit der dampfenden „Stahlrösser": die „Locomotive Bavaria" aus den Maffeischen Werkstätten erwies sich als die stärkere und schnellere.

Die Arbeiter widmeten ihrem „Schirmer und Berather" ein Gedicht, als die Nachricht vom Erfolg bekannt wurde.

Festgedicht

gewidmet

Herrn J. A. Ritter v. Maffei

von den

Arbeitern der Maschinen-Fabrik zu Hirschau

bei München

als Ausdruck der Freude

über den

Sieg der Locomotive Bavaria.

Am 24. September 1851.

Manch großes Werk hast Du mit Kraft vollendet,
Ihm Deines Geistes Stempel aufgeprägt,
Manch stolzen Dampfer in die Welt gesendet,
Der hohen Ruhmes Deinen Namen trägt.
Nach allem Hohen wagst Du kühn zu ringen,
Dein starker Wille bürgt für das Gelingen.

Auf allen Bahnen, rasch dahingeflogen,
Zieht Deiner Eisenrenner rüst'ge Kraft,
Und Deine Schwimmer durch gethürmte Wogen
Bewähren ruhmvoll Deine Meisterschaft.
Da spricht Dein Mund: „Wohlan, laßt mich nun zeigen,
Wie meine Dampfer über Berge steigen!"

Uns ward die Pflicht, getreulich zu vollführen
In Deinem Geist das aufgetrag'ne Wort;
Vereinte Kräfte sah man rasch sich rühren,
Und fleiß'ge Hände bauten fort und fort;
Streng ward gefügt, gerechnet und gemessen,
Auch nicht das Kleinste durfte man vergessen.

Bald stand gefertigt und im Feierglanze
Das hohe Werk vor Deinen Augen da;
Du prüftest mit dem Kennerblick das Ganze
Und sprachst: „Ich taufe dich Bavaria;
Zieh in den Kampf, und wenn du siegreich flammest,
So wisse man, daß du aus Bayern stammest!"

Da zog aus unsrer Stätte fort der Dämpfer,
„Glück auf die Reise!" riefen wir ihm nach;
Es öffneten dem schöngebauten Kämpfer
Die Schranken sich im Strauß zu Payerbach;
Dort stritt er kühn mit offenem Visire
Den Streit der Kraft im riesigen Turnire. —

Aus war der Kampf; der Heroldsruf ertönte,
Schiedsrichterausspruch kündend laut und streng:
„Hoch steht Bavaria, die sieggekrönte,
Vor Vindobona, Neustadt und Seraing!" —
Bavaria's Sieg tönt durch die deutschen Lande,
Tönt selbst hinüber zu der Britten Strande.

Das führet bei der Flammen hellem Scheinen —
Der frohe Jubel hat sie angefacht —
Zum Siegesgruß herbei die treuen Deinen,
Ihr Festwort rufend durch die stille Nacht:
„Heil unserm weisen Schirmer und Berather,
Dem großen Bürger, unserm guten Vater!" —

Gedruckt bei J. G. Weiß, Universitäts-Buchdrucker.

Die Lokomotive „Kufstein", um 1860
Diese Schnell- und Personenzuglokomotive gehörte zur zweiten Lokgeneration, die die auf dem Stephenson'schen Bautyp beruhenden Maschinen der vierziger Jahre ablösten. Lokomotiven wie die „Kufstein" blieben dann bis in die siebziger Jahre hinein unter Dampf, teilweise sogar bis um 1900. Auch die Geschwindigkeiten waren beachtlich: bereits 1853 hatte die Maffei-Lokomotive „Die Pfalz" ein maximales Tempo von 120 km/h erreicht.
Noch in den sechziger Jahren des 19. Jahrhunderts waren die unerläßlichen Wartungsarbeiten bei Lokomotiven sehr aufwendig. Nach jeder größeren Fahrt mußten alle Schrauben nachgezogen und die Keile wieder festgestellt werden, so daß in jeder Hauptstation eine größere Zahl von Lokomotiven in Betrieb war. Die Belastbarkeit des Werkstoffes Eisen, aber auch die Fertigungstechniken des Maschinenbaus waren noch wenig ausgereift. Ein Zeitgenosse beschreibt 1863 den Maschinencharakter: „Lokomotiven sind an und für sich sehr zusammengesetzte Maschinen, welche sich durch die nie zu vermeidenden und ununterbrochenen Erschütterungen während ihrer Bewegung so äußerst rasch abnützen, daß man die Abnützung einer Lokomotive im Verhältnis zu einer stehenden Dampfmaschine sehr häufig wie 18 zu 1 annehmen kann."[10]

Der Festzug wird vorbereitet, 1874
Die Ablieferung der tausendsten Lokomotive ist der Anlaß. Girlanden werden von den Arbeitern am Führerhaus und am Kessel befestigt. Die Lokomotive ist aus der Montagehalle auf die Schiebebühne gerollt. Sie ist in den Werkstätten von Maffei für die Bayerische Staatsbahn gebaut. Bevor sie im festlichen Zug durch das Dorf Schwabing nach München zum Bahnhof gefahren wird, spricht der Fabrikbesitzer mit Stolz auf die Zahl der in seinen Werkstätten gebauten Lokomotiven zu „seinen" Arbeitern. Vielleicht haben die Arbeiter ihm ihre Huldigung mit einem Gedicht, das feierlich verlesen wurde, entgegengebracht.
Solche Feiertage wurden in den Fabriken gerne angemessen begangen: sie verwiesen auf den Erfolg der Arbeit unter der Leitung des Fabrikherrn, und dieser spendierte „seinen" Arbeitern mit patriarchalischer Geste Bier.

Die „Montierungswerkstätte", um 1850
Lokomotiven werden als Einzelstücke gebaut. Der Arbeitsvorgang ist handwerklich geprägt. Links werden Teile zurechtgefeilt und eingepaßt: Die Präzision der in einer mechanischen Werkstätte vorgefertigten Teile war noch nicht so weit entwickelt, daß die Montage ohne präzise, die Werkstücke einander angleichende Nacharbeiten ausgekommen wäre.
Interessant ist die im Stile von Kirchen- und Saalbauten gehaltene Konstruktion der Montagehalle: sie ist mit freien Arbeitsflächen und einer weittragenden Holzdecke errichtet. Im Hintergrund ist eine Empore zu erkennen.

Die mechanische Werkstatt, um 1850 (links oben)
Im Vordergrund ist die erste in den Maschinenfabriken verwendete Generation von Drehbänken zu sehen, auf denen Maschinenteile gedreht werden. Diese Arbeitsmaschinen werden über Transmissionen von einer zentralen Kraftmaschine aus angetrieben.

Auf dem Fabrikhof wird der Rumpf eines Schiffes zusammengesetzt. Maschinen für diese Arbeit gab es noch nicht.

Nächste Seite:
Die Fabrikstraße bei Maffei, um 1910
Als Beleuchtung dienten noch Gaslaternen. Im Vordergrund sind Radreifen aneinandergestellt, rechts lehnen Radbandagen.
Zwei Böden für Dampfkessel liegen davor: sie sind bereits über eine Metallform am Dampfhammer oder einer Presse in die gewünschte Form umgeschmiedet worden. „Rüberkümpeln" nannten dies die Schmiede.

Die Formerei der Graugießerei, um 1900

Der Anstich, um 1900

Der Schmelzer muß sein Geschäft verstehen: Er bestimmt die Mischung des Stahls und die Mengen der verschiedenen Zusätze. Die Stahlqualität hängt von seiner Erfahrung und seinem Geschick ab.

Wenn die Gußpfanne gefüllt werden sollte, mußte mit einer langen Stange ein Lehmpfropfen, der die Anstichöffnung im Ofen schloß, hineingestoßen werden. Der glühende Stahl entwickelt beim Anstich hohe Temperaturen und blendende Helligkeit, er spritzt und entwickelt Funkenflug. Der Gießer mit der Stange neben der Gußpfanne trägt eine Lederschürze, um Brandflecken in der Kleidung zu vermeiden. Links neben ihm steht ein Arbeiter mit einer Stange, an deren Spitze ein neuer Lehmpfropfen steckt, der nach dem Ende des Anstichs zum Verschließen des Anstichlochs verwendet wurde. In den zwanziger Jahren setzten sich in den Maschinenfabriken Elektroschmelzöfen durch.

Der Guß, um 1935

Der Vorarbeiter führt mit dem Handrad das Getriebe, mit dem die Pfanne vorsichtig gekippt werden muß, bis der glühende Stahl in die Form fließen kann. Der Arbeiter (mit Pfeife) rechts von der Pfanne hilft bei der Stabilisierung, denn die Eingußöffnung muß exakt getroffen werden. Die Arbeiter links und rechts bedienen den Elektromotor des Krans. Je besser die Gruppe eingespielt ist, desto mehr Formen können mit einer Pfanne voll glühenden Stahls gegossen werden, denn sobald der Stahl auf eine bestimmte Temperatur abgekühlt ist, muß der Vorgang abgebrochen werden. Ein Hilfsarbeiter säubert dann die Pfanne von Schlacke und rückständigem Gußmaterial.

Die Gußputzer, 1930

Ein großes Maschinenfundament muß nach dem Guß auskühlen, dann vom Sand gesäubert und von den Gußkästen befreit werden. Oben und unten sind dicke Drähte zu sehen, die gußtechnisch als sogenannte ,,Steiger" beim Guß entstehen, dann aber mit Hilfe von Schneidbrennern ,,abgebrannt" werden müssen. Rechts steht ein Glühofen, in dem gegossene Stücke nochmals ,,ausglühen" können und die beim Guß entstandene Spannung verlieren.

Das Gußputzen ist eine der Arbeiten in der Gießerei, die mit dem größten Schmutz, Staub und Dreck verbunden und zudem schlecht bezahlt ist. Die Arbeit an den Preßlufthämmern ist mit Lärm, Rütteln der Hämmer und somit mit großer psychischer und physischer Belastung und Anstrengung verbunden. Viele Gußputzer litten an der gefährlichsten Berufskrankheit: der Staublunge.

Straßenwalze, um 1925
Diese Dampflokomotive war beim Bau der Kesselbergstraße in den Alpen zum Walzen des Schotters eingesetzt. An ihr arbeiteten ein Maschinenführer und ein Heizer.
Der viereckige große Kasten unterhalb des Kessels diente als Wasserspeicher für den Betrieb, aber auch zur Erhöhung des Druckgewichts. In den dreißiger Jahren wurden diese Dampflokomotiven durch motorgetriebene Fahrzeuge ersetzt.

Die erste deutsche „Straßen-Locomotive“
„Die neue Maschine begann ihre Funktion zum ersten Mal am 14. August dieses Jahres“. So beginnt die Beschreibung der Vorzüge des ersten, 1863 in Betrieb gestellten Lokomobils:[11] „Sie zieht ihre angehängte Last selbst die bedeutende Anhöhe an der Schwabingerbrücke bei einer Steigung von wenigstens 5% eben so ruhig und sicher hinauf und kann eben so leicht wie ein Dampfschiff gelenkt, ja selbst in Curven von sehr kleinem Radius z. B. um Hausek-

ken geführt und in jedem Moment zum Stillstand gebracht werden."

Zur Bedienung dieser neuen Maschine waren drei Mann notwendig: ein Steuermann, ein Maschinist und ein Heizer. Anstoß zur Konstruktion dieses ersten deutschen Lokomobils waren zwei Umstände: Auf der Londoner Ausstellung 1862 gab es Lokomobile zu sehen, die die deutschen Besucher sehr beeindruckten und Überlegungen zum Bau eigener mit einer Dampfmaschine getriebener Fahrzeuge in Gang brachten. Denn es gab eine spezielle Anforderung: die Maschinenfabrik Maffei, in der Hirschau an der Isar vor München gelegen, stellte zwar Lokomotiven her, verfügte jedoch über keinen eigenen Schienenanschluß. So mußten die fertiggestellten Lokomotiven mit Pferdegespannen vom „Eisenwerk" zum Münchner Zentralbahnhof transportiert werden. Um die aufwendigen Transporte mit Zugtieren durch Zugmaschinen ersetzen zu können, mußten diese allerdings entsprechend konstruiert sein: auf einem für Straßen tauglichen Fahrgestell wurde eine Dampfmaschine mit einer Kraft von 20 Pferdestärken montiert. Diese Maschine hatte einen ebenso starken Rahmen wie die Bahnlokomotiven und unterschied sich auch sonst wenig von einer „gewöhnlichen" Bahnlokomotive.

Die Kosteneinsparungen erwiesen sich als beträchtlich, und sie waren wohl auch ausschlaggebend dafür, daß die Tiere durch die Dampfmaschine ersetzt wurden: Für den Transport einer Lokomotive benötigte man 20 Pferde, für einen Tender 12 Pferde. Ein Lokomotiventransport kostete so etwa 200 Mark. Der gleiche Transport mit der Maschine, dem Straßenlokomobil, wurde höchstens auf 80 Mark kalkuliert[12], wie der für die Konstruktion verantwortliche Ingenieur der Maffei'schen Maschinenfabrik bei einer Versammlung des Polytechnischen Vereins München vorrechnete.

Die Photographie entstand um 1900 in einer Schwabinger Straße. Voraus fährt eine Straßenwalze, dahinter das Lokomobil mit der auf einer Fahrlafette aufgebockten Lokomotive.

Ein geschmiedeter Kessel wird mit dem Lokomobil zum Einbau gefahren, um 1920

Die Freiformschmiede, 1919

Links steht der Meister mit seinen Zetteln, auf denen die genauen Angaben über die Arbeitsaufträge festgehalten sind. In der Mitte, seitlich von ihm, liegt auf den bereits fertiggeschmiedeten Stangen (vor dem kleinen Lufthammer) ein ,,Handgesenk", mit dessen Hilfe das Werkstück in gleichmäßiger Stärke ausgeschmiedet werden kann.
Hinter dem Amboß (vorn rechts) steht der Schmied, hinter ihm sein Helfer. Rechts ist eine Esse mit einem blechernen Wasserkessel zu erkennen, in dem heißgewordene Werkzeuge, beispielsweise Zangen, abgekühlt werden.
Im Vordergrund ist eine Richtplatte mit aufgespannter Schmiedevorrichtung aufgestellt: die Stangen werden ,,warm gemacht", hinten festgeklemmt und um den Winkel herum ,,auf Rechteck" geschlagen.
Ganz im Hintergrund ist neben der zweiteiligen Türe eine Schlagschere zu sehen, mit der die Stangen auf die gewünschte Länge geschnitten werden können.

Hammerschmiede, um 1925

Die Hämmer werden über ein Rohrsystem mit Dampf versorgt, der in der zentralen Kesselanlage erzeugt wird. An der Wand (links hinten) ist eine Herdfeueranlage zu sehen. Rechts steht der große Hammer. Drei Mann müssen ihn bedienen: der Schmied hält das Werkstück mit einer gro-

 Fabrikherr, Angestellte und Arbeiter

ßen Haltezange, die mit einem Ring festgestellt ist, in der Rechten. Um es besser drehen zu können, hat er ein Eichenholzstück, einen „Dremel", in die Rundung der Zange gesteckt.
Auf dem kleinen Dampfhammer im Vordergrund werden Flachstäbe geschmiedet. Der Hammerführer steht hinter einem Schutzschild und steuert mit dem Reguliergestänge die Geschwindigkeit und die Wucht der Hammerschläge. Der Freiformschmied muß jedoch das Kommando zum Schlag geben. Er hält sein Werkstück mit einer kurzen Zange. Wenn der Hammerführer nicht aufpaßt oder einen Fehler macht, werden dem Schmied die Hände geprellt. Die Gruppe am Hammer links hinten schmiedet offenbar ebenfalls Flachstäbe, die links zu Füßen des sitzenden Hammerführers liegen. Je besser eine solche Gruppe, der Schmied und der Hammerführer – er ist dessen Helfer –, „eingespielt" ist, desto schneller, präziser und gefahrloser kann gearbeitet werden.

Die Belegschaft einer Gießerei, um 1920
Im Hintergrund sind die Gebäude der Gießerei Krautheim zu sehen, in der beispielsweise Achslagerdeckel für Eisenbahnwaggons gegossen wurden. Für das Photo sind die produzierten Gußteile zusammengestellt: Lokräder, Zahn- und Handräder, Keilriemenscheiben und anderes.
Die verschiedenen Gruppen der in dieser Fabrik arbeitenden Menschen verkörpern die Arbeitsteiligkeit: Die Direktoren, die Verwaltung und die Abteilungschefs (sie repräsentieren ihre die Arbeitsvorgänge planende, organisierende und leitende Stellung: im Vordergrund in der Mitte mit Anzügen und weißen Kragen), dann, in der Kleidung der Handarbeiter, die Modellschreiner, die Former, die Gießer, die Gußputzer, die Schmiede (sie mußten in der Gießerei beispielsweise beim Gußvorgang verbogene Formenstangen wieder geradeschmieden). Es gab eine Statushierarchie im Ansehen und in der Bezahlung unter diesen Arbeitern: Former und Gießer, dann die Modellschreiner, galten als die Elite des Betriebs. Dies ist aus der Bedeutung ihres handwerklichen Könnens zu erklären: denn in der Qualität des Modells und des Gusses lagen die entscheidenden Voraussetzungen für das Gelingen des Produktionsvorganges.
Die Arbeitergruppe in der Mitte zeigt demonstrativ ihre Werkzeuge: Zirkel, Säge, Schraubschlüssel und Franzose.

Am Ofen, um 1910

Roheisenstücke werden im Elektroofen auf eine schmiedbare Temperatur erhitzt. Der Arbeiter ganz rechts hat ein glühendes Eisen auf dem Amboß abgelegt. Vermutlich soll es mit dem Dampfhammer (rechts) bearbeitet werden.
Die Arbeiter an diesem Ofen tragen typische Kleidung: Hemden mit aufgekrempelten Ärmeln, Mützen, Holzschuhe und Lederschürzen, um sich vor heißen und glühenden Eisenteilen zu schützen. Dennoch kam es immer wieder vor, daß ein abgesprungenes Teilchen oder der Funkenflug ihnen Löcher in die Kleidung brannte.

An den Pressen, um 1910
Die Arbeiter (links) bedienen eine Friktionspresse. Der Transmissionsantrieb läuft über Metallscheiben mit Lederbelag. Damit das Werkstück nicht „hängenbleibt", wird Sägemehl in den Pressvorgang zwischen das Metall der Presse und das heiße Werkstück eingestreut. Es verglüht während des Pressens. Der Vorteil dieser Pressen gegenüber den Hämmern mit ihren Schlägen bestand darin, daß, den genauen Erfordernissen entsprechend, wesentlich präziser gearbeitet werden konnte, beispielsweise beim „Kümpeln" einer Stehkesselrückenwand. Die Pressen dieses Typs wurden in den dreißiger Jahren von den noch leistungsfähigeren hydraulischen Pressen abgelöst. Rechts ist ein Amboß mit einer Lochplatte zu sehen. Zwei Arbeiter schlagen mit Hilfe eines Setz- und eines Vorschlaghammers Löcher in das Werkstück, wie das bereits fertige Teil auf dem Boden zeigt.
Ganz rechts ist eine Aufsichtsperson zu erkennen.

Der doppeltstehende große Dampfhammer, 1915
Während des Ersten Weltkrieges wurden die Spitzen der Granaten geschmiedet. Vier Mann waren dazu notwendig: links der Oberschmied hält mit der Zange die glühende Spitze, ein weiterer Arbeiter das kalte Ende. Im Vordergrund steht der Lehrling mit dem ,,Gesenk" bereit, nach dem das Werkstück in seiner Form angepaßt wird. Hinter der kleinen Schutzwand, die abspringende Teilchen abfangen soll, der Hammerführer, der die Schläge auslöst. Der Mann rechts vor den Kupolöfen, der die schmiedende Gruppe beobachtet, ist der Meister. Er trägt schwarze Hosen, das Statussymbol der Meister. Nach dem Schmieden wurden die Granaten gedreht.

Der hölzerne Laufkran in der alten Lokmontage, etwa 1910
Vier Mann müssen die Kurbel des Handkranes bedienen. Ein Wasserkasten wird auf eine Dampflok gehievt. Rechts oben steht eine Lokomotive, die bereits mit Wasserkästen ausgerüstet ist. Der Kran lief auf Holzschienen und war lediglich mit einem ,,Holzdremel" festgepflockt. Es werden noch Hanfseile verwendet.

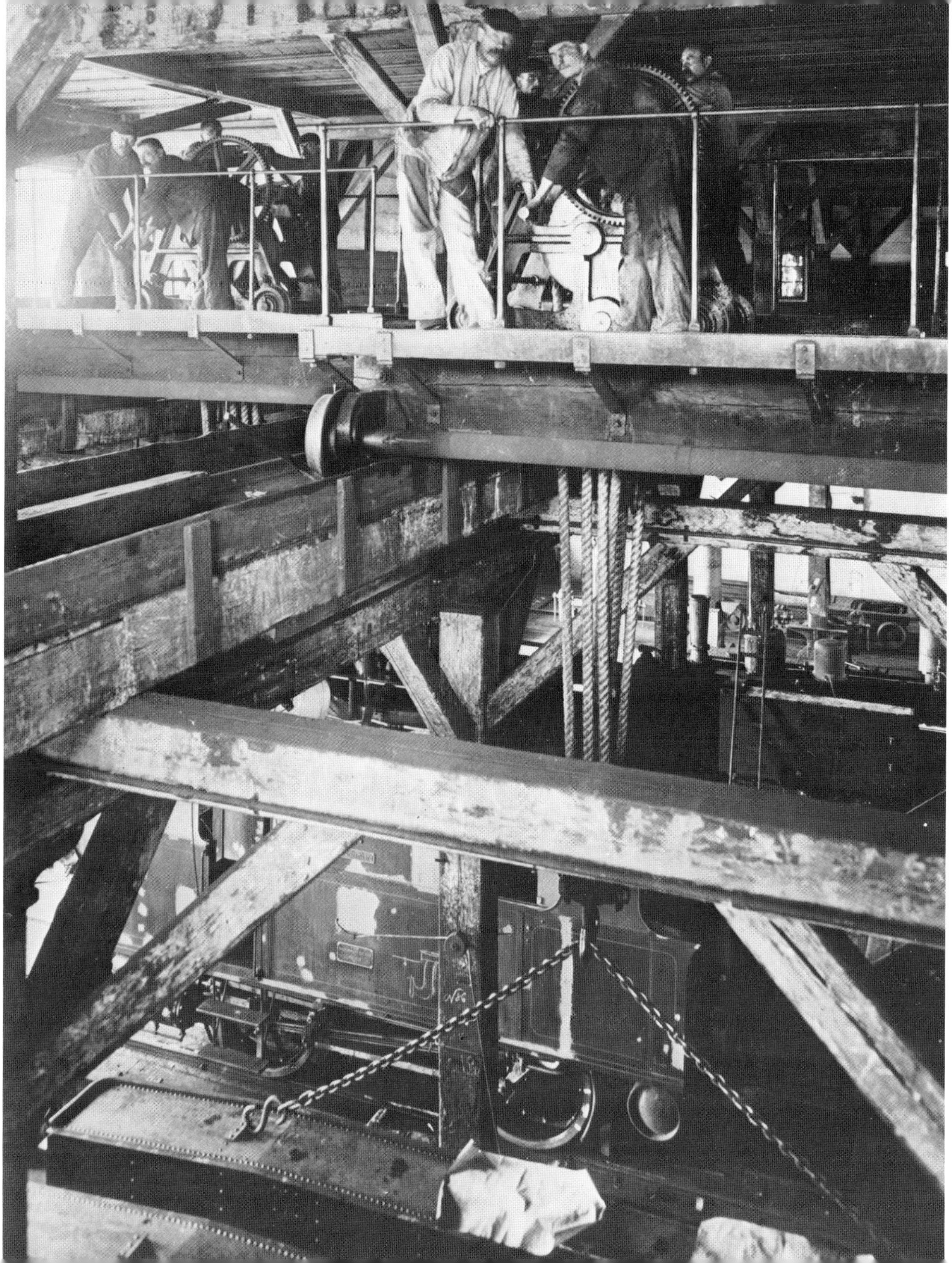

Die Krauss'sche Lokomotivenfabrik, um 1890
Diese Fabrikanlage veranschaulicht die organisierte Arbeitsteilung, wie sie sich in der Zuordnung von Zulieferwerkstätten und Montagehallen, technischen Büros und Geschäftsleitung ausdrückt.
Dieses Werk lag neben dem Bahnkörper, der zum Münchner Hauptbahnhof führte. Die Züge links oben symbolisieren den Eisenbahnverkehr. An der oberen Seite des Gleiskörpers verläuft die Landsbergerstraße, an der teilweise bereits Gebäude errichtet sind. Doch die Stadt hat das Gelände hier noch nicht erreicht, das Westend als typischer von der Industrialisierung geprägter Stadtteil existiert zu dieser Zeit noch nicht. Das stattliche Gebäude mit gußeisernem Balkonvorbau war der Sitz der Direktion. Davor befand sich eine kleine Parkanlage mit Springbrunnen. Der Bau war bewußt am Werkseingang errichtet worden, um die Übersicht über den Aus- und Eingang zu ermöglichen und die Leitung zu repräsentieren.
Gegenüber dem langgestreckten Gebäude in der Mitte liegen die technischen Büros und die Kantine, dahinter ist das Gerüst und die Laufbühne eines Krans zu erkennen. Als Achse quer durch das Gelände verlaufen die Schienen einer Schiebebühne, die bereits mit einem Elektromotor betrieben wird. Die elektrische Leitung mit ihren Masten ist zu sehen. Dahinter liegen die großen Fertigungshallen und die Werkstätten, in der Mitte, etwas herausgehoben, das einstöckige Gebäude der Fertigungsbüros.
Links davon das Kesselhaus mit dem großen Kamin. Dahinter befinden sich (von links nach rechts) die Hammerschmiede (Kamine) sowie die Dreherei und Hoblerei.

Carl August Reichenbach (1801–1883), Fabrikherr, der Gründer der C. Reichenbach'schen Maschinenfabrik

Die Arbeiter des Schnellpressenbaus, um 1880

Die „Eisenbahnbewegung" beschleunigt den Druck, 1845
Diese Schnellpresse bewirkte eine Revolution. Sie beschleunigte den Druckvorgang und trug so zu weiterer Verbreitung und Verbilligung beispielsweise von Zeitungen bei. Information und individuelle Meinungsbildung sind wichtige Voraussetzungen für das Handeln des Individuums in der industriellen Gesellschaft.
Diese Schnellpresse wurde in der Reichenbach'schen Maschinenfabrik hergestellt. Ihr Antrieb erfolgt mit dem großen Schwungrad von Hand. Das kleinere Laufrad links übersetzt die Bewegung auf eine Welle mit der sogenannten „Eisenbahnbewegung": sie bewegt den Wagen mit den Druckplatten in den Schienen auf dem Maschinentisch mit derselben Übersetzung wie die Getriebestangen von Lokomotiven. Das Papier muß von Hand eingelegt werden. Je nach Geschicklichkeit und Kraft der Arbeiter konnten so in einer Stunde zwischen 1000 und 1400 Bogen bedruckt werden.

Nächste Seiten:
Der Schleifer, 1910
In der Schmiede, 1910
Am Schmelzofen, 1910

Die Gußstahlfabrik expandiert, um 1852
Der Stich macht deutlich, daß zwischen 1850 und 1865 der Übergang von der frühindustriellen Fabrik zur weitläufigen Fabrikstadt vollzogen wurde.

Das Gebäude des Hammers Fritz mit Kamin und das ,,Gartenhaus" mit Park, 1861
Das Photo muß kurz nach der Fertigstellung der Anlagen entstanden sein. Es demonstriert, wie nahe beieinander die beiden repräsentativen Gebäude errichtet wurden: das mächtige Symbol industrieller Arbeit und das Symbol gutbürgerlichen Wohnens des Fabrikanten.

Nächste Seiten:
Eine Fabrikstadt ist entstanden.
Das Areal der Kruppschen Gußstahlfabrik, 1864

Das „Gartenhaus" der Familie Krupp, 1862

Die Perspektive ist trügerisch: dieser Teil des Gartens ist als Idyll vor dem Wohnsitz angelegt. Alfred Krupp steht in der Mitte des Weges mit verschränkten Armen im „Reitdress", die Damen tragen Reifröcke.

Das Gartenhaus lag jedoch in der Nähe des Hammers Fritz auf dem Werksgelände und dürfte vom Dröhnen der Hammerschläge nicht vollends verschont gewesen sein. Die für die erfolgreichen Fabrikherren um 1860 angemessenen Repräsentationswünsche und Zeichen „fortschrittlicher" Gesinnung schienen in dieser Fabrikantenvilla erfüllt: sie bot Platz für Einladungen von Geschäftsfreunden und war zudem an den Seitenflügeln mit Wintergärten erweitert, die mit der damals modernen und modischen Technik der Glas-Eisen-Konstruktion errichtet worden waren.

Letztlich muß dies dennoch den Bedürfnissen nicht genügt haben, denn bereits drei Jahre später zog Alfred Krupp in den südlich von Essen gelegenen Klosterbuschhof um. Bis zum Bau dieses Gartenhauses hatte die Familie Krupp während der Aufbaujahre des Betriebes bescheidener gewohnt: von 1824 bis 1844 im Aufseherhaus direkt neben der Gußstahlfabrik, danach in einem Neubau.

Auf dem Höhepunkt der Gründerzeit 1873 konnte die Villa Hügel als standesgemäßer Wohnsitz bezogen werden. Sie wurde mit einem weitläufigen Park umgeben, der Ruhe bot und gegen die Nähe und das lärmende Getriebe der Fabrikstadt abschirmte.

108 *Schichtarbeiter am Dampfhammer*

Die letzte Schicht am Hammer Fritz, 1911
Ein Rohr wird geschmiedet: um seinen Umfang „anpassen“ zu können, wird ein rundes „Gesenk“ im Rohrinneren gehalten. Der Kranführer (rechts) muß dessen Höhe über die Steuerung der Ketten genau halten. Auf dem erhöhten Stand löst der Hammerführer mit dem langen Gestänge, durch Öffnen des Ventils, die Schläge aus.
Fünfzig Jahre lang ist der Hammer in Betrieb gewesen. Als man 1860 daran ging, den Untergrund zu befestigen, mußte eine große Zahl von Eichenstämmen eingerammt und in mehreren Schichten gelegt werden. Denn dieser gewaltige Dampfhammer war auf ein bis dahin nicht erprobtes Fallgewicht von 600 Zentnern konstruiert, um schwere Schiffswellen, Geschützteile und Kurbelachsen mit bis zu 65 Tonnen Gewicht ausschmieden zu können.
Er löste die zwei bis dahin benützten schweren Stielhämmer alter Bauart von 65 und 140 Zentnern Fallgewicht ab. Die Investition für diesen Hammer betrug 600000 Taler. Er wurde wegen seiner gigantischen Kraft als Symbol des „prometheischen“ neuen Zeitalters immer bestaunt.
Als eines der ersten Werkstücke wurde ein riesiger Gußstahlblock von 20000 kg durchgeschmiedet, der 1862 auf der Londoner Weltausstellung gezeigt wurde. Solche Schaustücke kamen dem zeittypischen Hang entgegen, der wachsenden Größe industrieller Produkte Bewunderung zu zollen. Fünf Jahre später, 1867, wurde auf der Weltausstellung in Paris die ebenfalls hier geschmiedete Kanone „Dikke Berta“ dem Publikum präsentiert. Sie festigte den Ruf der Essener Gußstahlfabrik als führenden Waffenhersteller, der schließlich Kanonen in die ganze Welt lieferte.

Die letzte Schicht des Dampfhammers Fritz wird besichtigt, 1911
Die Spitzen der wilhelminischen Gesellschaft und allen voran der deutsche Kaiser Wilhelm II. sind immer wieder bei Krupp versammelt gewesen: hier die Vertreter der preußischen Regierungsbehörden (Herr Regierungspräsident Dr. Kruse als zweiter von links und seine Gemahlin als vierte von links), die Fabrikbesitzer (Herr Dr. Krupp von Bohlen und Halbach ganz links und seine Gemahlin als dritte von links) und die leitenden Herren des Betriebs. Sie lassen es sich nicht nehmen, den Arbeitern bei der letzten Schicht des gigantischen Dampfhammers zuzusehen.

Arbeiterwohnhaus, 1897
Die Wohnsiedlung Alfredshof für die Kruppschen Arbeiter umfaßte nach Abschluß der Ausbauten 1918 insgesamt 1695 drei-, vier- oder fünfräumige Wohnungen. Die in diesem Haus lebende Arbeiterfamilie hat sich für den Werksphotographen aufgestellt. Vermutlich versorgt die alte Frau mit dem abgehärmten Gesicht als „Oma“ die Kinder des jüngeren Ehepaars.
Diese Häuser boten den Arbeitern – im Verhältnis zum Leben in den in dieser Zeit typischen Mietskasernen oder verfallenden Hinterhöfen – vergleichsweise auskömmliche Wohnungen. Ein Garten ermöglichte den Gemüseanbau.

Arbeiterfamilie vor ihrem Wohnhaus

Das Stahlwerk, um 1910

,,Ratten" oder die ,,Krummen" nannten die Hüttenarbeiter die vier englischen Konverter, die ,,Bessemerbirnen". Die vorderste ist aus dem Kamin herausgedreht und liegt auf dem Rücken (in der linken Hälfte des Bildes). Sie ist gerade leer und brennt aus.

Rechts im Vordergrund wird der flüssige Stahl in Kokillen gefüllt. Ein Arbeiter macht einen Probeguß.

Dieses Stahlwerk der Kruppschen Gußstahlfabrik war 1862 in Betrieb genommen worden. Es beruhte auf der ,,Erfindung" des Engländers Henry Bessemer, der in diesen birnenförmigen Behältern Roheisen durch die oxydierende Wirkung von eingeblasener Luft in Stahl umwandeln konnte. In die aufgerichteten Konverter wird flüssiges Roheisen gegossen, dann Heißluft durch Düsen, die sich im Boden des Konverters befinden, in das glühende Eisen geblasen. Beim zweiten Konverter (von links) ist dieser Vorgang gerade zu beobachten. Er sprüht glühende Eisenteilchen in den Kamin.

Die bisher überaus langwierige Erzeugung von Stahl wurde durch diese revolutionierende Beschleunigung des gesamten Schmelzvorgangs von 24 Stunden auf nur 20 Minuten verkürzt.

Stahl konnte nun für Massenprodukte verwendet werden: Schienen und Eisenbahnräder, aber auch Schiffsbleche wurden aus Stahl hergestellt. Obwohl das neue Verfahren zunächst mit überschwenglichen Erwartungen eingeführt worden war, stellte sich heraus, daß es in Deutschland nur in beschränktem Umfange einsetzbar war, da lediglich die Verarbeitung phosphorarmer Erze damit gelang, die in Deutschland kaum abgebaut wurden. Daher wurde bereits 1869 bei Krupp zusätzlich der erste Siemens-Martin-Ofen in Betrieb genommen.

Die Probieranstalt, 1912
Bereits 1862 wurde dieses Laboratorium für die mechanische Werkstoffprüfung, 1863 ein chemisches Laboratorium bei Krupp eingerichtet.
Grund hierfür war die geringe Erprobung der Bessemer-Stahlherstellungsverfahren. Mit Hilfe regelmäßiger Materialkontrollen sollte eine gleichbleibende Stahlqualität erreicht werden. Ein zweites chemisches Laboratorium, das seit 1883 aufgebaut wurde, sollte dagegen die Aufgabe innerbetrieblicher Grundlagenforschung übernehmen, wie sie in Großbetrieben in diesen Jahren als eigenständige Abteilungen eingeführt wurden. Der Fabrikherr definierte das Ziel: An der „Vervollkommnung der bekannten Stahlarten zu arbeiten, neuen Stahl durch eingehende Untersuchungen in bezug auf ihre Nützlichkeit für die Krupp'schen Werke zu prüfen, umfassende Studien über Eigenschaften und die Natur des Stahls anzustellen, überhaupt in freier, selbständiger Forschung Fortschritte auf dem Gebiet der Stahlerzeugung zu erstreben." 1912 gelang es im Laboratorium erstmals, rostfreien Stahl herzustellen.

Die Blockwalzenstraße, 1913
Die Walze wird von einer gewaltigen Kraftmaschine (links) angetrieben. Die Form des Stahls wurde mit unterschiedlichen Stärken und Profilen der Walzen (rechts), die ausgetauscht wurden, herausgearbeitet.

Näherinnen in der chemischen Fabrik, 1910
Sie stopfen an den Nähmaschinen Säcke, das wichtigste Verpackungsmittel für größere lockere Mengen.

Die Frauen in der Konfektionsfabrik, 1910

Der Fahrradhändler vor seiner Werkstatt, um 1905
Die Mechaniker reparierten und verkauften neben Nähmaschinen auch die gleichfalls als Massenkonsumgut hergestellten Fahrräder.

Eine Familie auf Rädern, um 1900
Das Fahrrad galt in den ersten Jahrzehnten seiner Einführung in Deutschland, seit etwa 1885, als Mittelding zwischen Sportgerät und Verkehrsmittel. Wegen der anfangs beachtlichen Anschaffungskosten blieb es zunächst vor allem bürgerlichen Schichten vorbehalten. Sie bildeten die ersten Radclubs. Erst nach 1900 wurde es für die Arbeiterschaft erschwinglich.

Ein Fahrzeug wird von den Damen in Besitz genommen, um 1895
Dieses Automobil der ersten Generation ist in seiner Form eine mit Motor ausgestattete Kutsche.

Repräsentatives Automobil, 1910
Die Aufnahme entstand 1910 in Dresden, als der Generaldirektor von AEG Emil Rathenau (hinten stehend) mit Th. A. Edison, dem amerikanischen Pionier der Elektrotechnik, eine Besichtigungsfahrt durch die Hauptstadt des sächsischen Königreichs unternahm.
Solche ,,Protos"-Automobile wurden zwischen 1906 und 1927 bei Siemens gebaut. Die Modelle waren immer auf die Ansprüche ,,feinerer Leute" zugeschnitten.
Als 1918, während des Ersten Weltkrieges, der Kautschuk für die Hartgummireifen ausging, versuchte man mit Hilfe federnder Räder (aus Stahlfedern) eine ausgleichende Wirkung zu erreichen.

Bessere Herrschaften im repräsentativen Automobil

Die Riedinger'sche Maschinenfabrik, 1875

Der Pförtner, 1912
Das Fabriktor wurde ständig überwacht. Um die Zeit des Aus- und Eingehens der Arbeiter zu kontrollieren, war im Durchgang des Pförtnerhauses eine Stechuhr mit den Karten für jeden Beschäftigten angebracht. Außerdem wurden an solchen Fabriktoren scheinbar willkürliche Stichproben durchgeführt. Dem Arbeiter wurde mit einem Licht- oder Klingelzeichen bedeutet, er solle in den Innenraum kommen. Dort wurde er durchsucht, ob er etwas mitgenommen habe. Wurde er tatsächlich beim „Herausschmuggeln" ertappt, mußte er mit fristloser Kündigung rechnen. Solche Durchsuchungen waren für den einzelnen Arbeiter nicht vorherzusehen, er mußte ständig damit rechnen.

Teile sind zum Weitertransport vor der Halle gelagert

Die Rohrausladung
Aus einem Eisenbahnwaggon werden Rohrstangen auf einen Wagen umgeladen, mit dem sie zur Rohrbiegerei transportiert werden können. Um den Kraftaufwand möglichst gering zu halten, sind zwei Bretter aufgelegt, auf denen die Rohre auf den Transportwagen abrollen können.

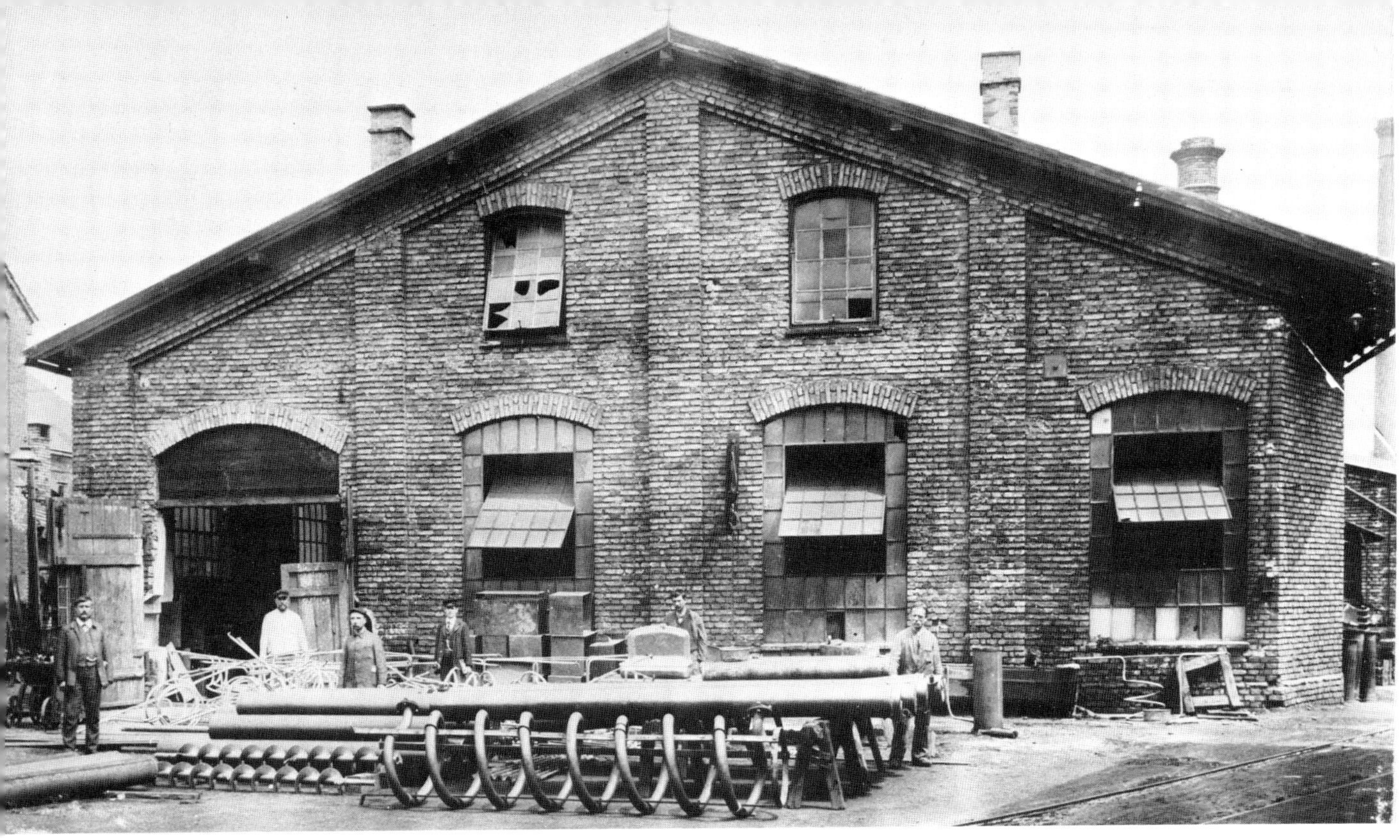

BADEN 47356

Die Hammerschmiede
Links, auf einen großen Hammer gestützt, steht der Meister (mit seiner goldenen Uhr), neben ihm ein Korb mit Sägemehl, das zwischen das glühende Eisen und den Hammerbär geworfen wird.
Die Gruppe der Schmiede im Hintergrund ist dabei, eine Rundstange auszuschmieden. Sie hängt in einer auf Schienen laufenden ,,Katze" (auch gut zu erkennen im Vordergrund oben). Solche ,,Katzen" wurden in jeder Schmiede zum schnellen Transport der erhitzten, aber schweren Eisenstücke gebraucht.
Der bärtige Mann rechts vorne ist der Hammerführer. Er regelt mit dem Gestänge die Dampfzufuhr und somit Zeitpunkt und Stärke des Schlages. Am Boden dieser Werkstätten liegt Dreck und ,,Zunder", der beim Schmieden vom Hammer herunterstäubt.

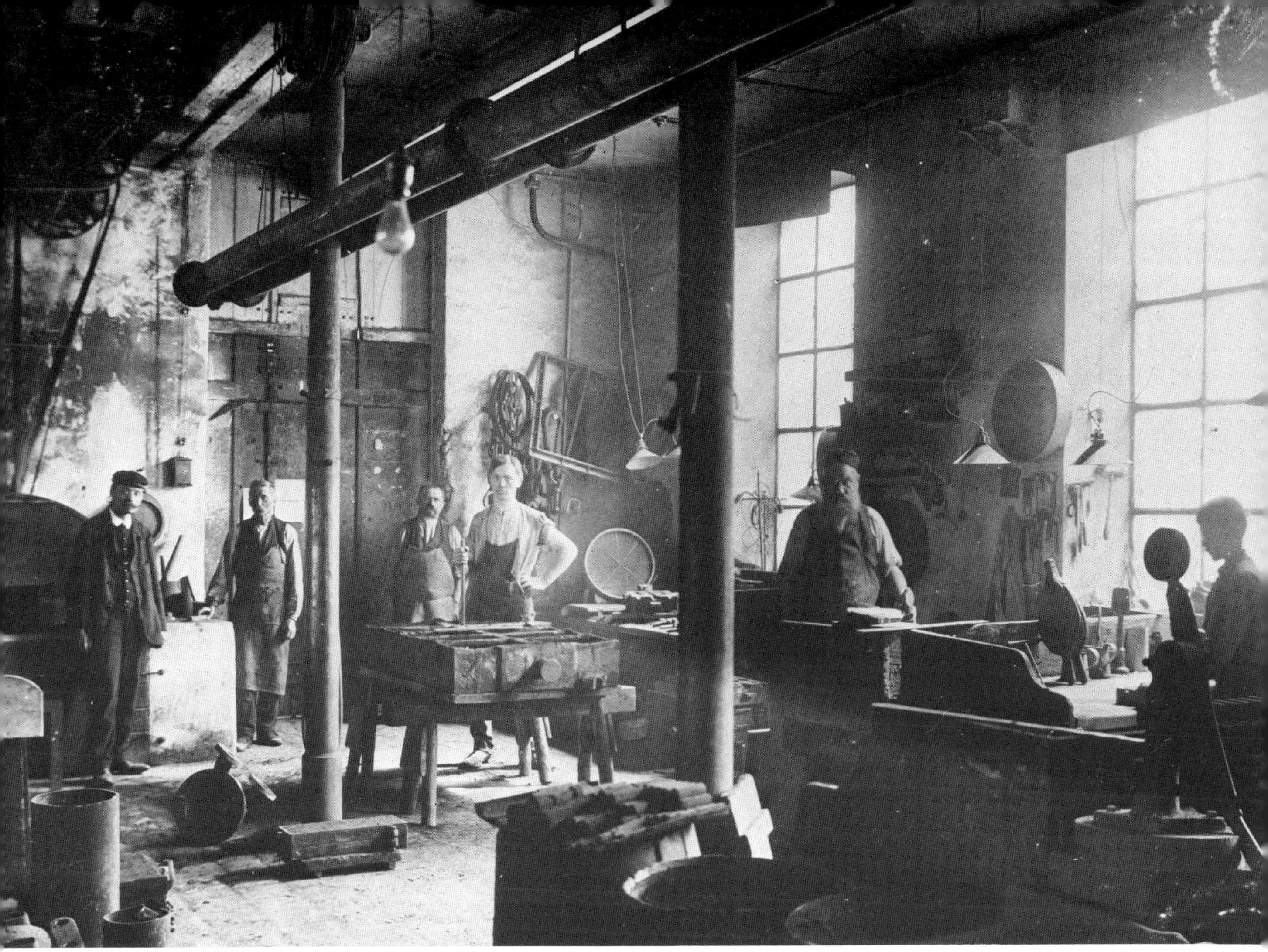

Das Formereigebäude

Der Modellbau, 1912
Die Modellschreinerei erforderte hohes handwerkliches Können und Gestaltungsfähigkeit. In der Regel wurde jedes Modell als Einzelfertigung hergestellt. Ein Schreiner bearbeitete sein Werkstück von Anfang bis Ende. Der Meister hat ein Zahnrad für die Photographie im Vordergrund aufgestellt. Dies ist kein Zufall: für die Maschinenbauer, die meist handwerklich gutqualifizierte Facharbeiter waren, galt das Zahnrad als Symbol ihres Berufes. Daneben lehnt ein Rad für Transmissionsantriebe.

Die Formerei, 1912
Zum Formen braucht man neben rechteckigen Formgefäßen vor allem Sand und Dreck, der, mit dem Sieb gereinigt, locker und gleichmäßig in die Formkästen geschüttelt wird. Einer dieser Formkästen ist aufgebockt, ein Holzmodell eines Gußteils liegt auf dem Boden. An dem Arbeitsplatz rechts ist ein kleiner Blasebalg zu erkennen, mit dem kleine Sandteilchen weggeblasen werden konnten. Ein kleiner Holzstampfer ist zu sehen, mit dem die Formen im Sand herausgearbeitet wurden. Der Sand wurde festgestampft. An der Wand hängen Metallwerkzeuge, zum Schaben und Kratzen, die für die Feinarbeiten gebraucht wurden.

Die Dampfmaschine

Der Motor

„Die Produzenten präsentieren ihr Werk“
Einzelne Arbeiter dürfen sich im Hintergrund mit dazu stellen.

Das Gebäude der Rohrbiegerei mit fertigen Rohrschlangen

Rohrbiegerei

Die Rohrbiegerei
Die Maschinen werden bereits mit Elektromotoren angetrieben: links an der Wand wird die Bewegung über Transmissionen auf eine Kaltsäge geleitet, mit der die Rohre geschnitten werden. Wenn ein Rohr gebogen werden sollte, mußte es mit Sand gefüllt und dieser durch leichtes „Handklopfen" verdichtet werden. Dann wurden in beide Seiten Holzpflöcke in die Rohröffnungen eingesetzt. Erst

dann konnte das Rohr erhitzt, gebogen und gleichmäßig in seiner Rundung erhalten werden.
Aus solchen Rohren wurden beispielsweise Kühlschlangen hergestellt.

Ein Rohr wird im offenen Feuer erhitzt
Der Arbeiter benutzt zum Drehen ein Spezialwerkzeug: An einem Ring, der über das Rohr gestülpt werden kann, sind zwei Stangen befestigt.

Die Lampenarchitekten
bei entwerfender und planender Arbeit

Die Löterei
Mit Hilfe einer Gasflamme wurden die auf die tellerförmigen Arbeitsplätze gelegten Messingstücke und ihre Verzierungen verlötet. Um entstehende Dämpfe und Gifte abziehen zu lassen, ist in der Wand ein Lüftungsloch offen gelassen.

Die Messingdrückerei
Im Vordergrund sind fertige Messingteile gestapelt. An den Arbeitsplätzen sieht man über Transmissionen angetriebene Drehvorrichtungen. Die dünnen Messingbleche wurden dort eingespannt und während der Drehbewegungen konnten die Arbeiter mit einem lederverkleideten Holzknüppel durch „Aufdrücken" die gewünschte Form gleichmäßig herstellen.

Der Messingofen
Auf die Tür ist die Zeit des Öffnens geschrieben. Links am Schmelzofen sind Deckel zu sehen, die während des Schmelzvorgangs geöffnet werden konnten. Mit der Schöpfkelle wurde flüssiges Messing herausgeholt und ein Probeguß durchgeführt.

 Die Polierer

Die Poliererei
Lampenteile werden an Filzscheiben poliert. Die Arbeiter sitzen am Fensterlicht. Die Fenster sind geöffnet, auch um die entstehende metallverstaubte Luft nicht so konzentriert einatmen zu müssen. Die Drehbewegung der Scheiben ging nach unten. Der Arbeiter in der Mitte hält sein Werkstück gerade in der Hand. Die Klappe über der Scheibe soll die wirbelnden Metallteilchen abfangen. Dennoch waren die Arbeitsplätze ständig verstaubt und verdreckt.
Links sieht man eine Scheibe für Großteile. Sie ist ebenfalls mit einer Staubklappe ausgestattet, damit der Arbeiter nicht „den ganzen Dreck und Staub ins Gesicht bekam".

Die Lampenwerkstatt
Hier wurden die verschiedenen Teile montiert. Auf den Tischen in der Mitte der Halle sind die „gedrückten" und polierten Teile aufgeschichtet. Über dem vordersten Tisch hängt eine bereits fast fertigmontierte Lampe, die im noch historistischen Zeitgeschmack gearbeitet ist. Rechts an der Wand stehen zwei mit Transmissionen angetriebene Bohrmaschinen. Die meisten Teile mußten gebohrt werden, ehe sie montiert werden konnten. In der Mitte des Saals haben sich die Meister, der Vorarbeiter und der entwerfende Konstrukteur dem Photographen gestellt. Der Kittel signalisiert, daß der Lampenarchitekt sich als Künstler versteht: Die Lampenabteilung der Fabrik wurzelte im historistischen Kunstgewerbe.

Die Lampenmonteure

Das Hauptmagazin und seine Belegschaft, 1912
Der Bürovorsteher sitzt am Schreibtisch. Seine Mitarbeiter arbeiten an Stehpulten, Materiallisten liegen aus. Als einzige Frau ist ein „Tippfräulein" an der Schreibmaschine beschäftigt. Der Uhr wurde ein wichtiger Platz gegenüber dem Schreibtisch des Bürovorstandes eingeräumt.
Der Hof vor dem Hauptmagazin diente zur vorübergehenden Lagerung von Materialien: Rohre und Eisenstangen; das Modell eines Transmissionsrades lehnt an der Wand. Gasflaschen sind vor der Tür des Materiallagers abgestellt. Um den Hof sind Lagerhäuser mit verschiedenen Räumen gruppiert. Ställe gehörten bis zur Motorisierung des Gütertransportes – in der Regel in den zwanziger Jahren mit der Anschaffung eines Lastkraftwagens – zur notwendigen und selbstverständlichen Einrichtung der Fabrik: die Fuhrwerke und der Landauer der Direktion wurden von Pferden gezogen.

Das Lohnbüro

Der Kassier

Die Stenotypistinnen

RUTTO

Der Versand
Hinter diesem Raum lag das Büro, in dem die hierfür zuständigen Expedienten ihre Arbeitsplätze hatten. Sie zeigten ihre Stellung als Angestellte durch Anzug, Stehkragen und Krawatte, während der verpackende Helfer als Arbeiter gekleidet ist. Die meisten Produkte, wie die auszuliefernden Transmissionsräder, wurden in Kisten, kleinere Teile in Körben verpackt.
Zwischenräume wurden mit Stroh ausgefüllt.

Die Verladung
Ein genieteter Behälter wird auf einen Eisenbahnwaggon gehoben. Am Kran ist eine Waage eingebaut, mit der das Gewicht der fertigen Produkte festgestellt und auf einer Karte ausgedruckt werden konnte. Der Kran läuft auf Eisenschienen, die an den Hallenwänden auf Sockeln aufliegen, und wird von Elektromotoren bewegt.

Kranführer beim Verladen

 Die leitenden Herren im Dienstwagen

Die Fabrikherren in ihrem Dienstwagen, 1912
Das Automobil war bis zum ersten Weltkrieg ein Statussymbol: es stand für technischen Fortschritt. Wer seine Zugehörigkeit zum Besitz- und Bildungsbürgertum, aber auch materiellen Wohlstand zeigen wollte, wie das für die Direktoren als selbstverständlich galt, konnte dies mit der Anschaffung des neuen Motorfahrzeuges. Es war zugleich ein schnelleres Verkehrsmittel als die Kutsche und half somit Zeit zu sparen, die für notwendige geschäftliche Wege eingeplant werden mußte. Der Fahrer, meist ein Mechaniker, zeigt seinen Stolz deutlich. Er beruht nicht nur auf der Beherrschung des neuen technischen Gefährts (es ist noch mit Hartgummireifen ausgerüstet), sondern auch auf seinem direkten, manchmal persönlichen Dienstverhältnis zu den Direktoren, das sein Ansehen in der Fabrik erhöhte.
Erst nach dem Beginn der Fließbandmontage (bei Ford 1913) konnte die Herstellung des Autos so verbilligt werden, daß einige Typen in Massenfertigung für einen Preis angeboten werden konnten, der es auch kleinen Geschäftsleuten und Angestellten im Verlauf der zwanziger und dreißiger Jahre erlaubte an die Anschaffung zu denken. Für die Arbeiterschaft wurde dies erst in den fünfziger Jahren möglich.

Die Nieter, um 1920
Links steht der ,,Anhalter" und ,,drückt gegen". Der rechte Arbeiter hält den Preßlufthammer auf die Niete. ,,Das ist furchtbar laut und klingt wie ein Maschinengewehr". Zwischen den beiden steht der ,,Nietenbub" mit einer Zange. Er muß die Nieten von einem Kupolofen holen, in dem sie erhitzt werden.

Diesellokomotive in der Montage, um 1960
Dieser Typ einer schweren Lokomotive, die V 200, wurde seit 1953 mit einem Dieselmotor von 2000 PS gebaut. Links im Bild ist der Montagevorgang schon weit fortgeschritten, die Lackierarbeiten haben begonnen.

Gleichzeitig wurde in der ersten Hälfte der fünfziger Jahre der Bau von Dampflokomotiven eingestellt. Sie waren unrentabel geworden, ihr Betrieb verhältnismäßig aufwendig: Sie mußten vier bis fünf Stunden vor der Fahrt aufgeheizt werden und erforderten als Personal zwei Leute, den Heizer und den Lokführer. Auch der Unterhalt war kostspielig: Entpumpen, Rohrreinigen, Entschlacken über einer eigenen Grube, das waren unumgängliche Routinearbeiten. Zudem war Kohle im Verhältnis zu Dieselöl und elektrischem Strom relativ teuer.
Nach mehr als sechzig Betriebsjahren in Deutschland, um 1900, war die Dampfmaschinentechnologie voll ausgereift, nach hundert Jahren nicht mehr konkurrenzfähig. Diesel- und Elektrolokomotiven werden seither weiterentwickelt.

Die Monteure der Diesellokomotive

Die Bohrung, 1945
Die Karusseldrehbank ist mit einem Meßgerät ausgestattet, das es erlaubt, die Bohrung auf $\frac{1}{10}$, ja $\frac{1}{100}$ mm genau einzustellen. Die Präzision kann durch den Einsatz von Mikroprozessoren seit der zweiten Hälfte der 70er Jahre weiter perfektioniert und automatisiert werden (rechte Seite).

Der Obermeister und die Weber 1963

2. Textil

Die Anschaffung von Spinn- und Webmaschinen machte in der Regel gleichzeitig die Errichtung neuer Fabrikanlagen notwendig.
Sie wurden nach englischen Vorbildern als mehrstöckige Hoch- und Nutzbauten mit möglichst großen Maschinensälen errichtet, die nicht von Zwischenräumen unterbrochen waren. Manchmal wurden diese neuen Fabrikgebäude der vierziger und fünfziger Jahre des 19. Jahrhunderts auch mit klassizistischen oder an die Schloßbauten des Rokoko erinnernden Stilelementen geschmückt, wie dies auf einigen Stichen zu sehen ist. In ihrer Struktur waren sie allerdings konsequent darauf ausgerichtet, die Arbeitsmaschinen aufzunehmen und über Transmissionen die Verbindung zur Antriebsmaschine auf möglichst kurzen Übertragungswegen zu ermöglichen. Die Dampfmaschine wurde in einem eigenen Kesselhaus neben diesem Fabrikbau untergebracht. Wo es ausreichend Wasserkraft gab – wie beispielsweise in Augsburg – konnte diese mit Wasserrädern und später Wasserturbinen für den Produktionsprozeß nutzbar gemacht werden, denn Wasserkraft war die billigste Energieform. Sie kostete die Investition der Maschinen und deren Unterhalt. Dagegen war es, solange die Eisenbahn noch nicht als selbstverständliches Transportmittel zur Verfügung stand, zumeist sehr aufwendig, die benötigte Kohle für die Dampfmaschine herbeizuschaffen.
In den sechziger Jahren kamen dann als neuer Typ von Fabrikhallen die Shedbauten hinzu: sie boten mit ihren schrägen Dachfenstern den Vorteil des breiten und gleichförmigen Lichteinfalls von oben. Insgesamt zeigt sich bis zur Mitte des 20. Jahrhunderts die Tendenz, größere Seitenfenster und Lichtschächte zu schaffen. Nicht wenige Textilfabriken wurden im Zweiten Weltkrieg durch Bomben beschädigt oder zerstört. Sie mußten in den Nachkriegsjahren, meist in unveränderter Grundstruktur, wiederaufgebaut werden, vielfach auch mit den wieder instandgesetzten alten Maschinen. Eine neue Bauweise wurde erst in den sechziger Jahren des 20. Jahrhunderts entwickelt, als Flachbauten für riesige Websäle errichtet wurden, die nach außen abgeschirmt sind und großteils ausschließlich künstlich beleuchtet werden. Tageslicht fällt lediglich durch Lichtkuppeln ein.

Arbeitsorte

Die Maschinenarbeit fand großteils in Sälen statt. Sie war durch den Rhythmus der Maschinengeschwindigkeit bestimmt und standardisiert. Die daran arbeitenden Menschen bedienten die Maschinen, ölten die Lager oder beseitigten Störungen.
In den Spinnereien wurden anfangs Mule-Spinnmaschinen aufgestellt. Doch bereits in den sechziger Jahren wurden zunehmend, besonders für feinere Garne, Selfaktoren angeschafft, die teilweise hundert Jahre lang, bis in die Mitte des 20. Jahrhunderts, die Arbeitsmaschinen zum Spinnen blieben. Daneben gab es Ringspinnmaschinen. Der täglich sich vielfach wiederholende Arbeitsablauf an diesen Spinnmaschinen bestand vor allem darin, sie zu bestücken, die Poppinen mit dem gesponnenen Garn abzuziehen und den maschinellen Arbeitsvorgang zu überwachen. Die gerissenen Fäden mußten immer wieder neu angeknüpft werden. Geübte Frauen haben hierfür eine innere „Automatik“ entwickelt: sie laufen durch die Maschinenreihen und streichen mit den Fingern in der Höhe entlang, in der die abgerissenen Fäden zu erfühlen sind. Das Wiederanknüpfen ist Routine, täglich tausendfach erprobt. Nachdenken ist für die Arbeiterin dabei überflüssig. Von ihrer individuellen Geschwindigkeit, mit der sie wieder anknüpft und die vollen, fertiggesponnenen Poppinen abzieht, hängen ihr Lohn und der Ertrag der Maschinenarbeit ab.[1]
Bestimmte Arbeitsgänge waren dagegen sehr lange nicht mechanisierbar, sie wurden „von Hand“ durchgeführt: beispielsweise die Wollsortierung in der Kammgarnspinnerei, bei der es auf das Gefühl und die sensible Wahrnehmung der Frauen ankam. Unterschiedliche Wollqualitäten mußten voneinander getrennt und darin verborgene, den Spinnvorgang störende Unreinheiten aus der Rohwolle entfernt werden.
Daneben gibt es eine ganze Reihe den Spinn- und Webvorgang vorbereitender Arbeitsgänge, die in unterschiedlicher Weise mechanisiert waren und individuell beherrschte Fähigkeiten von den Arbeitern erforderten. Doch auch bei der Arbeit an den Maschinen bestand immer eine Arbeiterhierarchie, die sich auch in unterschiedlicher Entloh-

Die Direktoren und Aktionäre unternehmen einen Ausflug, 1925

Arbeiter an der Maschine, 1960

nung ausdrückte. Die Löhne differierten von Fabrik zu Fabrik, ebenso wie in den verschiedenen Regionen. Folgende Löhne für den vierzehntägigen Zahltag (= 12 Arbeitstage) ergaben sich für das Jahr 1913/14 bei zehnstündigem Arbeitstag in der Textilregion Hof. Sie sind in Mark berechnet:[2]

	Durchschnittsverdienst
Spinnerei	
Batteur	19,50–34,50
Carden und Strecken	18,50–30,00
Flyer	25,00–29,00
Drosseln	27,00–29,00
(Aufstecker)	18,00–20,00
Selfaktoren (Spinner)	48,00–51,00
(Ansetzer)	28,00–39,00
(Aufstecker)	19,00–23,00
Weberei	
Spulerinnen	25,00–27,00
Zettlerinnen	32,00–34,00
Andreherinnen	32,00–35,00
Weber	34,00–38,00
Weberinnen	29,00–32,00
Zwirnerei	
Spulerinnen	26,00–27,00
Zwirnerinnen	20,00–22,00
Hasplerinnen	25,00–28,00
Färberei	
Färber	32,00–35,00

Die Löhne der Textilindustrie blieben im Vergleich zu denen des Maschinenbaus traditionell niedrig. Daher galt, daß oft Arbeiter, die eine besser bezahlte Arbeit finden konnten, in einen anderen Industriezweig überwechselten.

In den ersten Jahrzehnten ihres Bestehens versuchten die Fabrikherren einen möglichst qualifizierten Arbeiterstamm zu bilden: sie stellten vor allem Webergesellen oder brotlos gewordene Handweber ein und beschäftigten bei Anlern- und Hilfsarbeiten Frauen und Kinder, bis zur gesetzlichen und allmählich auch tatsächlichen Abschaffung der Kinderarbeit. Eine Voraussetzung und gleichzeitig hinderliche Schwierigkeit für die Kinderarbeit war die notwendige Abstimmung von Schulunterricht und Arbeitszeiten. Aus dem Jahre 1866 läßt eine Beschreibung des evangelischen Consistoriums an das zuständige württembergische Ministerium die Umstände der Kinderarbeit ahnen: ,,Im Bezirk Geislingen werden in den Fabriken zu Altenstadt und Kuchen 142 Schulkinder verwendet. Dieselben stehen größten Teils in einem Alter von 10–14 Jahren, doch finden sich darunter auch 8–10 Jährige. Die tägliche Arbeitszeit ist 6–10 Stunden".[3] Der Kuchener Fabrikherr Arnold Staub erklärte,[4] daß er diese, sich bis Mitternacht hinziehenden Arbeitszeiten, die für die Kinder zum dreistündigen Schulunterricht hinzukamen, ,,nur ungern und immer auf Verlangen der Eltern genehmige". Diese elterlichen ,,Bitten" resultierten zumeist aus äußerster existentieller Not und der Unmöglichkeit, die Familie ohne zusätzliche Einnahmen zu ernähren.

Doch auch die Anwerbung bereits erfahrener Fabrikarbeiter spielte anfangs eine große Rolle. Je nach Region suchte man sie, beispielsweise für den süddeutschen Raum, aus dem Elsaß, der Schweiz oder der Augsburger Gegend zu gewinnen. Diese hofften in der neuentstehenden Fabrik einen besseren Arbeitsplatz bekommen zu können und rechneten sich damit auch höheren Lohn aus. Mit diesen Erwartungen nahmen sie den Ortswechsel auf sich.

Um gute Arbeiter nicht nur zu gewinnen, sondern auch an den Betrieb zu binden, errichteten viele Textilfabrikanten betriebseigene Wohnhäuser oder sogar eigene Arbeiterkolonien.

In den explodierenden Industriestädten im letzten Drittel des 19. Jahrhunderts war der Wohnungsmarkt für Arbeiterwohnungen, deren Mieten gerade noch mit den bescheidenen Löhnen bezahlt werden konnten, ohnehin sehr schlecht, so daß eine Wohnung in der Nähe der Arbeitsstelle als Vorteil gelten konnte, der freilich gleichzeitig von der Fabrik abhängig machte.

Nachdem sich die ersten Arbeitergenerationen entwickelt und gefestigt hatten, galt bis nach dem Zweiten Weltkrieg in vielen Textilfabriken das Prinzip, daß als Arbeiter oder Arbeiterin bevorzugt eingestellt wurde, wer bereits entweder Eltern oder Verwandte in der Fabrik hatte. Diese, unbekannten Arbeitssuchenden gegenüber, sehr ablehnende Einstellungspraxis und der hohe Anteil an Frauen mögen mit dazu beigetragen haben, daß der gewerkschaftliche Organisationsgrad unter den Textilarbeitern im Vergleich zu den Metallarbeitern relativ niedrig blieb. Denn für Frauen galt bis kurz vor dem Ersten Weltkrieg nach dem Vereinsgesetz das Verbot der politischen Selbstorganisation.[5] Frauen hatten zudem meist eine Doppelbelastung von Fabrikarbeit und Haushalt zu tragen.

Ein weiterer Grund für diese Tatsache rührt jedoch auch daher, daß sich in der Textilindustrie in der Mitte des 19. Jahrhunderts eine neue Arbeiterschaft erst herausbildete. Die Arbeiter kamen aus verschiedenen Schichten mit unterschiedlichen kulturellen Verhaltensweisen, und selbst von ehemaligen Handwerkern wurden kaum Traditionen von kulturell-zünftischer Selbstorganisation, geschweige denn Selbstbewußtsein eingebracht. Daher mußte erst ein sozialer und kultureller Integrationsprozeß stattfinden, bis sich ein Selbstbewußtsein der Textilarbeiterschaft entwikkeln konnte, zumal die Arbeitssituation selbst wenig Identifikationsmöglichkeiten bot.

Seit etwa 1870 hat es jedoch nicht an Versuchen gefehlt, die Situation der Textilarbeiter zu verbessern. Es gab immer wieder Streiks zur Durchsetzung besserer Löhne und zur Verkürzung der Arbeitszeit, aber auch, um die Zulassung eines aus der Mitte der Arbeiter gewählten „Ausschusses" zu erzwingen, wie am Beispiel der Hofer Textilfabriken zu sehen ist.

Es gab dort erfolgreiche, aber auch erfolglose Streiks. Einer der ersten Arbeitskämpfe hatte sich bereits 1872 entwickelt:[6] die Belegschaft der „Mechanischen Weberei" war mit den Forderungen einer 25prozentigen Lohnerhöhung und einer einstündigen Arbeitszeitverkürzung in den Ausstand getreten. Bereits nach ersten Verhandlungen mit dem Obermeister reduzierten die Arbeiter ihre Forderung auf eine Lohnzulage von 5 Prozent, doch die Direktion lehnte auch diese ab mit dem ausdrücklichen Argument, sie wolle „sich nichts abzwingen lassen". Der Streik wurde weitergeführt. Er erhielt Unterstützung, sowohl von der lokalen sozialdemokratischen Arbeiterorganisation wie auch überregional durch Geldzusendungen von Textilarbeitern aus Augsburg, Crimmitschau und anderen Orten. Doch dieser finanzielle und organisatorische Rückhalt blieb insgesamt bescheiden. Die meisten Arbeiter waren während des Streiks gezwungen, die Stadt zu verlassen und zu versuchen bei Bauern auf dem Land durch Taglohnarbeit ihren notwendigsten Lebensunterhalt abzusichern. Nach dreiwöchiger Dauer brach der Streik zusammen. Die Arbeiter mußten die Fabrikarbeit bedingungslos wieder aufnehmen. Drei Mitglieder des Streikausschusses wurden von der Direktion nicht mehr eingestellt.

Es war zugleich ein Kampf um die Macht und Entscheidungsgewalt in der Fabrik gewesen. Es ging darum, ob den Arbeitern das Recht zustehe, Forderungen zu formulieren und sie der Direktion zu stellen. So jedenfalls hatte es die Direktion gesehen und diese ersten Versuche zur Selbstorganisation daher prinzipiell zerstören wollen.

Es dauerte lange, bis die Textilarbeiter in dieser Region Erfolg hatten, mit dem Kampfmittel des Streiks Verbesserungen ihrer Arbeits- und Lohnsituation zu erreichen: Erst 1906 wurde die Abschaffung des Prämiensystems in einer Weberei erzwungen, allerdings nur durch den organisatorischen und finanziellen Rückhalt des Deutschen Textilarbeiterverbandes durch Gewährung von Streikgeldern.

Frauenarbeit – Männerarbeit

Frauenarbeit blieb bis heute in den Fabriken von großer Bedeutung: im Umgang mit textilen Materialien, wie Garnfäden, entwickelten Frauen im allgemeinen größere Geschicklichkeit als Männer, jedenfalls gilt dies durchschnittlich, gewiß nicht für den einzelnen Arbeiter. Frauen wurden aber auch zugleich mit wesentlich geringeren Löhnen bezahlt.

Bis in die achtziger Jahre des 19. Jahrhunderts arbeiteten vor allem auch junge unverheiratete Frauen in den Textilfabriken: nach der Schulentlassung bis zum Alter von etwa 20 Jahren. Danach suchten sich viele eine andere Tätigkeit, beispielsweise als Dienstbote.[7]

Der Anteil von Frauen in der Belegschaft lag in den siebziger Jahren des 19. Jahrhunderts zwischen 50 und 80 Prozent.[8] Seither hat sich diese alterstypische Grenze eines hohen Anteils junger Frauen aufgelöst, insgesamt ist ihre Zahl jedoch seit der endgültigen Abschaffung der Selfaktoren in den fünfziger Jahren des 20. Jahrhunderts noch gestiegen. In den sechziger Jahren kamen viele Spanierinnen und Griechinnen, seit den siebziger Jahren Türken und Türkinnen in die Fabriken. Wegen des Nachtarbeitverbots für Frauen arbeiten in der Nachtschicht ausschließlich Männer, heute vor allem Ausländer. Denn seit der Gewerbeordnung von 1900 dürfen Arbeiterinnen während der Nacht von 20 Uhr 30 bis 5 Uhr 30 früh nicht mehr beschäftigt werden, so daß auch bei geringerer Effektivität (in der Produktion) hierfür Männer eingesetzt werden. Nachtarbeit ist bei den deutschen Fabrikarbeitern unbeliebt, da der natürliche Tag-Nacht-Rhythmus gestört wird und die Kontakte zur sozialen Umwelt und Familie darunter leiden. Deshalb konnten für die Nachtschicht kaum mehr deutsche Arbeiter gefunden werden.

Die Situationen am Arbeitsplatz waren oft wenig angenehm. Die Entlüftungs- und Befeuchtungsanlagen waren lange Zeit noch unvollkommen oder nicht vorhanden, so daß sich im Verlauf der Arbeit oft stickige und schwüle Luft bildete. In höheren Stockwerken war der Boden warm. Es galt daher bis zum Zweiten Weltkrieg als durchaus selbstverständlich, daß Arbeiter im Saal barfuß liefen. Der Maschinenlärm war so laut und belastend, daß Arbeiter durchaus nicht selten langfristig Gehörschäden davontrugen. Eine Webereiarbeiterin beschrieb in den zwanziger Jahren ihre Empfindung beim morgendlichen Betreten des Maschinensaals – sicher nicht ungewöhnlich für die Wahrnehmung aus der Perspektive der Arbeiter: ,,Der widerliche Geruch von Dampf, Staub, Öl, Leim usw. legt sich sekundenlang wie ein Alp auf meine Sinne, die Sonne ist hier kaum Gast.“[9]

Eine andere Arbeiterin schildert ihre Arbeitssituation, die vom täglichen Zeitdruck bestimmt wird: ,,Ich beginne mein Tagewerk, durch welches sich das Wort ‚Akkord‘ wie ein roter Faden zieht. – Da wir in unserem Betrieb lauter ziemlich grobes Garn spinnen, heißt es natürlich doppelt zugreifen. Einhundertvierundachtzig Spindeln zählt die Maschine. Die gleiche Anzahl Spulen enthält demnach ein Abzug. Viermal am Tage wird der Abzug voll, abgezogen, in den Kasten geladen und fortgeschafft. Dreihundertundachtundsechzig Vorgarnspulen werden täglich aufgelegt und beim Leerlaufen der Maschine neu aufgesteckt. – Das sind zwar nur trockene Zahlen, die den Außenstehenden meist nichts zu sagen haben, mir aber sagen sie unendlich viel. Dazwischen muß die Maschine geputzt und geölt werden, damit sie gut in Gang bleibt. Habe ich einmal eine Viertelstunde freie Zeit, dann helfe ich meiner Kollegin nebenan und diese dann wiederum mir. Dies alles muß aber im D-Zug-Tempo geschafft werden, denn sonst komme ich bei dem schnellen Laufen der Maschine mit der Arbeit gar nicht nach. Kommt dann noch dazu, daß die Mischung schlecht ist, so wird das ganze eine wahre Hetze. Nichts als Sausen und Arbeit, Arbeit und wenn der Tag zu Ende ist, kann man froh sein, wenn man trotz Akkordarbeit den Taglohn herausgebracht hat. Das führt dann wieder zu unliebsamen Auseinandersetzungen mit den Vorgesetzten, welche fast durchweg ein erstaunliches Talent haben, die Schuld auf die Arbeiterin zu schieben.

Auf mich wirkt diese monotone, immer wiederkehrende und dennoch treibende Arbeit zermürbend und aufreibend, ja manchmal sogar entmutigend. Viele meiner Kolleginnen haben das gleiche Empfinden und wenn es gar mal zu schlimm wird, dann muß ‚Freund Galgenhumor‘ als Retter in Aktion treten.“[10]

Bis in die Gegenwart gibt es die gleichbleibende Tendenz der zunehmenden Mechanisierung von Arbeitsgängen.

Die Industrialisierung der ,,Entwicklungsländer“ als Billiglohnländer in den fünfziger und sechziger Jahren hat für die deutsche Textilindustrie einen starken internationalen Konkurrenzdruck geschaffen, der die Rationalisierungsbemühungen verstärkt hat. Dies geschieht in erster Linie durch Versuche, die Lohnkosten zu senken und den Mengenausstoß zu steigern. Anfang der sechziger Jahre wurde dies durch betriebsorganisatorische Veränderungen versucht: so durch intensivere Organisation der Arbeitsvorbereitung, Senkung der Lagerhaltung und eine exaktere Zeitplanung des Arbeitsablaufs.

Seit den sechziger Jahren hält diese Tendenz an, einerseits die Arbeitsgeschwindigkeit zu erhöhen und andererseits die Bedienungsarbeiten an den Maschinen durch Automatisierung zu verringern.

Seit 1970 gibt es beispielsweise Versuche, den Vorgang des Wiederanknüpfens von abgerissenen Fäden zu mechanisieren: sobald ein Faden abgerissen ist, setzt ein Ansaugvorgang ein, bei dem das Fadenende aufgenommen und mit mechanischen Armen die Fadenenden verknüpft werden.

Die seit Ende der siebziger Jahre fortschreitende technologische Revolution in der Steuerungstechnik von Textilmaschinen durch den Einsatz von mikroelektronischen Programmen hat beide Tendenzen in sich aufgenommen: die

Maschinenarbeiten durch mikroelektronisch gesteuerte Wartungsgänge, wie der Schmierung, zu beschleunigen, und zugleich bisher notwendige Arbeiten weitgehend überflüssig zu machen: Arbeiter überwachen nur noch die arbeitenden Maschinen und greifen ein, wo sich im automatischen Arbeitsablauf Fehler ergeben.
Zugleich aber verlangsamt sich für die Arbeiterin oder den Arbeiter das Arbeitstempo keineswegs. Denn die Investitionskosten für die neue Maschinengeneration sind so hoch, daß die Betriebsleitungen gezwungen sind, auf hohe Arbeitsintensität zu achten, und die Maschinen ständig ausgelastet sein müssen. Die Zahl der von einer Arbeiterin zu betreuenden Web- und Spinnmaschinen ist in der Regel gestiegen: sie müssen mit äußerstem Tempo und zwingender Selbstdisziplin die Wege zwischen den Maschinen zurücklegen, die sie sich durch Erfahrung gesucht haben, um die notwendigen Betreuungsarbeiten bewältigen zu können: wo ein Faden reißt, muß die Maschine abgebremst, die beiden Fadenenden wieder angedreht und zur nächsten Abrißstelle geeilt werden.
Die Geschwindigkeit der Maschine wird in der Regel so eingestellt, daß die Arbeiterin die anfallenden Arbeitsgänge und Laufwege zwischen verschiedenen Maschinen gerade noch bewältigen kann: das bedeutet für sie ständige Anstrengung, fortwährenden Streß. Individualisierung am Arbeitsplatz und kaum ein Gespräch mit Kolleginnen oder Kollegen sind die sozialen Folgen.

Mechanische Spinnerei und Weberei, um 1830
Diese Stiche zeigen die Arbeit in englischen Textilfabriken. Sie sollten den Zeitgenossen, auch in Deutschland, in der ersten Hälfte des 19. Jahrhunderts ein Bild davon geben, wie mechanische Arbeit am Selfaktor und an den Webstühlen aussah, wenn auch in idealisierter Form.

Spinner an Selfaktoren

Der Handweber, um 1960
Die Hausweberei hat sich bis in die sechziger Jahre vereinzelt erhalten, vor allem als ländliches Gewerbe. Ein Handweber lebte in einer in sich geschlossenen Welt: er arbeitete und wohnte in der Stube, in der er zugleich spann und aß, kochte und den Feierabend verbrachte. Er war lediglich eingebunden in die soziale und kulturelle Lebensform seines Dorfes. Dieses war ein geschlossener Mikrokosmos, aus dem er länger nur während der Militärzeit herausgekommen war. Einen festen Rhythmus gab es jedoch durch die Ablieferung der Ware: Um zum „Faktor" zu kommen, mußte acht- oder vierzehntägig der Fußmarsch in die Stadt auf dem „Webersteig" gegangen werden.
Der Webstuhl war ganz aus Holz.

Beim Spinnen, um 1960

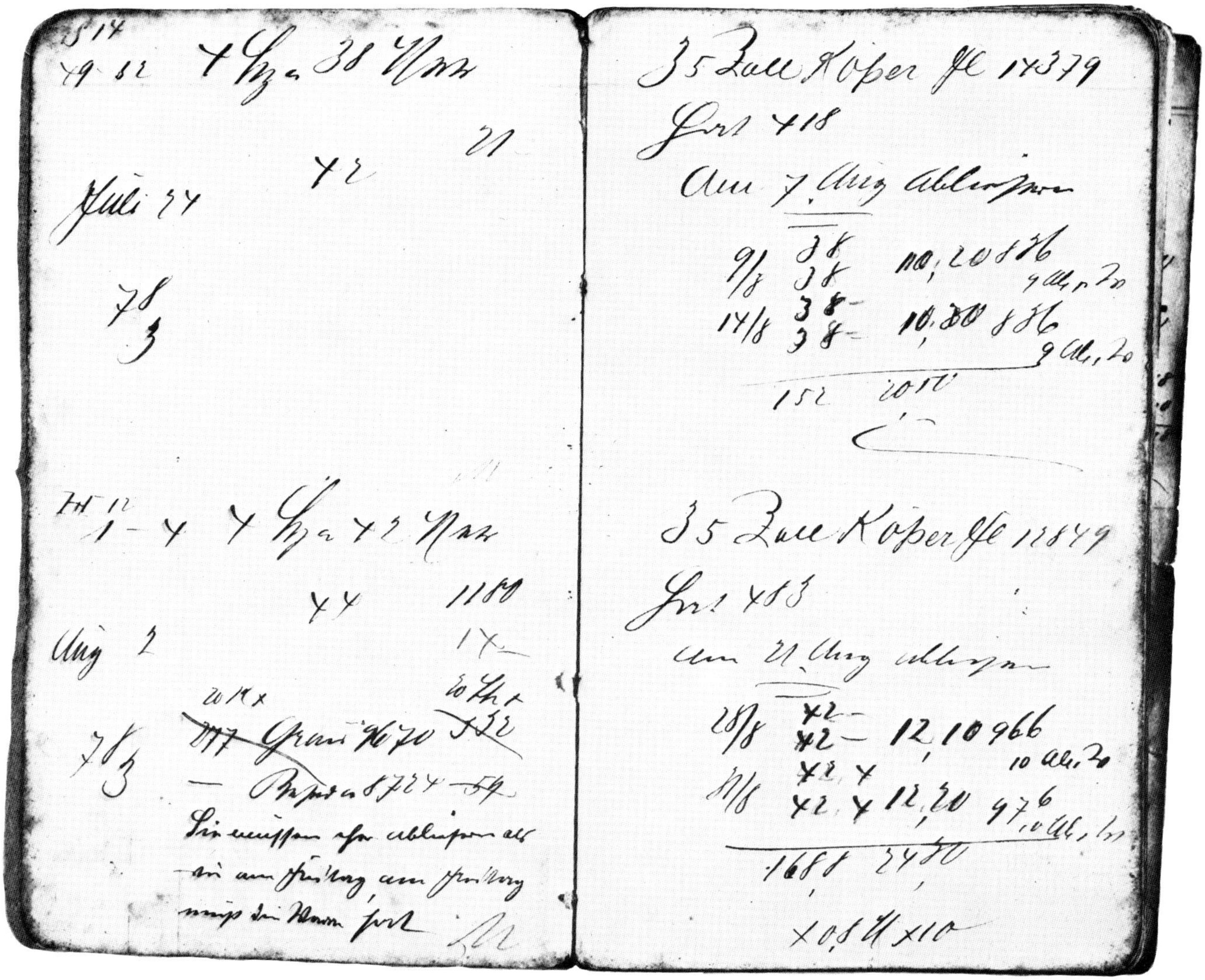

Das Lieferheft

Eine Seite verdeutlicht, daß die Schriftlichkeit klare Funktionen hat. Einerseits sind die vom Faktor ausgegebenen Garnmengen festgehalten, und der Tag der vereinbarten oder verlangten Ablieferung der gewebten Ware ist eingetragen.

Andererseits verraten Bemerkungen des Faktors, daß es über die Zeitpunkte der Fertigstellung der Arbeit nicht immer gleiche Meinungen, sicher auch manchmal Auseinandersetzungen gab: „Sie müssen eher abliefern als wie am Freitag, am Freitag muß die Ware fort.“ Die Handweber kamen nicht immer selbst zum Faktor. Frauen und Kinder erledigten oft die Besorgungen und Botengänge.

Das Weberhäuschen, um 1960
Die Stube (im rechten Teil des Hauses) eines Handwebers mußte hell sein, um möglichst lange und auch bei schlechtem Wetter mit Tageslicht arbeiten zu können. Daher haben die Stuben einige Fenster, so daß Licht von zwei Seiten auf den Webstuhl fiel.

Der Eßwinkel in der Stube mit dem Geschirr, um 1960

Links ist der Eingang zum Stall, in dem Ziegen oder ,,ein Säulein" gehalten wurden. Ziegenmilch und das Fleisch waren neben Brot, Gemüse und Kartoffeln, die auf einem eigenen Acker angebaut wurden, eher seltene Zugaben zum Essen. Ein Hering, Eier oder ein Hühnchen sorgten ab und zu für Abwechslung im Geschmack. Die Erträge der kleinen Landwirtschaft mußten zur Selbstversorgung mit Nahrungsmitteln reichen. Das Dach des Häuschens war traditionell mit Stroh gedeckt.

„Mit Herz und Hand für's Vaterland“, 1901
Dieses Erinnerungsblatt an die zweijährige Militärzeit von 1899 bis 1901 in einer oberpfälzischen Stadt hing als Wandschmuck in der Stube. Es erinnert an die Jahre, die der Handweber außerhalb seiner gewohnten häuslichen und dörflichen Umgebung verlebt hatte. Die Parole „Auf nach China“ verwies auf den gerade während seiner Militärzeit stattfindenden Boxeraufstand in China gegen die europäischen Kolonialmächte. Kaiser Wilhelm II. schickte Truppen zur Niederschlagung des Aufstandes mit dem ausdrücklichen Befehl: „Pardon wird nicht gegeben, Gefangene werden nicht gemacht.“

Der Veteranen- und Kriegerverein, um 1920
Der 1880 gegründete Vaterlandsverein hatte eine wichtige Funktion für die Männer des Dorfes, er stiftete eine Öffentlichkeit. Handweber und Bauern waren darin unter ihrer Fahne vereint: bei Aufmärschen, oder wie hier zum Gruppenphoto, trugen sie ihren Sonntagsanzug, Mütze und ihre Orden.

 Fabrik mit Einrichtungen für die Arbeiter

SALLE D'ASILE.

SALLE DE LECTURE.

ÉCOLE.

MUSIQUE ET CHANT.

Kuchen: Die Textilfabrik, 1867
Die Stiche wurden für eine Broschüre gefertigt, mit der der Industrieherr Johann Heinrich Staub seine Fabrikanlage als vorbildliches Modell auf der Weltausstellung von 1867 in Paris zeigen wollte. Er erhielt eine Auszeichnung für diese Anlage mit ihren Einrichtungen für die Arbeiterschaft: den Fabrikhäusern, dem Bade- und Waschhaus, dem Kindergarten, der Schule, der Bibliothek, dem betrieblichen Musik- und Gesangverein.
Diese Stiche zeigen ein Idealbild. Staub mußte diese Arbeiterkolonie bauen, da er nur so Facharbeiter anwerben konnte. Seine 1857 gegründete Fabrik konnte sich bis zur Verschärfung der Existenzkrise der Handweberei in den siebziger Jahren nicht auf die Gemeinde Kuchen stützen, in der es viele Handweber gab. Sie wollten jedoch ihre Unabhängigkeit und selbstorganisierte Arbeit nicht zugunsten der besser bezahlten Fabrikarbeit aufgeben. Daher siedelte Staub Arbeiter aus der Schweiz und aus England an. Sie waren in dieser geschlossenen Anlage an den Betrieb gebunden. Um so verwunderlicher ist es, daß es nicht selten zu streikähnlichen Arbeitsverweigerungen kam.
Die Warmwasserzufuhr des Bade- und Waschhauses wurde mit dem Kondensswasser der Dampfmaschinen gespeist. Es gab sogar ein Schwimmbassin.

Die „Fröhlich'sche Zitz und Catun Fabrick", 1818
Der Färberturm (links) wurde zum Aufhängen und Trocknen der nassen, gefärbten sowie bedruckten Tücher im 18. Jahrhundert aus Holz gebaut. Er steht heute noch, als Überrest vorindustrieller Manufakturen. Seine Funktion wechselte allerdings im Laufe des letzten Jahrhunderts: er wurde im Erdgeschoß in der zweiten Hälfte des 19. und ersten des 20. Jahrhunderts von Arbeitern als Ziegenstall genutzt. Gelegentlich hängt heute die Fabrikfeuerwehr ihre Schläuche zum Trocknen aus.
Die „Catun Fabrick" (rechts) war in einer schloßähnlichen Bauweise für den Manufakturbetrieb der Kattunherstellung mit einer repräsentativen Hauptfront errichtet worden. 1836 erwarb der von Nürnberg nach Augsburg übersiedelnde Fabrikant Friedrich Merz diese Anlage und richtete eine Kammgarnspinnerei darin ein.

Die frühindustrielle Fabrik, 1845
Das dreistöckige neue Hauptgebäude der Kammgarnspinnerei in Augsburg war ein an englischen Vorbildern orientierter reiner Nutzbau ohne repräsentative Elemente. An der Stirnseite war das Treppenhaus herausgebaut, um die Länge und damit die Verwendbarkeit der Säle für die mechanischen Spinnmaschinen nicht zu schmälern.
In der Mitte ist der Schäfflerbach zu erkennen, der mit seiner Fließkraft die Wasserräder antrieb. Sie lieferten die billigste Energie.
Der qualmende Schlot verrät den Ort des Kesselhauses, in dem die Dampfmaschine eingebaut ist, die die Spinnmaschinen antreibt.
Im Vordergrund (rechts) steht die Hausmeisterei. Darin wurden in den ersten Jahrzehnten in einem Raum während der .Arbeitspausen Essen und Getränke an die Arbeiter verkauft oder Kaffee zubereitet. Später dienten die Räume als Wohnungen.
Ganz links sind Lagergebäude zu erkennen: das Wollager, die Stallungen und im ersten Stockwerk kleine Wohnungen für Arbeiter, Rentner oder Witwen.

Die Fabrik wächst

Dreiundvierzig Jahre später, 1888, war das Gelände zu einer weiträumigen Werksanlage expandiert.

Das erste mehrstöckige Fabrikgebäude ist an seiner Rückseite durch einen weiteren Bau mit einem Treppenturm erweitert worden. Davor wurden 1867 die ersten Shedhallen errichtet. Rechts im Vordergrund ist das erste schloßähnliche Manufakturgebäude zu sehen. Dahinter hat sich seit 1874 die Arbeitersiedlung, die Kolonie, ausgebreitet. Die Straße, die aus der Ferne auf die Mitte der hinteren Gebäudefront zuläuft, trifft auf das Wasch- und Badehaus von 1880 (rechts neben dem Färberturm).

Am hinteren Rand sind die Parkanlagen mit den drei Direktorenhäusern, Gärtnerwohnungen und Vorratsräumen zu sehen, die seit 1869 errichtet wurden.

Die Übung, 1906
Die Fabrikfeuerwehr präsentiert sich mit ihrem Gerät: Motorpumpen, Leitern und Schläuchen.
Ort der Übung ist das Bürogebäude, das 1883 erbaut wurde.

Selfaktorsaal, 1912
Ein Unfall ist dokumentiert: der Rechen hat einem „Aufstecker" die Hand eingequetscht.
Die Spinnmaschine, der Selfaktor, war etwa 35 Meter lang. Der Wagen (links im Vordergrund) fuhr in sechs bis acht Sekunden heraus und in drei Sekunden zurück. Während des Ausfahrens bis zu den eisernen Puffern (sie sind ganz links schwach erkennbar) wurde gesponnen, beim Einlaufen auf die Poppinen aufgewickelt. Die Selfaktoren, die in der deutschen Textilindustrie schon seit der Mitte des 19. Jahrhunderts verwendet wurden, spannen feine Garne. Sie wurden teilweise bis um 1955 verwendet und dann durch Ringspinnmaschinen ersetzt. Diese Umrüstung brachte aus der Sicht der Betriebsleitung die Einsparung von Lohnkosten, denn die Arbeiter mußten sich andere Arbeitsplätze suchen: statt dessen wurden ausschließlich mit niedrigeren Lohnsätzen bezahlte Arbeiterinnen zur Bedienung der Ringspinnmaschinen eingestellt.
Ein Selfaktor wurde von vier oder fünf Arbeitern bedient. Der Spinner stand in der Mitte am Hauptantrieb. Er mußte die Seile regulieren und die Spannung der etwa fünfhundert Fäden einstellen (sie sind als feine Striche erkennbar). Es hing vom Geschick des Spinners ab, welche Qualität die Ware hatte und welche Zeit für eine Partie aufgewendet werden mußte. Ließ er die Fäden zu locker, bildeten sich kleine Schleifchen, die die Qualität des Garns minderten und zu Reklamationen führten („dann bekam er Krach vom Obermeister"), waren die Fäden zu stark gespannt, konnte es passieren, daß sämtliche Fäden rissen und wieder angeknüpft werden mußten. Der Vertreter des Spinners hieß Oberansetzer. Er mußte zusammen mit dem zweiten Ansetzer mit der Bewegung des Wagens mitlaufen und abgerissene Fäden anknüpfen. Wenn sich die „Ansetzer" über den Wagen beugten, schafften sie beim Rausfahren des Wagens etwa fünf, sechs Fäden.
Der „Aufstecker" und der „Reserveaufstecker" mußten die Maschine beim Laufen putzen, denn der Wagen war ständig voller Staub. Es konnte dabei passieren, daß jemand ausrutschte, denn der Boden war sehr ölig.
In den ersten Jahrzehnten der Industrialisierung der Textilindustrie war Kinderarbeit wegen der für sie bezahlten niedrigen Löhne die Regel. Aus Werdau in Sachsen meldete der ‚Crimmitschauer Bürger- und Bauernfreund' unter dem 19. Februar 1872 einen Unfall, der die Situation anschaulich macht: „Am Sonnabend, früh 7 Uhr, ist ein kleines Mädchen von neun Jahren in den Selfaktor gekommen. Die Kleine hat unter dem Wagen wegkriechen wollen, wahrscheinlich um zu sehen, wie viel Uhr es ist, damit sie die Schulzeit nicht versäume. Vermutlich ist sie dabei an einer Schraube hängen geblieben. Wären die erwachsenen Arbeiter nicht da gewesen, so hätte der Selfaktor die Kleine total zerquetscht; sie ist aber mit einer leichten Quetschung davongekommen, da die Arbeiter mit solcher Gewalt am Wagen zogen, daß die Treibschnur zerriß. Es arbeiten bei uns noch viele Kinder in den Fabriken, und wir werden nächstens die Namen der Fabrikanten veröffentlichen, welche solche in ihren Fabriken beschäftigen." (Abgedruckt in Volksstaat Nr. 18 v. 2. 3. 1872)

Die Fabrik stellt aus, 1886
Die Produkte und Rohstoffe, Garne und Wolle, werden auf der Schwäbischen Kreis-Ausstellung präsentiert. Aus Anlaß solcher Gewerbe- und Industrieausstellungen ließen die Fabriken eigene Ausstellungsschränke bauen – hier mit historistischen Schnörkeln verziert.
Ein eigenes Werbedesign gab es noch nicht.

Die Betriebsbeamten und Meister widmen ihrem „verehrten Director" ein Erinnerungsbild, 1904
Sie zeigen mit dieser Geste ihre Nähe und loyale Verbundenheit zur Direktion und grenzen sich von den Arbeitern ab. Es gibt in der Hierarchie der Fabrik drei Gruppen: die Geschäftsleitung in Gestalt der Direktoren, die Privat-Beamten und Meister, sowie die Arbeiter.

Hofmann J.
Leber J.
Schmidt J.
Weber A.
Haring J.
Gabriel F.
Lauth E.
Bauerle W.
Kick F.
Osswald W.
Bachhofer G.
Wagner C.
Schönberger A.
Albert C.
Director Ernest Mehl.
Krieger K.
Rollenmüller J.
Emmer K.
Schneider H.
Zehnder A.
Figl M.
Diehl A.
Löhner J.
Kandler A.
Neupert M.
Wilms K.
Weissenbach A.
Gollwitzer M.
Zimmermann C.
Ostermann F.
Steppe L.
Jungbauer M.
Widmann L.
Bachler G.
1866 - 1904
Die Betriebsbeamten und Meister der Augsburger Kammgarnspinnerei ihrem verehrten Director Herrn Ernest Mehl.

Das „Doktor- und Baderzimmer", 1883

In diesem im Bürogebäude gelegenen Zimmer versorgte ein Sanitäter oder Bader leichtere Verletzungen und Krankheiten. Später übernahmen Krankenschwestern diese Sanitätsaufgaben. Sie machten auch Hausbesuche bei erkrankten Fabrikangehörigen und ihren Kindern in der Kolonie. Gegen leichtere fiebrige Erkrankungen verordneten sie „Wickel zum Schwitzen" oder verabreichten den Patienten Tabletten.

In den Regalschränken (rechts) befinden sich Flüssigkeiten zur Wundversorgung und Arzneimittel.

Die Bibliothek, 1876

„. . . auch den Kindern der Kammgarnspinnerei diese Wohltat zu erweisen . . .", 1880

Sonntagvormittag um ¾ 12 Uhr wurde hier ein evangelischer Kindergottesdienst von einstündiger Dauer abgehalten. Das Harmonium zur Begleitung des Gesangs steht vorne auf dem erhöhten Pult: „Die Feier beginnt mit Gesang, Liturgie und Gebet. Daran schließt sich gemeinsames Sprechen des Glaubensbekenntnisses, das Aufsagen einiger Gebote mit ihren Erklärungen, hierauf gemeinsames Lesen des vorgeschriebenen Bibelabschnittes an. Nun erfolgt der etwa eine Viertelstunde dauernde Gruppenunterricht durch die Lehrer und Lehrerinnen, darauf die allgemeine Katechese durch den Leiter mit einem Dankgebet. Mit gemeinsamem Vaterunser, liturgischem Gesange und Segen schließt die Feier."

Dieser Raum war werktags als Aufenthaltsraum für Kinder nach der Schule eingerichtet: Unter dem Jesus an der Wand hing die schematische Zeichnung einer Lokomotive, daneben eine Karte von Palästina. Ein Tableau veranschaulicht die Gestalt sämtlicher Säugetiere, vom Kamel bis zur Giraffe. Der Raum ist mit Gaslicht beleuchtet.[11]

Der Kindergarten, 1933

Er war für die Kinder der in der Fabrik arbeitenden Mütter eingerichtet worden.

In den Fabriken der Textilindustrie mit ihrem hohen Anteil an Arbeiterinnen waren Einrichtungen für die Kinder von großer Bedeutung. Sie konnten dort von Säuglingsschwestern und Kindergärtnerinnen während der Arbeitszeit der Mutter betreut werden.

Die Säuglings- und Kleinkinderstation, 1931

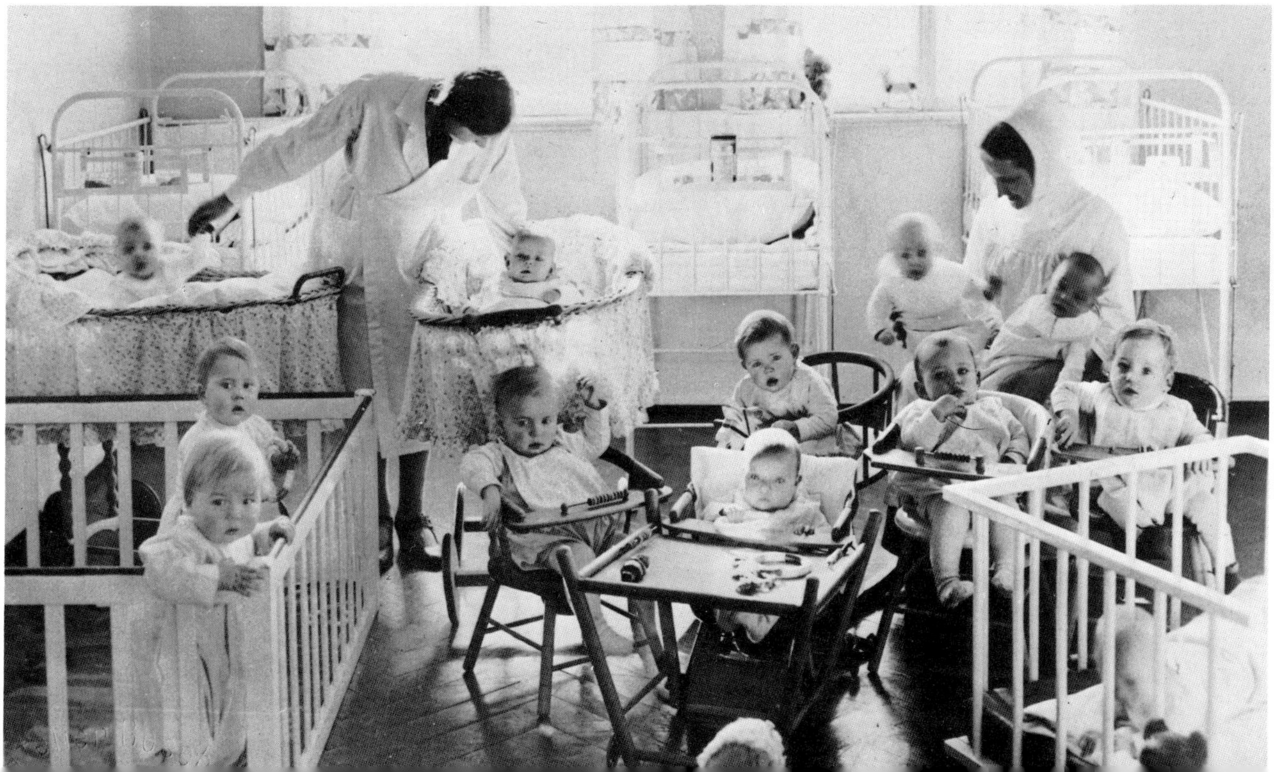

Das Speisehaus, 1878
Für die meisten Arbeiter und Arbeiterinnen war es wegen der Entfernungen zu ihren Wohnungen nicht möglich, in der Mittagspause nach Hause zu gehen, sieht man von den in der Kolonie lebenden Betriebsangehörigen ab. Beispielsweise 1912 erstreckte sich die Arbeitszeit von morgens 6 Uhr bis abends 6 Uhr, Mittagszeit war von 12 bis 1 Uhr. In dieser Stunde konnte man sich mit Kolleginnen und Kollegen im Speisehaus zusammensetzen, essen und plaudern.

Der Speisesaal, 1927

Auf den Tischen stehen die ,,Tiegelchen" mit dem mitgebrachten Essen: meist Suppe oder Gemüse. Biergläser mit dunklem Bier und Thermosflaschen mit Tee oder Kaffee sind zu sehen. Die Speisen konnten in den ,,Tiegelchen" auf einem dampfgeheizten Wärmetisch aufgewärmt werden. Wer wollte und das Geld hatte, konnte aber auch etwas kaufen.: Heringe, Brot, u. a.

Erst nach dem Wiederaufbau der zerbombten Fabrik, nach 1945, war ein eigener Wirtsmetzger angestellt worden, der Essen für die Arbeiter kochte und ausgab.

Erst in den fünfziger Jahren wurde ein eigener kleiner Wirtssaal für die Angestellten errichtet. Sie waren bis zu diesem Zeitpunkt nach Hause gegangen, da ihre Mittagszeit etwas länger bemessen war.

Im Speisesaal wurde nicht nur gegessen, sondern manchmal auch getanzt. Sport- und Tanzgruppen probten hier. Feiern mit Tanz der Betriebsangehörigen fanden statt, so zum 1. Mai oder während der Naziherrschaft auch bei Veranstaltungen der nationalsozialistischen Deutschen Arbeitsfront.

 Das Schulzimmer

Die Werksschule, 1936

Unterricht wurde in dieser innerbetrieblichen Berufsschule in Rechnen, Aufsatz, Rechtschreibung und vor allem in Betriebslehre erteilt. In diesem Fach wurden die in der Fabrik vorkommenden Arbeitsgänge von der Gewinnung der Wolle bis zum fertigen Garn besprochen.

Die Schüler sind an zwei Tagen in der Woche vier Stunden lang – statt Arbeitszeit – aus der Fabrik in das Schulzimmer heraufgekommen: An der linken Wand hängt das Bild des „Führers und Reichskanzlers" Hitler, rechts die Hakenkreuzfahne der Nationalsozialisten. So sah es zwischen 1933 und 1945 in vielen Schulzimmern des Deutschen Reiches aus.

Neben der Tafel: verschiedene Sorten von Flachs und Hanf, auf dem Schrank ein Spinnrad.

Den Nachwuchs an Facharbeitern für die Bedürfnisse der Fabrik heranzubilden, ist Aufgabe solcher Werkschulen.

Die neue Dampfturbine, 1924

Der Selfaktorsaal, 1912
Gleichmäßige Temperatur und Feuchtigkeit waren notwendig: im Schnitt etwa 22 °C und 70 bis 80% Luftfeuchtigkeit. Eine eigene Befeuchtungsanlage wurde hierfür eingerichtet. Die Fäden auf den Selfaktoren wurden so geschmeidiger und rissen seltener ab.
Das Sheddach hat den Vorteil der gleichmäßigen Ausleuchtung untertags, es war nach Norden gerichtet und verhinderte direkte Sonneneinstrahlung mit den damit verbundenen Klimaschwankungen im Innenraum.

Der gefärbte „Kammzug" muß ausgeladen werden, 1915
Die Eisenbahnwaggons wurden auch zum Transport innerhalb des Fabrikgeländes auf dem Schienenweg benutzt: hier zwischen der Färberei und dem Strecksaal. Dieser befindet sich rechts in dem 1867 errichteten Shedbau. Ein Steg zum Rollen des beladenen Karrens ist eigens aus Holz gezimmert worden. Die Arbeiterinnen, die den Kammzug umladen, lehnen bescheiden im Waggon der Sächsischen Staats-Eisenbahn.
Der Zug der Lokalbahn kam zwei Mal täglich in die Fabrik, früh und mittags.
Links dahinter befindet sich das Wasch- und Badehaus.

Das ,,Remonte Depot", 1915
Während des Ersten Weltkrieges dienten verfügbare Lagerräume zur Vorratshaltung, zumindest während der ersten Jahre, als noch ausreichend Lebensmittelvorräte vorhanden waren. Im ersten Stock des Wollmagazins sind die Roggenmehlsäcke des Königlichen Proviantamts gestapelt.

Die Kriegsgefangenen und ihre Bewacher, 1915
Während des Ersten Weltkrieges befanden sich französische Kriegsgefangene zum Arbeitseinsatz in der Fabrik. Hier haben sich die Wachmannschaften von der Königlich-Bayerischen Armee mit den Gefangenen zu einem Gruppenbild für den Photographen aufgestellt. In der Mitte auf der Bank sitzt der Hauptmann (1), und rechts neben ihm der Proviant-Inspektor (3).

Der „Menage-Zug“ kommt an, 1915
Mittags brachte ein Arbeiter mit dem Handwagen das Essen für die Kriegsgefangenen. Sie umstehen in ihren verschlissenen Militärmänteln das Gefährt. Die deutschen Wachen sitzen beieinander (rechts) und einige von ihnen haben ihre Gewehre mit den aufgepflanzten Bajonetten zu einer Pyramide zusammengestellt.
Im Vordergrund ist die Fabrikwaage mit dem zugehörigen Häuschen zu sehen, auf die Fuhrwerke und Lastwagen zum Wiegen ihrer Ladung hinauffuhren.

„Das Quartier", um 1910
Der Bau einer Wohnkolonie für die eigenen Arbeiter oder auch Angestellten wurde von vielen großen Fabriken in der zweiten Hälfte des 19. Jahrhunderts vorangetrieben: diese Kolonien sollten in der Nähe der Fabrik gelegen sein und die Bindung der Arbeiter an die Fabrik stärken, zugleich erleichterten solche Betriebswohnungen die Anwerbung von Arbeitskräften. Dieses „Quartier" der Augsburger Kammgarnspinnerei ist typisch hierfür. Nachdem bereits 1869 Direktorenhäuser errichtet worden waren, wurde seit 1873 in mehreren Bauphasen auch mit dem Bau von Arbeiterwohnungen begonnen. Die ersten beiden Häuser (links vorne) waren für die Meister bestimmt: jede Wohnung hatte einen eigenen Eingang. Die Arbeiterhäuser waren dagegen nur mit einem Hauseingang gebaut. Die Wohnungen bestanden aus einer schmalen Küche mit Herd, von der es in ein kleines Wohnzimmer ging (etwa 12 qm), und einem „Riesenschlafzimmer" (etwa 18 qm), in dem meist die Eltern mit ihren Kindern gemeinsam schliefen. Zu jeder Wohnung gehörte ein am Haus gelegener Garten, in dem das Gemüse zur Selbstversorgung angebaut wurde: Endiviensalat, Zwiebeln, Kohlrabi und Karotten, die über den Winter hinweg im Keller in Sand eingelegt wurden. Außerdem hielten sich viele Arbeiter Kaninchen oder eine Ziege, wie der „Geißen-Jakob" – für die es im Färberturm einen eigenen Stall gab – wegen der Ziegenmilch. Die Wohnungen erhielten erst während des Ersten Weltkriegs Gasanschluß. Das Gaslicht wurde dann in den dreißiger Jahren vom elektrischen Licht abgelöst. Vorher und auch gleichzeitig blieb die Petroleumlampe die gebräuchlichste Beleuchtung, denn sie war billiger.
Im Wasch- und Badehaus (mit Heißwasser und Dampf von den zentralen Kesselanlagen gespeist) konnten die Arbeiter und ihre Familienangehörigen einmal in der Woche zum Baden gehen.
Seit den sechziger Jahren wohnen zunehmend Ausländer, vor allem Türken im „Quartier".

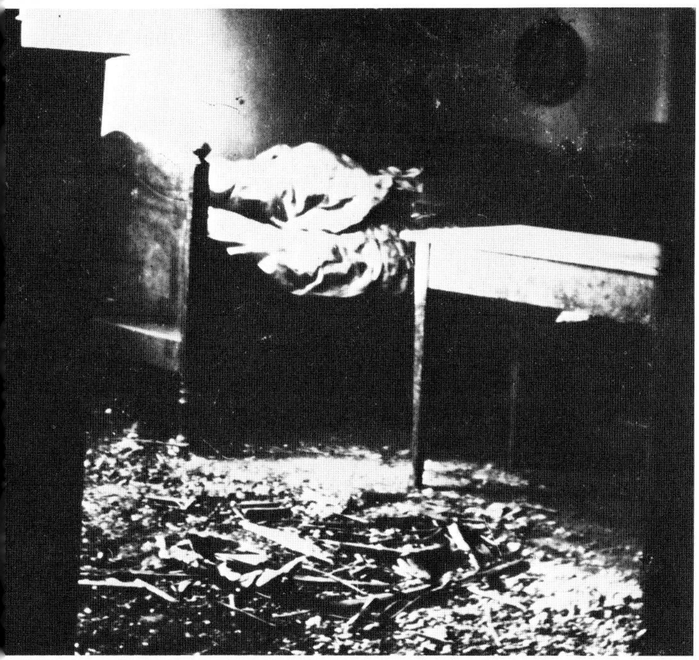

Im Quartier hat eine Granate eingeschlagen, Ostern 1919
In der Zeit der Räterepublik, im April 1919, hat eine Granate das Dach eines der Arbeiterwohnhäuser durchschlagen, glücklicherweise ein Blindgänger. Der „Geißen-Jakob" schaut oben aus dem Loch im Dach heraus. Seine Schlafkammer (rechts) wurde beschädigt, aber es wurde niemand verletzt. Vermutlich ist die Granate von der Artilleriestellung der „Roten" in der Rosenau abgeschossen worden und zu kurz gezielt gewesen. In Oberhausen und Rosenau standen an diesen Tagen einige Verbände der Roten Truppen, die sich vor allem aus den nahegelegenen Arbeitervierteln rekrutierten.
Gerichtet war die Granate gegen die „Weißen", die Verbände des Freikorps Epp, das auf der Allee hinter dem Quartier im Vormarsch begriffen war, um die Ansätze zu einer von Arbeitern getragenen Räterepublik in Augsburg (das der westliche Vorposten war), und vor allem in München, niederzuwerfen. Es waren mehrere tausend Mann, zum Teil beritten und mit Artillerie ausgerüstet. Ihr Vormarsch wurde durch das Störfeuer der „Roten" kaum behindert. Innerhalb weniger Tage besiegten die Verbände der „Weißen" die Rote Armee in München und ließen durch schnell eingesetzte Standgerichte meist willkürlich mehrere hundert Arbeiter erschießen. Ihr Ziel war es, die demokratische Republik zu beseitigen und den monarchistischen autoritären Obrigkeitsstaat wieder herzustellen.

Die Wollsortierung, 1929

Die Halle im Shedbau muß zum Zeitpunkt der Aufnahme neu gewesen sein. Die Sortierung gilt als einer der wichtigsten Betriebszweige, denn je besser die Wollsortierung ist, desto bessere Qualität können die Garne erreichen. Die Wolle wurde meist von den großen Farmen in Australien gekauft oder auf den Auktionsmärkten in London ersteigert. Die räumliche Ausstattung dieses Saals entsprach der Bedeutung des Arbeitsvorganges: der Boden war mit Parkett verlegt, um ihn vom entstehenden Staub und den Fusseln leicht säubern und die Wollreste wieder verwerten zu können. Die Arbeitstische standen vor den Fenstern und waren

hell. Die Wolle wurde von Hand auseinandergerupft. Die Arbeiterinnen mußten ein gutes Gefühl entwickelt haben: die kurzstapelige Wolle war von der langstapeligen zu trennen, aus der sich feinere Garne herstellen ließen. Beim Sortieren sollten alle störenden Unreinheiten herausgezupft werden, manchmal befanden sich Teerstellen oder die von den Brandstempeln versengten Haare der Schafe dazwischen.

Die Arbeiterinnen setzten sich gerne in Gruppen um einen Tisch, dies erlaubte gemeinschaftliche Unterhaltungen. Die aussortierte Wolle wurde dann in Körben zur Wäscherei transportiert.

In der Wäscherei, 1929
Die Arbeiter in der Wäscherei trugen lediglich Hose, Holzschuhe und allenfalls eine Schürze, denn die Luft in der Halle war feucht und drückend vom heißen Wasserdampf, der aus den Bottichen aufstieg, und die nasse Wolle dünstete einen stickigen Geruch aus.
Beim Waschen entstand als Nebenprodukt das Wollfett, das als Rohstoff an pharmazeutische Betriebe weiterverkauft wurde.

Der Lagerarbeiter, 1927

Der Rohwollballen in der Mitte kommt aus Uruguay, wie auf dem Packen zu lesen ist. Solche Ballen hatten ein Gewicht von vier bis fünf Zentnern. Die Wolle war gepreßt, um sie transportfähig zu machen, mit Rupfen umwickelt und mit Eisenbändern zusammengehalten.

Die Transport- und Lagerarbeiter mußten ihre Geschicklichkeit beim Fahren der Ladung mit dem Stechkarren einsetzen. Es kam für sie darauf an, die Kraftanstrengung möglichst gering zu halten. Mit einer Hebel- und Schaukeltechnik gelang es, den Ballen in Bewegung zu bringen und mit dem Haken, den der Arbeiter in der rechten Hand hält, auf den Karren hinüberzuziehen. Das Gewicht mußte auf den Achsen balanciert werden.

Im Verlauf der sechziger und siebziger Jahre wurden solche schweren Transportarbeiten zunehmend vom Gabelstapler übernommen, durch den die körperliche Kraftanstrengung überflüssig wurde.

Der 1. Mai 1933
Die Nationalsozialisten hatten am 31. Januar die Macht im Deutschen Reich übernommen. Die Feiern zum 1. Mai waren bereits hiervon bestimmt: Die Angehörigen der NS-Bewegung waren mit ihren Uniformen und ihren Fahnen vor der übrigen Belegschaft angetreten. Es wurden Reden auf „die neue Zeit“ gehalten, das NS-Lied „Die Fahne hoch, die Reihen dicht geschlossen ...“ gesungen. „Der eine hat auf den anderen achtgegeben, ob er auch mitsingt“. Doch es gab auch Arbeiter, die den „Mund nicht hielten“ und sich negativ über die NS-Herrschaft äußerten: „Drei oder vier wurden geholt und eingesperrt“, darunter auch der „Geißen-Jakob“. Formen des direkten Widerstandes gab es kaum innerhalb der Fabrik. Aber 1933/34 war einmal auf einem Kamin die rote Fahne gehißt worden. Wer es gewesen war, kam nie heraus.

„Reichsarbeitsführer“ Dr. Ley besucht die Fabrik, 1934
Er hat von den „Pimpfen“ (rechts) Blumen überreicht bekommen und an begleitende SS-Leute weitergegeben. Unter dem 1. 10. 1934 heißt es im Lagebericht der Polizeidirektion Augsburg:[12]

„. . . Unter den in der Textilindustrie Beschäftigten ist die Stimmung infolge der eingeführten Kurzarbeit weiterhin gedrückt. Besonders schlecht ist sie unter den etwa 2500 Arbeitern der Augsburger Kammgarnspinnerei. Die genannte Fabrik blieb von den Krisen früherer Jahre vollkommen unberührt, mußte aber infolge der Faserstoffverordnung in letzter Zeit ebenfalls zur 36-Stundenwoche und teilweise sogar nur 24-Stundenwoche übergehen. Die Leute befürchten, daß die Arbeitszeit noch mehr verkürzt wird und der kommende Winter schwere, vielleicht unüberwindliche Krisen bringt."

Die alte und die neue Fabrik, um 1895
Das erste Fabrikgebäude war in Fachwerkbauweise errichtet und repräsentierte vorindustrielle Traditionen. Die neue Fabrik (rechts) nimmt sich in ihren Dimensionen dagegen mächtig aus.

Der Kühlteich war neben dem Kesselhaus in einem Feld angelegt worden. Um die Fabriken herum besetzten zunehmend Wohnhäuser die Felder und schoben sich in die ursprünglich bäuerliche Landschaft hinein.

Die mittelalterliche Stadt Hof, um 1855
Seit dem 13. Jahrhundert, als die Stadt im Rahmen der Staufischen Reichslandpolitik nach einem ausgearbeiteten Plan angelegt worden war, hat sich das Stadtbild wenig verändert. Lediglich links am Ufer des Saale-Flusses entsteht das „Fabrikviertel". Die mechanische Baumwollspinnerei überragt die anderen Fabriken. Rauchende Schornsteine sind die Symbole der neuen industriellen Zeit.

Die mechanische Baumwollspinnerei, um 1855
Die Fabrik ist in den repräsentativen Stilformen einer Schloßanlage erbaut, wie besonders die Treppenaufgänge verdeutlichen. Nur das Kesselhaus und der Schlot offenbaren die Funktion des Gebäudes. Die Dampfmaschine war bei Earnshaw (einem früheren Partner Kletts) in Nürnberg mit 260 Pferdestärken zum Antrieb der Spinnmaschinen erbaut worden.

Die Spinnerei am Teufelsberg, 1861
Ursprünglich sollte ein Hüttenwerk entstehen: 1856 hatte sich eine „Oberfränkische Berg- und Hüttengewerkschaft" gebildet, die sich jedoch infolge offensichtlicher Fehlkalkulation auflösen mußte: Die nahegelegenen Mittelgebirge Frankenwald, Erzgebirge und Fichtelgebirge waren zwar seit dem Mittelalter Bergbaugebiete gewesen, konnten jedoch die Industrialisierung zur Schwerindustrie nicht mitvollziehen, da ihre Erze sich hierfür nicht eigneten. Die Aktionäre des gescheiterten Unternehmens, meist Kaufleute und Industrielle der Stadt Hof, versuchten die Verluste möglichst gering zu halten, und begannen daher im vorderen großen Gebäude eine mechanische Baumwollspinnerei für 20–25 000 Spindeln einzurichten.
Das Arbeiterwohnhaus mit den zwei Eingängen (rechts im Vordergrund) wurde mit 26 Familien belegt. Links ist das Direktionsgebäude zu sehen. Die Fabrik produzierte Garne, seit den achtziger Jahren vor allem für die sächsische Gardinenindustrie.[13]

Fabrik-Ordnung,

gültig vom 1. September 1873.

Allgemeine Bestimmungen.

(Gleichlautend mit den übrigen Fabrikordnungen in den zur Zeit in Hof bestehenden geschlossenen Etablissements.)

Annahme.

§. 1.

Die gegenwärtige Fabrikordnung vertritt die Stelle eines zwischen dem Arbeitgeber und dem Arbeitnehmer geschlossenen Vertrags.

§. 2.

Wer in der Fabrik Arbeit zu erhalten wünscht, hat sich im Fabrik-Comptoir, bei dem Obermeister zu melden und seine Papiere, als Wanderbuch, Dienstbuch oder Heimathschein, sowie einen Nachweis über seine bisherige Beschäftigung vorzulegen.

Jeder aufgenommene Arbeiter verpflichtet sich durch Unterschrift in einem eigens dazu aufgelegten Buche, die überdieß in sämmtlichen Arbeitslokalen angeschlagene Fabrikordnung in allen Punkten zu beobachten.

Verhalten in der Fabrik.

§. 3.

Jeder Arbeiter hat sich treu, ehrlich, fleißig und sittlich zu betragen und den Aufträgen und Anordnungen seiner Vorgesetzten nach allen Richtungen pünktlich nachzukommen.

§. 4.

Jeder Arbeiter ist für die ihm anvertrauten Maschinen und Geräthschaften verantwortlich und hat solche, wie auch die Arbeitsplätze stets reinlich und in gutem Zustande zu erhalten.

§. 5.

Er ist verpflichtet, von Allem, was der Fabrik Nachtheil und Gefahr bringen kann, seine Vorgesetzten schleunigst zu unterrichten, namentlich soll er etwaige Mängel und Schäden der Maschinen und Geräthschaften sogleich anzeigen.

§. 6.

Die empfangenen Arbeitsstoffe soll er mit größter Sorgfalt behandeln und mit den Hülfsmaterialien sparsam umgehen.

§. 7.

Während der Arbeitszeit darf kein Arbeiter ohne Erlaubniß die Fabrik verlassen.

Ein- und Ausgang findet nur an den hiezu bestimmten Stellen statt.

§. 8.

Der Genuß von Schnaps oder ähnlichen geistigen Getränken in der Fabrik ist verboten.

§. 9.

Bei Feuerausbruch in der Fabrik außer der Arbeitszeit hat sich jeder Arbeiter bei der Fabrik einzufinden, allen Lärm zu vermeiden und sich den Anordnungen der Direction zu unterziehen.

Arbeitszeit.

§. 10.

Die tägliche Arbeitsdauer ist in den besonderen Bestimmungen festgestellt.

Einer durch die Umstände gebotenen zeitweiligen Vermehrung oder Verminderung der Arbeitszeit, wie auch dringlichen Sonntagsarbeiten hat sich jeder Arbeiter, selbstverständlich mit entsprechender Lohnveränderung, zu unterziehen.

§. 11.

Getränke und Speisen dürfen nur zu den bestimmten Stunden in der besonders angeordneten Weise in die Fabrik gebracht werden.

§. 12.

Eine Viertelstunde vor Beginn der Arbeitszeit werden die Arbeitsräume geöffnet. Nach Schluß der Arbeit darf kein Arbeiter länger als 5 Minuten ohne Erlaubniß darin verweilen.

Krankencassa.

§. 13.

Jeder Arbeiter ist verpflichet, der Fabrik-Krankencassa — und besteht eine solche nicht — einer von der Fabrik anerkannten beizutreten.

Lohn.

§. 14.

Jedem Arbeiter wird bei dessen Aufnahme oder längstens innerhalb Wochenfrist der ihm auszubezahlende Lohn mitgetheilt; die Accord-Löhne, wie auch alle Lohnveränderungen werden in den betreffenden Arbeitslokalen angeschlagen.

§. 15.

Alle 14 Tage Sonnabends ist Zahltag; es wird behufs Herstellung der Zahllisten immer nur bis zum vorhergehenden Sonnabend ausbezahlt. Außer diesen Zahltagen ist der Arbeitgeber nicht verpflichtet, die betreffenden Lohnguthaben auszubezahlen.

Kündigung.

Wo nicht besondere Verträge anders bestimmen, ist jegliche Kündigungsfrist ausgeschlossen, so daß sowohl die Arbeitgeber jederzeit Arbeiter entlassen, aber auch die Arbeitnehmer jederzeit aus der Arbeit treten können.

§. 17.

Der Arbeiter hat bei freiwilligem Austritt keinen Anspruch auf Bezahlung nicht vollendeter Accord-Arbeit.

Strafbestimmungen.

§. 18.

Vorsätzliche Beschädigung des Eigenthums der Fabrik, gröbliche, wortliche oder thätliche Beleidigung der Vorgesetzten, grobe Ruhestörung und Eigenmächtigkeit, Aufreizung der Mitarbeiter, grobe Unsittlichkeit, Trunkenheit, das Besudeln, Durchstreichen oder Abreißen der angeschlagenen Fabrikordnungen und Bekanntmachungen, jeder Betrug, Veruntreuungen, Dieberei und Hehlerei, überhaupt alle schweren Pflichtverletzungen ziehen nebst sofortiger Entlassung Lohnabzüge bis zum vollen Betrage der Guthaben je nach der Art der Vergehen, unbeschadet etwaigen gesetzlichen Einschreitens, nach sich.

§. 19.

Sonstige Uebertretungen der Fabrikordnung, ebenso fehlerhafte Arbeit, Zuspätkommen zur Arbeit werden mit Ordnungsstrafen belegt.

§. 20.

Unentschuldigtes Ausbleiben wird als freiwilliger Austritt des betreffenden Arbeiters betrachtet.

§. 21.

Das Aufsichtspersonal ist gehalten, über die strikte Einhaltung und Befolgung der Fabrikordnung zu wachen. Es ist verpflichtet, die Arbeiter unpartheiisch, gelassen, leidenschaftslos und anständig zu behandeln, ihnen mit der jedem ordentlichen Menschen schuldigen Achtung zu begegnen und in Uebertretungsfällen die Bestimmungen der Fabrikordnung in Anwendung zu bringen.

§. 22.

Straf-Befugniß steht außer der Direction dem Obermeister zu.

Beschwerden.

§. 23.

Glauben Arbeiter in ihren Rechten benachtheiligt zu sein, so sind Beschwerden hierüber zunächst dem betreffenden Meister zur näheren Untersuchung vorzubringen. Ebenso können Arbeiter, wenn sie sich durch das Aufsichtspersonal benachtheiligt fühlen und den Vorgang mit Thatsachen belegen, bei der Direction Beschwerden einbringen.

§. 24.

Zur Einbringung von Beschwerden oder sonstiger Vorlagen dürfen sich gleichzeitig nie mehr als 2 Personen bei ihrem Vorgesetzten einfinden. Erscheinen bei einer solchen Veranlassung gleichzeitig mehr als 2 Personen, so ist dies als Verletzung der bestehenden Fabrikordnung anzusehen.

Besondere Bestimmungen.

§. 25.

Durch Anschlag in den Arbeitsräumlichkeiten erfolgte Verordnungen und Bekanntmachungen gelten als Mittheilung an jeden Einzelnen.

§. 26.

Besondere Bestimmungen werden als Anhang zur vorstehenden Fabrikordnung noch aufgestellt.

Gegenwärtige Fabrikordnung tritt mit 1. September dieses Jahres in Kraft und wird dadurch selbstverständlich die frühere Fabrikordnung gleichzeitig außer Giltigkeit gesetzt.

Gegen diese allgemeine Fabrikordnung für Hof bestehen nach stattgefundener Prüfung auf Grund der einschlägigen Gesetze keine Erinnerungen.

Hof, den 24. Juli 1873.

Der Magistrat.

Lossow. v. n.

Besondere Bestimmungen.

Derjenige Arbeiter, welcher Aufnahme findet und das 21. Lebensjahr noch nicht erreicht, hat vor Beginn seiner Arbeit das vorgeschriebene Arbeitsbuch zu übergeben, welches bei der Fabrik bis zu seinem Austritt verwahrt wird.

Zum Arbeiten an Sonn- und Festtagen besteht keine Verpflichtung.

Hinsichtlich der Beschäftigung jugendlicher Arbeiter haben die jeweils bestehenden gesetzlichen Bestimmungen in Anwendung zu kommen.

Minzel'sche Buchdruckerei [illegible] Hermann in Hof

Fabrikordnung in der Textilindustrie, 1873
Diese Fabrikordnungen wurden von den lokalen Behörden geprüft und hingen als halbamtliche Dokumente in den Betriebsräumen aus. Sie regelten die Beziehungen zwischen Fabrikherren, Meistern und Arbeitern. Der § 23 sollte offensichtlich streikähnliche Aktionen von Arbeitergruppen unterbinden, denn er sah vor, daß sich niemals mehr als zwei Personen bei ihrem Vorgesetzten, dem Meister oder dann der Direktion „beschweren" dürften. Das Koalitionsrecht der Arbeiterschaft war noch lange nicht durchgesetzt und anerkannt.

Fabrikmauer und Verwaltungsgebäude, 1897
Die Fabrikmauern hatten zwei Funktionen: Sie waren einerseits hoch genug, um die Einsicht in das Fabrikgelände zu nehmen und zwangen andererseits dazu, ausschließlich das Fabriktor zu benützen, das vom Pförtner genauestens kontrolliert wurde. Damit sollte verhindert werden, daß Arbeiter und Arbeiterinnen für private Zwecke Material mit hinausnehmen konnten.
Das Direktions-, Wohn- und Bürogebäude von 1886 war auf seiner Frontseite mit herrschaftlichen Zinnen geschmückt, wie dies dem historistischen Repräsentationsstil entsprach.

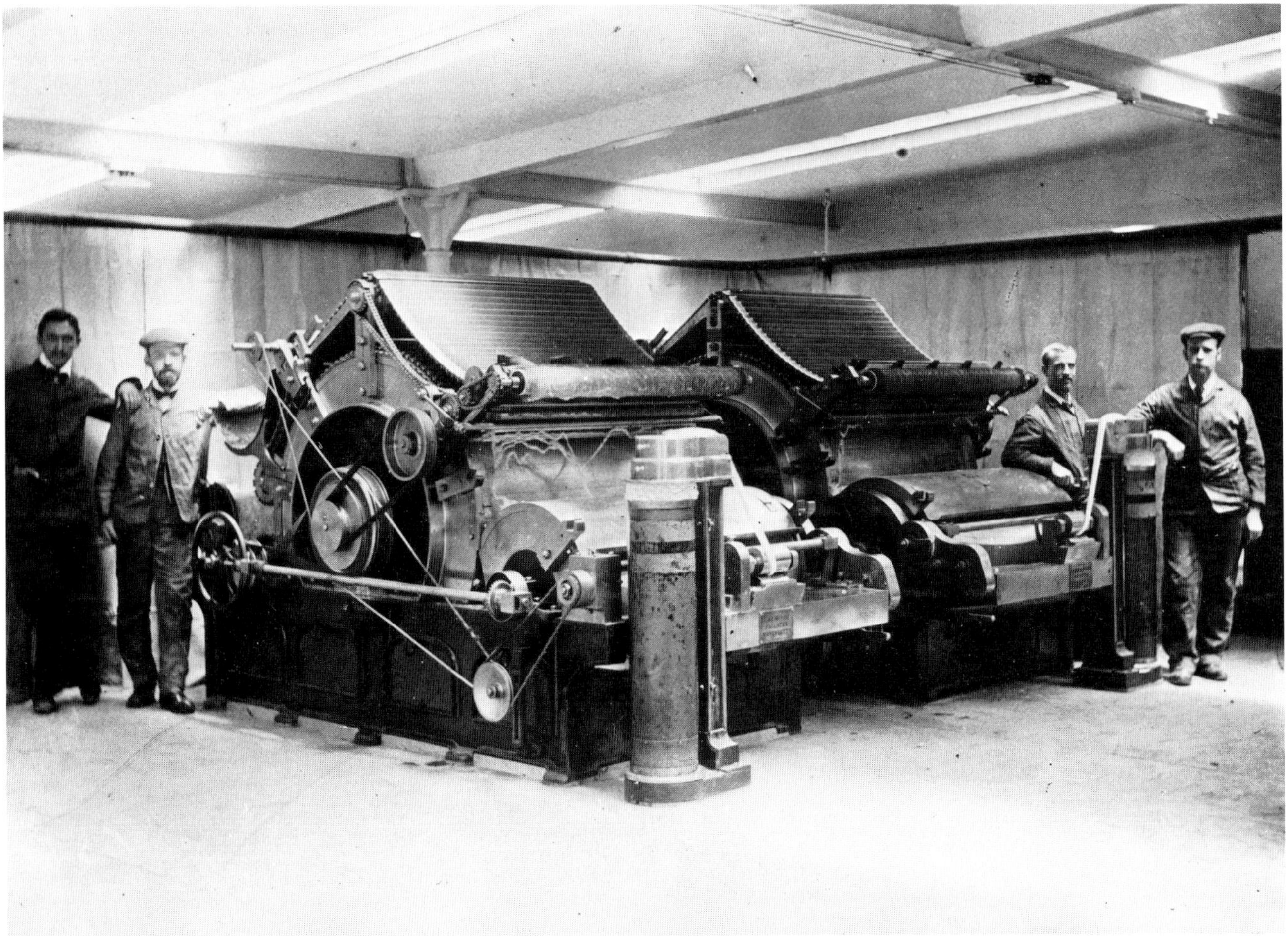

Die „Karden", um 1905

Für den mechanischen Verarbeitungsprozeß der Baumwolle sind eine Reihe von Arbeitsgängen notwendig: Zunächst muß die zum Überseetransport stark zusammengepreßte Baumwolle im „Ballenbrecher" gelockert werden. Von hier aus lief sie in den „Vorschläger", und dann in den „Crighton-Öffner", in die Schlagmaschine, sowie in den „Krempel-Wolff", in dem die Wolle weiter gelockert und von groben Unreinheiten, wie Staub, Samenreste usw., gereinigt wurde.

Die Vorreinigung in der Baumwollverarbeitung war in den dreißiger Jahren bereits mechanisiert: Die Arbeiter mußten das Material in die erste Maschine vorlegen und dann den Produktionsgang lediglich beobachten.

Danach kamen die Baumwollballen in die „Karden" oder auch „Krempeln". Darin wurden die immer noch wirr durcheinanderliegenden Baumwollfasern aufgelöst, entwirrt, gleichgerichtet und parallel verteilt. Der entstehende Flor wird in schmale Streifen zerlegt und in Behältern geschichtet (Bild).[14]

Diese Maschinen waren bis in die fünfziger Jahre hinein in Betrieb.

Ringspinnmaschinen werden aufgestellt, um 1905
Diese Maschinen arbeiteten im Unterschied zu den zwei Phasen der Selfaktoren kontinuierlich: Strecken, Drehen und Aufwinden geschah gleichzeitig ohne Unterbrechung. Sie erzeugten „magere Garne", die härter und glatter waren als die „feineren" auf Selfaktoren erzeugten Garne. Die Spindeln laufen in Lagern mit eigenen Ölkammern. Auf die Spindeln wird eine Papier- oder Holzhülse geschoben.[15]

Die Frauen in der Einlegerei, 22. Oktober 1909
Die Frauen legen die Poppinen mit dem gesponnenen Garn in die großen hölzernen Garnkästen ein. Diese sind mit Packpapier ausgelegt, das nach der Füllung übergeschlagen wird. Der Deckel wird dann mit Nägeln ,,draufgeschlagen". Um die Kisten zu stabilisieren, wurden zusätzlich Stahlbänder herumgeklammert. Solche Kisten hatten ein Gewicht von fünf bis sechs Zentnern. Zum Weitertransport mußten sie mit einem Haken hochkant gestellt, mit dem Sackkarren zur Waage gefahren, dann numeriert und ins Garnlager oder zum Versand gebracht werden. Auf der Trommel im Hintergrund werden Garnreste aufgewickelt.

H
200000

Kettbäume werden gewickelt, um 1910

Arbeiterwohnhaus, um 1897
Das Gebäude wurde als Teil einer ersten Bahnhofsanlage um 1850 erbaut. Es war ursprünglich Transithalle für den Reiseverkehr vom Königreich Bayern in das Königreich Sachsen gewesen und 1886 zu einem Wohnhaus umgebaut worden.

Die Arbeiterinnen und Arbeiter mit ihrem Werk, um 1910
Die 200000. Garnkiste ist abgepackt und wurde festlich geschmückt. Der Meister (links) und die Arbeiter haben sich aus diesem Anlaß zu einem Gruppenbild versammelt.

Der Websaal, 1910

 Arbeiterin am Webstuhl

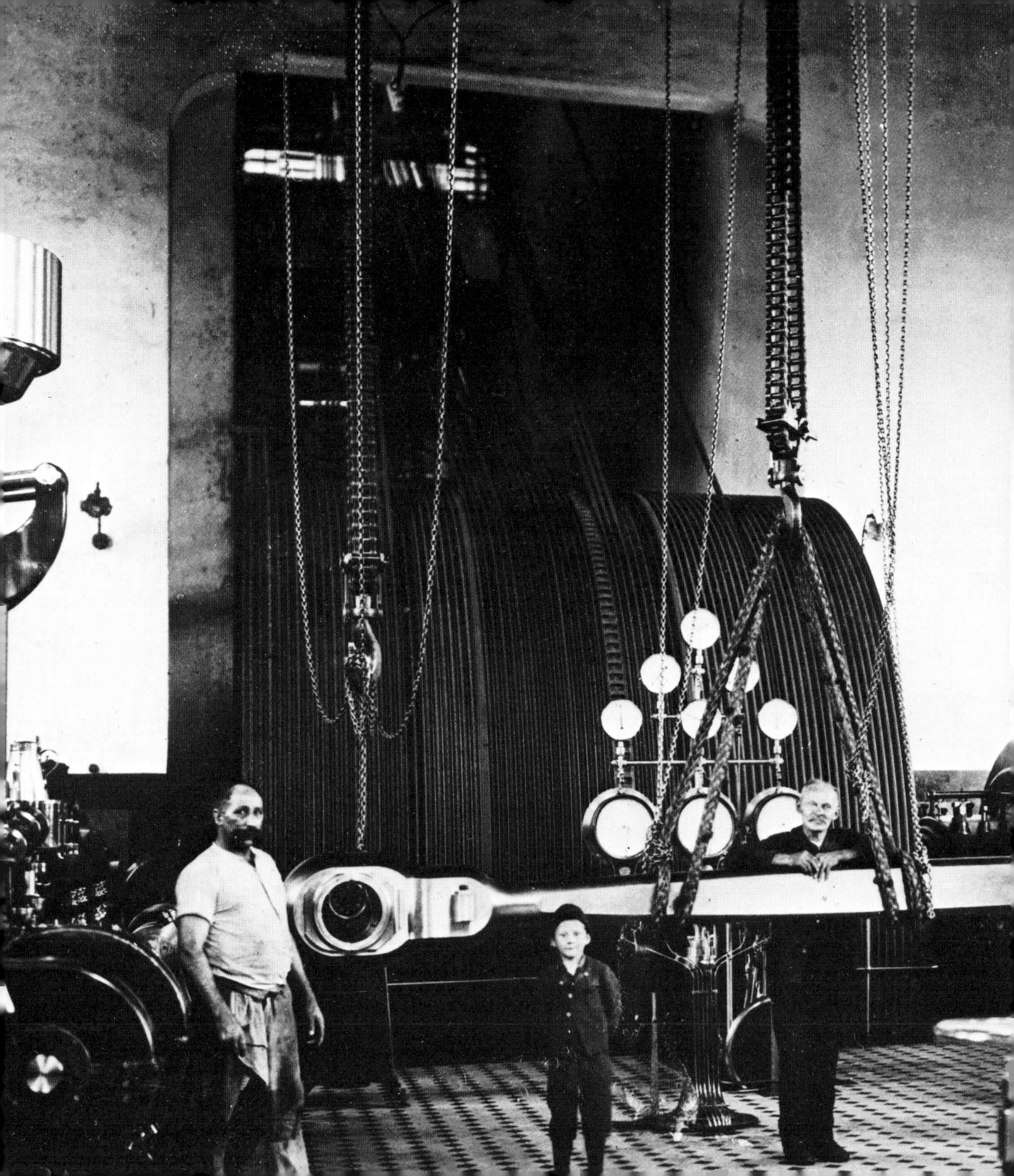

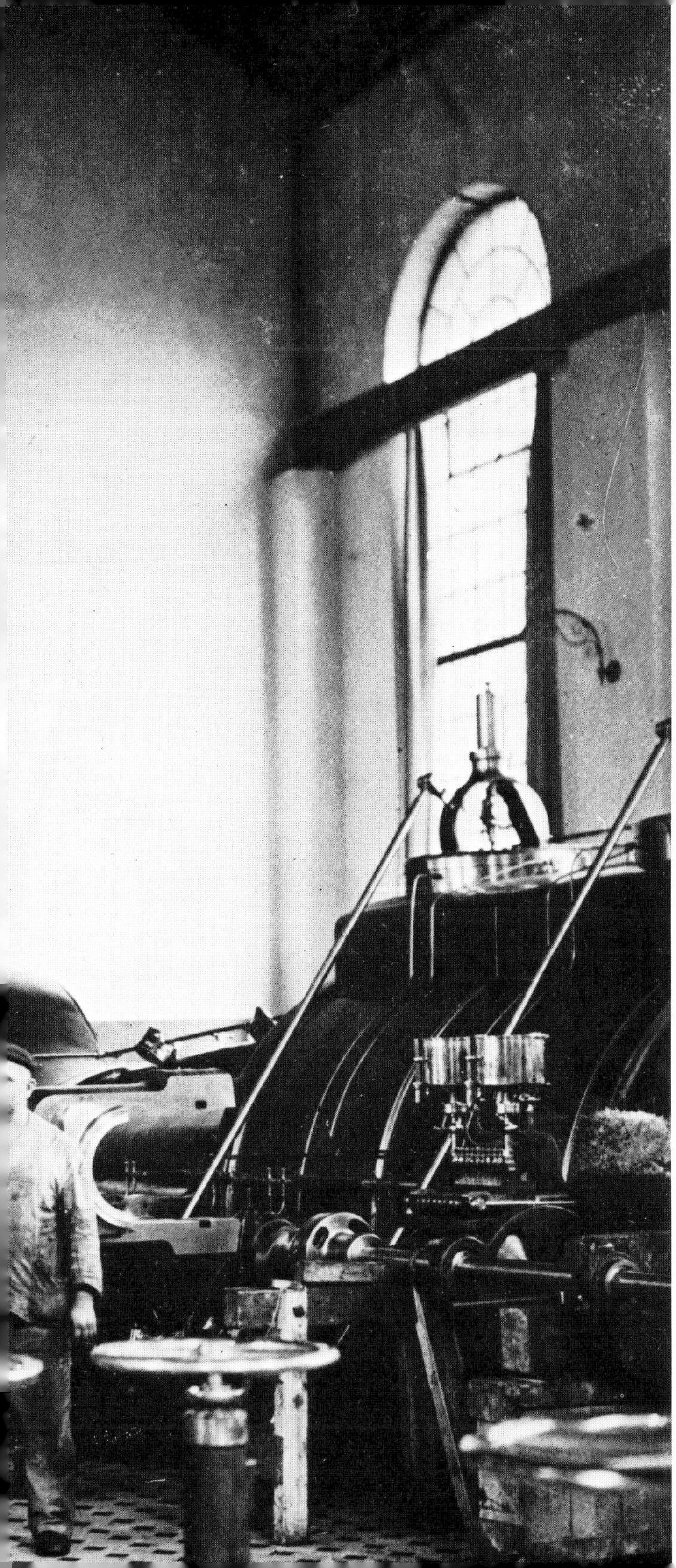

Die Maschinisten, 1912
Die zentrale Kraftmaschine, eine Dampfturbine (rechts), wird gerade repariert und gewartet.
Über die große Rolle und den Seilgang wurden die verschiedenen Transmissionen in den übereinanderliegenden Sälen angetrieben. Die Meßuhren erlaubten eine genaue Steuerung durch das Öffnen von Ventilen.

Die italienischen Maurer, 1897
Bereits seit dem Beginn des Eisenbahnbaus in den vierziger Jahren gab es in Süddeutschland italienische Arbeiter. Als Wanderarbeiter konnten sie besonders bei größeren Bauprojekten, wie hier bei der Erweiterung der Baumwollspinnerei, eingesetzt werden.

Der Bauzug bringt Materialien, 1897
Das Geleise links führt auf die ehemalige, in den achtziger Jahren stillgelegte Einsteighalle des ersten Bahnhofs in Hof zu. Er war als Sackbahnhof angelegt und 1848 eröffnet worden. Als sowohl die Industrialisierung der Stadt Hof als auch die zunehmende Ausweitung des Verkehrs auf der wichtigen Nord-Süd-Strecke München-Hof-Leipzig-Berlin eine Erweiterung erforderlich machte, wurde ein neues Bahnhofsgelände außerhalb der Stadt angelegt. Die vor den alten Bahnhofshallen gelegenen Gleisanlagen konnten für die Kühlteiche und als Gleisanschluß für die Baumwollspinnerei genutzt werden.

SCHINEN FABRIK AUGSBURG
2280 AUGSBURG 1898

Die Schlosserwerkstatt der Baumwollspinnerei, 1898
Ihre Maschinen werden über Transmissionen von der zentralen Dampfmaschine angetrieben.

Einbau einer neuen Dampfmaschine, 1898
Maschinenteile werden in das Maschinenhaus transportiert: Holzbohlen sind als Laufschienen auf dem Weg ausgelegt, auf ihnen können die Rundhölzer gerollt werden.

Schwungscheibe, 1898
Sie ruht auf einem verklammerten Holzuntersatz, der mit einer Winde gezogen wird.

Die Herren des Baubureaus, um 1905
Die goldene Uhrkette mit Taschenuhr galt als Symbol männlicher Würde. Zugleich ermöglichte ihr Besitz auch die individuelle Messung der Zeit, gerade bei der Arbeit oder unterwegs. Wer eine Uhr hatte, konnte sich die Zeit genau einteilen und gegebenenfalls sich einrichten, um pünktlich zu sein.

Erdarbeiten, 1897

Sollte eine Grube für einen Anbau ausgehoben werden, mußte das Erdreich zunächst aufgepickelt und dann mit der Schaufel in mehreren Terrassen hinaufgeworfen werden. Weggefahren wurde es mit den hölzernen Transportwagen, die mit Ochsen oder Pferden bespannt waren.

Felsbrocken (unten) konnten mit Meißel, Brechstange und Vorschlaghammer zerschlagen werden, bis ihr Gewicht den Transport zuließ.

Solche Arbeiten wurden seit den fünfziger Jahren mit Baggern durchgeführt.

Die Vertreter des Kapitals besuchen den Bau, um 1910
Gut zu sehen ist die Bauweise der Fabrik: auf den gußeisernen Säulen ruhen querliegende Stahlträger, auf diesen liegen längsgerichtete Träger auf. Die Betondecke bildet den Fabrikboden. An den standardisierten und industriell gefertigten Säulen sind die Aufhängungen der Transmissionen befestigt. Diese Konstruktion vermied unterbrechende Zwischenräume und machte die gesamte Saalfläche für die Maschinenanordnung verfügbar.
Im Hintergrund richten die Zimmerleute das Dachgerüst ein.

Ein Stockwerk wird hochgezogen, um 1925
Die Bauarbeiter haben sich zum Gruppenphoto versammelt und einige haben ihr Handwerkszeug mitgebracht: Sägen, Bretter, Hämmer. Ziegel mußten noch von den Hilfsarbeitern hochgetragen werden, ebenso der Zement in den Tragebütten (= Schütten). In den dreißiger und vor allem in den fünfziger Jahren verringerte sich jedoch die körperliche Belastung, die „Schlepperei", durch die Verwendung von Aufzugen mit Motor. Sie erleichtern die Überwindung der Höhenunterschiede an einem Hochbau mit Hilfe motorischer Kraft.

„Im Liede stark, deutsch bis ins Mark", 1903
Dieses Erinnerungstableau zeigt, wie sehr Teile der Privat-Beamten und der Arbeiter sich mit nationalistischen Sprachhülsen identifizieren konnten.
Auf Veranlassung der Fabrikverwaltung wurde 1895 dieser Gesangsverein für die Belegschaft gegründet: Die Fabrik unterstützte die Initiative zur Festigung der innerbetrieblichen Geselligkeit durch Überlassung eines Vereinslokals und durch Geldzuschüsse.

Arbeitergruppe, um 1925
Interessant ist die Präsenz zweier Arbeitergenerationen im Bild: der alte Mann mit dem weißen Bart ist als Rentner zu seinen früheren Kollegen in die Fabrik gekommen. Deutet dies auf persönliche Loyalität auch nach dem Ausscheiden aus dem aktiven Arbeitsprozeß hin?

Websaal, 1925
Jede Maschine wird von einem Elektromotor einzeln angetrieben.

Websaal, 1960

Das Programm, das der Webstuhl automatisch webt, ist in den Lochstreifen gespeichert. Der in schneller Folge hin und her laufende Schuß vermischt sich zu einem hackenden, metallischen Getöse. Der Lärm im Saal ist so laut, daß ein Gespräch selbst über kurze Entfernungen unmöglich ist.

Die Arbeiterinnen müssen die Poppinen mit dem Garn einlegen und die Fäden einrichten.

Die Kantine, um 1935
In der Pause konnten die Arbeiterinnen und Arbeiter sich eine Brotzeit erstehen: Wurst wird verkauft, Bratheringe, Gurken, Semmeln und Brezeln, Flaschenbier, aber auch Faßbier.

Arbeiterinnen beim Waschen und Umkleiden, 1936
Es war immer ein Bedürfnis der Belegschaft gewesen, freundliche und saubere Räume zum Umziehen, Spinde für die Kleidung und „angenehme" Waschmöglichkeiten zu haben.
Die Damen tragen modische Schuhe der dreißiger Jahre.

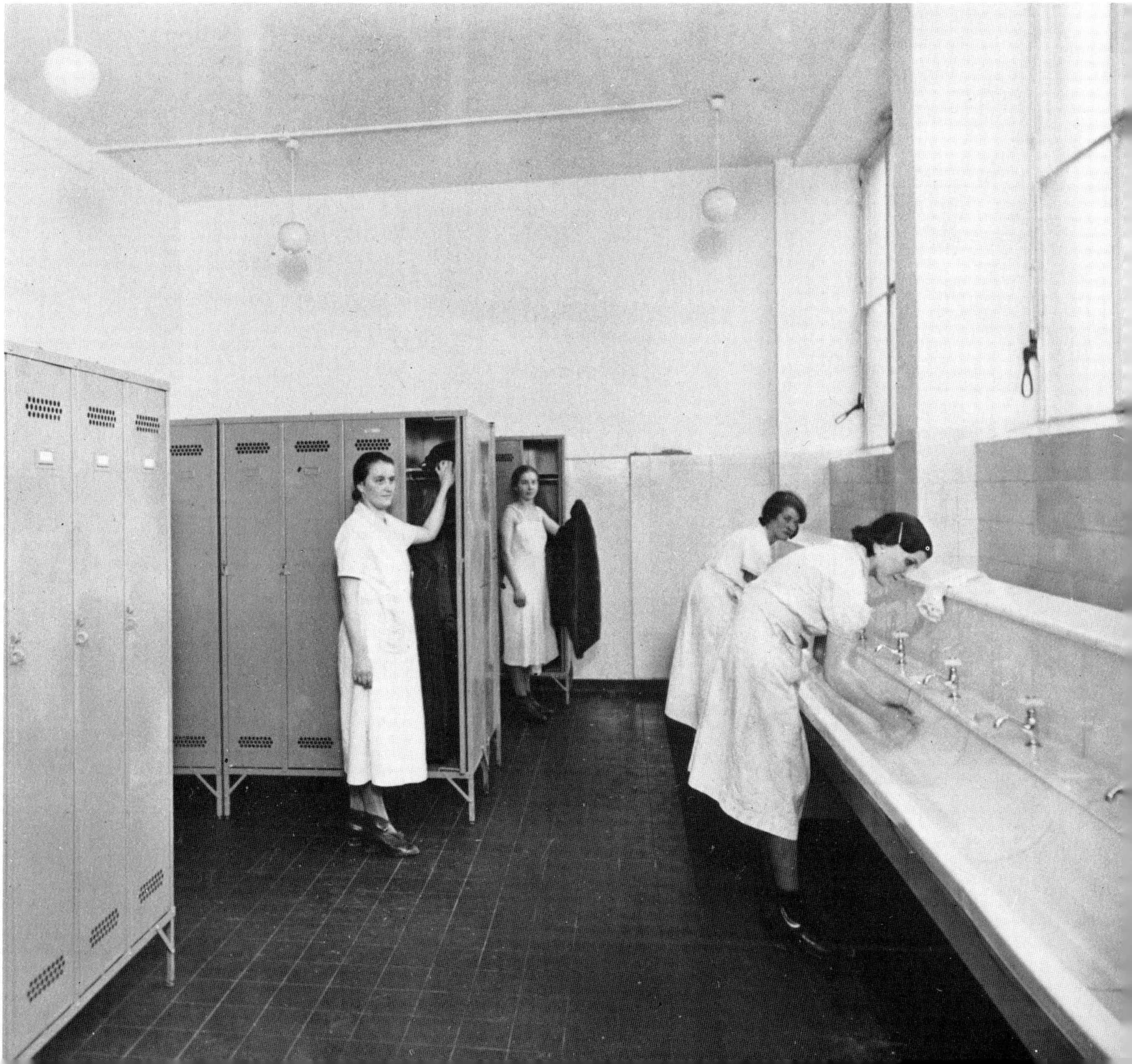

Mit dem elektrischen Wagen in die „Neue Zeit", um 1890

3. Elektrotechnik

Elektrotechnische Produkte und ihr gesellschaftlicher Bedarf

Die Produkte der entstehenden Elektrotechnik haben die Umwelt und den gesellschaftlichen Lebenszusammenhang grundlegend mitverändert.

1847, im Jahr der letzten Hungerkrise in Deutschland und kurz vor der bürgerlichen Revolution von 1848/49, gründeten Werner Siemens und Georg Halske eine Werkstatt. Das Ziel war klar beschrieben: „eine Art neuer Telegraphen und eine damit verbundene Vorrichtung zum Druck von Depeschen", den Zeigertelegraphen, herzustellen.[1] Es ist gewiß kein Zufall gewesen, daß ihr Handwerksbetrieb sich schnell entwickelte, denn Bedarf war vorhanden: 1848 erhielten sie den Auftrag, eine unterirdische Telegraphenleitung zwischen Berlin und Frankfurt am Main zu legen, die erste Fernleitung in Europa. Auftraggeber war der preußische König. Frankfurt war im Mai dieses Jahres Sitz der ersten gewählten Nationalversammlung in Deutschland geworden. Das Interesse der königlichen Behörden lag darin, die Entwicklungen der politischen Debatten und Auseinandersetzungen um die Parlamentarisierung des politischen Lebens, die Durchsetzung von Grundrechten und die Gründung eines Nationalstaates möglichst gut verfolgen und schnell Nachrichten erhalten oder den preußischen Gesandten übermitteln zu können. Als der preußische König Friedrich Wilhelm IV. von dieser Nationalversammlung zum deutschen Erbkaiser gewählt wurde, kamen die Nachrichten über die Entfernung von 500 km hinweg sofort nach Berlin. Dies war historisch eine völlig neue Situation, die das Verhältnis zu Raum und Zeit revolutionierte.

In den ersten Jahren des Ausbaus des preußischen Staatstelegraphennetzes blieb die Zielsetzung weitgehend militärischen Erfordernissen untergeordnet. Ende der vierziger Jahre begann dann auch der Ausbau eines Meldesystems für Eisenbahnen, das die Informationen über die Abfahrt weit schneller übermittelte, als ein Zug je fahren konnte. Die schnelle Nachrichtenübermittlung schuf damit neue Handlungsfähigkeit: das Bahnhofspersonal konnte sich besser auf die Zugankunft einstellen, gegebenenfalls aber auch Warnungen weitergeben, um Unfälle zu vermeiden.

Ein Großprojekt der sechziger Jahre wurde der Bau einer 11000 km langen Nachrichtenleitung: Die Indo-Europäische-Linie sollte England mit seinen Einflußsphären und Kolonien in Asien verbinden: London-Berlin-Teheran-Karachi-Kalkutta waren die Hauptstationen. Die halbe Welt wurde über dieses neue Medium verbunden. Die Kolonialmacht konnte schnell auf überraschende Entwicklungen oder politische Umstürze reagieren.

Aber auch in einem Land wie Deutschland wurde die Verkabelung verschiedener Regionen von Hauptstädten und Inseln zu einem wirkungsmächtigen gesellschaftlichen und kulturellen Faktor, der Entfernungen zwischen den verschiedenen Königreichen und Landschaften der Nationen über intensiveren Sprachaustausch relativierte. Eine neue räumliche Nähe entstand durch die zeitliche Verkürzung: „Depeschen" begannen das Handeln der Menschen zu beschleunigen.

Doch der Telegraph war immer schon eine institutionalisierte Form der Nachrichtenübermittlung, die bürokratisiert blieb und über Telegraphenämter abgewickelt wurde. Die Übertragung der Nachrichten vollzog sich zudem als rein technischer Vorgang der Verschlüsselung und Entschlüsselung über Zeichen, beispielsweise mit dem Morsealphabet, der einer besonderen Schulung bedurfte. Die menschliche Stimme mit ihren verbalen Mitteilungen wurde dabei ausgeschaltet. Erst das seit den späten siebziger und vor allem in den achtziger Jahren eingeführte Telephon wurde zu einer privaten Form der Gesprächsübermittlung, im eigentlichen sozialen Sinn des Wortes: zu einem „Fernsprecher". Man brauchte keine Fachkenntnisse zum Telephonieren, die den Zugang erschwert hätten: es wurde möglich, persönliche Gespräche mit vertrauten Personen zu führen, ohne sich gleichzeitig am selben Ort befinden zu müssen. Das veränderte das Raumgefühl, Trennungen und Abschiede wurden weniger hart, denn sie konnten überbrückt werden. Die ersten Telephonbücher der achtziger Jahre zeigen, daß der Fernsprecher jedoch von Anfang an auch für Geschäftsleute von großem Interesse war, da der Geschäftsablauf direkter und damit schneller wurde: Bestellungen und Aufträge konnten „fernmündlich" gegeben oder empfangen werden. Die

Die leitenden Herren, 1891
Das Photo entstand auf der Elektrotechnischen Ausstellung in Frankfurt. In diesen Jahren expandierte die Elektrotechnik zur industriellen Massenproduktion. Daher entspricht das Selbstbewußtsein der planenden und leitenden Träger dieser Entwicklung der tatsächlichen Wirkung ihrer Arbeit: Alltagskultur und Arbeitsstrukturen wurden durch die Elektrifizierung stark verändert.
Dritter von links ist der Fabrikherr Sigmund Schuckert.

Die Arbeiterinnen und Arbeiter in der Mechanischen Werkstätte, um 1900

Die Frauen bedienten als angelernte Arbeitskräfte die Drehautomaten.Die Rohrstangen wurden nachgezogen und automatisch zu kleinen Teilen verarbeitet, die in ein Kästchen fielen. Angetrieben wurden diese ersten halbautomatischen Maschinen über Treibriemen. Sie und die Transmissionsteile verursachten durch die ständige Bewegung großen Staub und beeinträchtigten den Lichteinfall erheblich. Darüber hinaus vermischten sich das ,,Schlakkern" der Riemen und die Arbeitsgeräusche der Maschinen zu einem konstanten Lärm. Die Treibriemen wurden an den Nahtstellen von einem Stift zusammengehalten. Wenn dieser über die Rolle lief, gab dies ein knallendes Geräusch. Unterhaltungen waren in einer solchen Dreherei unmöglich. Man konnte sich nur schreiend miteinander verständigen.

Die Hauben der Frauen sollen eine ständige Unfallgefahr mindern: Haare oder Kleidungsstücke wurden leicht in die Transmission hineingezogen.

zeitliche Verzögerung, die naturgemäß mit dem Briefwechsel verbunden war, fiel weg. Ein anderes Zeitgefühl entstand. Zudem bedeutete es auch Prestige, über einen Telephonanschluß zu verfügen: verschiedentlich wurde um 1900 auf repräsentativen Firmenschildern der stolze Hinweis auf einen Telephonanschluß eigens eingraviert.
Photographien, die Büroszenen um 1900 festhalten, zeigen daher nicht zufällig manchmal einen Angestellten, der gerade vor dem an der Wand hängenden Telephon steht und die Hörmuschel ans Ohr drückt, da die Übertragungsqualität anfangs noch sehr schlecht war. Es verwies auf die Bedeutung eines Arbeitsplatzes, wenn dieser mit einem Telephonanschluß ausgestattet war. Telephonvermittlungen mit Hilfe der von Hand „gestöpselten" Anschlüsse gab es nicht nur in den Fernsprechämtern und Behörden, sondern auch in den Fabriken: Ein neuer Frauenberuf entstand, „das Fräulein vom Amt".
Der Selbstwählverkehr wurde in einem Versuchsstadium bereits im Jahre 1909 in München-Schwabing begonnen, war jedoch erst in den fünfziger Jahren soweit technisch ausgereift, daß die Telephonvermittlung in der Bundesrepublik allgemein automatisiert werden konnte.
Die „Erfindung" des dynamo-elektrischen Prinzips durch Werner Siemens im Jahre 1867 erwies sich als grundlegend. Sobald die damit verbundenen neuen Möglichkeiten erkennbar wurden, meldeten die ersten Interessenten ihren Bedarf an: es sollten nach Möglichkeit Maschinen entwikkelt werden, die als Grubenlokomotiven verwendet werden konnten und den unterirdischen Grubenbetrieb erleichterten. Außerdem sollten die Bohrmaschinen beim Abbau von Gestein oder Kohle in den Schächten elektrisch angetrieben werden, so jedenfalls stellte es sich das preußische Ministerium für Bergwesen bereits 1877 vor. Doch bis dies möglich wurde, dauerte es noch einige Jahre: Auf der Berliner Gewerbeausstellung von 1878 konnte jedoch eine „Bahn ohne Dampf und Pferde" dem erstaunten Publikum vorgeführt werden. 30000 Besucher unternahmen eine Probefahrt auf den schmalen Wägelchen, die an die kleine Elektrolokomotive angehängt waren.
1881 und 1882 wurden zu wichtigen Schlüsseljahren des Transports. Im Steinkohlenbergwerk Zaukeroda in Sachsen konnte die erste elektrisch angetriebene Grubenlokomotive in Betrieb genommen werden. Sie blieb bis 1929 im Einsatz. Mit ihr wurden die Grubenpferde ersetzt, die bis dahin in Ställen im Dunkeln unter Tage gehalten werden mußten und eingesetzt worden waren, um die Grubentransporte zu ziehen. 1881 hat die erste elektrische Eisenbahn in Lichterfelde bei Berlin ihren Verkehr aufgenommen. Straßenbahnlinien wurden in den nächsten Jahrzehnten in vielen größeren und mittleren Städten eingerichtet. Sie erwiesen sich zu einem Zeitpunkt, als Motorfahrzeuge noch nicht existierten, als die geeignetsten städtischen Nahverkehrsmittel, um die größer werdenden Entfernungen zwischen den Stadtvierteln in den expandierenden Industriestädten zu überbrücken. Wo sie sich in den Städten wegen zu großer Höhenunterschiede nicht bewährten, wurden sie vom Autobusverkehr in den zwanziger Jahren abgelöst.
Für Personen- und Gütertransporte setzte sich die elektrische Zugmaschine beispielsweise gegenüber der in verschiedenen Städten anfangs betriebenen Dampfstraßenbahn bereits in den achtziger Jahren des 19. Jahrhunderts durch. Die erste bedeutende moderne elektrische Lokomotive im Eisenbahnsystem wurde 1905 gebaut und auf der Strecke Murnau-Oberammergau eingesetzt, die Eisenbahnstrecke zwischen Dessau und Bitterfeld 1911 elektrifiziert. Bereits 1903 hatte man bei Versuchen mit einem windschnittig verkleideten Triebwagen die revolutionäre Geschwindigkeit von 210 km pro Stunde erreicht. Elektrische Lokomotiven haben neben den mit Dieselmotoren angetriebenen Lokomotiven jedoch erst seit den sechziger Jahren des 20. Jahrhunderts den Hauptteil des Eisenbahnverkehrs übernommen und die Dampflokomotiven verdrängt.
Als ein weiterer und ganz wesentlicher Bedarf erwies sich die bessere Erhellung von Räumen, als dies mit dem Gaslicht als Lichtquelle bis dahin möglich gewesen war. In den achtziger Jahren begann das Zeitalter der elektrischen Glühlichtbeleuchtung, die uns heute alltäglich und selbstverständlich ist. Bereits seit 1878 hatte es ernsthafte Versuche mit Bogenlampen gegeben. Doch sie waren eher technische Experimente geblieben, um die Leistungsfähigkeit der Dynamos sowie die Übertragung von Strom zu demonstrieren, aber auch eine Gelegenheit für die Fabrikherren, „sich zu renommieren". In Berlin wurden bereits 1878 erste Bogenlampen als Straßenbeleuchtung installiert. Doch wirklichen Aufschwung nahm die elektrische Beleuchtung erst in den achtziger Jahren: zunächst für Fabrikanlagen,

Theaterhäuser, Hotels, abgegrenzte Anlagen also, die mit einem von einer Dampfmaschine angetriebenen Dynamo versorgt werden konnten. Sie wurde so schnell aufgenommen, weil mit elektrischer Beleuchtung die Arbeitsbedingungen häufig verbessert werden konnten. Sie war heller und erleichterte beispielsweise die Arbeit an Spinn- und Webmaschinen, und sie war weniger gefährlich als das Gaslicht oder die Petroleumlampen, die von Hand angezündet werden mußten. In den ersten Jahren galt das neue, helle Licht auch als Attraktion oder konnte, wie beim Theater bei der bühnentechnischen Beleuchtung, auch neue künstlerische Möglichkeiten bieten. Als 1883 das „National-Denkmal auf dem Niederwald" eingeweiht wurde, zählte die elektrische Beleuchtung am Abend zu den außergewöhnlichen Programmpunkten: mittels „elektrischer Sonnen" wurden das „National-Denkmal wie das Rheintal" beleuchtet.[2] Erst im Verlauf der neunziger Jahre begann der Ausbau eines Netzes von elektrischen Bogenlampen, zunächst in den zentral gelegenen Straßen der größeren Städte.

Voraussetzung hierfür war die Errichtung von „Elektrizitäts-Centralen" mit stationären Kesselanlagen und Generatoren für die Umwandlung der Dampfenergie. Die sogenannten E-Werke blieben auch die Voraussetzung für die Elektrifizierung der Haushalte durch Glühlichtbeleuchtung und Haushaltsgeräte. Wer einen Anschluß einrichten ließ, konnte – dies war eine sensationelle Neuheit – durch einfaches Drehen des Schalters „Licht machen". Doch selbst in einer Industriestadt wie Nürnberg gab es 1896 erst 1102 Abnehmer mit 26955 Glühlampen, 545 Bogenlampen und 223 Elektromotoren.[3]

Die wenigen deutschen Großunternehmen, die den Bau von solchen Anlagen übernehmen konnten, belieferten deutsche Städte seit 1882. Um 1900 gab es in fast jeder größeren deutschen Stadt eine „Elektrizitäts-Centrale", wie beispielsweise seit 1895 in Leipzig. Doch auch die Ausrüstung der größeren Städte außerhalb Europas begann in den neunziger Jahren: 1897 beispielsweise in Batavia und Mexiko.

1873 hatte Sigmund Schuckert in seiner neu gegründeten mechanischen Werkstätte begonnen, sich auf den neuen Sektor zu konzentrieren:[4] er baute eine handwerklich gute und gegenüber dem Siemensschen Typ leicht weiterentwikkelte Dynamomaschine. Ende der siebziger Jahre gelang es ihm, sich auf dem entstehenden Markt für Beleuchtungsanlagen, einschließlich des Baus von Kraftwerksanlagen, zu etablieren. Doch der große industrielle Durchbruch auf dem Weltmarkt gelang erst mit der Fabrikation eines Großscheinwerfers, der sich besonders für die Zwecke der Seefahrt eignete: Leuchttürme, die Schiffe der Handels- und Kriegsmarine, aber auch der Suezkanal wurden damit ausgerüstet. Der sich intensivierende Dampferverkehr mit seinen neuen, schnellen und regelmäßigen Linienverbindungen wurde mit dieser auch für weitere Entfernungen einsetzbaren Beleuchtung gefahrloser, jedenfalls soweit der Scheinwerfer bei friedlichen Unternehmungen eingesetzt war.

1883 gründete der Ingenieur Emil Rathenau die „Deutsche Edison-Gesellschaft". Rathenau wollte die von Thomas A. Edison erfundene und seit 1880 in Amerika erprobte Glühbirne in Berlin und auch im übrigen Deutschen Reich einführen. Ihm gelang es, hierzu Werner Siemens für eine arbeitsteilige Kooperation zu gewinnen: Diese „Deutsche Edison-Gesellschaft" sollte mit einem vom amerikanischen Stammhaus erworbenen Patent Glühbirnen herstellen, aber auch die Elektrizitäts-Centralen einrichten, das andere technische Material jedoch von Siemens beziehen. Mit wachsendem Absatz setzte sich die Tendenz zu eigenständigen Unternehmungen durch: 1887 kündigte Rathenau den Vertrag, taufte sein Unternehmen in „Allgemeine Elektrizitäts-Gesellschaft" (AEG) um und begann in der gesamten elektrotechnischen Produktion zu expandieren.

Die ersten elektrischen Haushaltsgeräte kamen um 1900 auf den Markt: als elektrische Kaffeekochmaschine oder Wasserkochtopf, als Ventilator oder Föhn.

Doch als eines der ersten Haushaltsgeräte, das den breiten Markt eroberte, erwies sich das elektrische Bügeleisen. Es wurde bereits vor dem Ersten Weltkrieg so preisgünstig angeboten, daß es auch von „einfacheren Leuten" gekauft werden konnte. Das elektrische Bügeleisen ermöglichte es, sauber und mit gleichmäßiger Temperatur zu „plätten" und vor allem, es mußte zum Gebrauch nur eingeschaltet werden. Gegenüber den umständlichen und manchmal auch gefährlichen, gewiß aber nicht so sauberen Arbeitseigenschaften des mit glühender Kohle gefüllten traditionellen Bügeleisens, wurde diese Elektrifizierung als Arbeitserleichterung empfunden.

Die ersten, um 1905 gebauten Staubsauger zeigen dagegen ihren Charakter noch als reine Arbeits-Maschinen, ohne produkt-spezifische Form. Erst in den zwanziger Jahren begann die Massenproduktion der bis in die Gegenwart weitgehend erhalten gebliebenen Modelle. Diese Tendenz der Elektrifizierung der für Haushaltsarbeiten einsetzbaren Geräte lag in der Erleichterung, Beschleunigung und vor allem der Mechanisierung von Arbeitsgängen, die die Hausfrau bis dahin mit großer Mühe und beträchtlichem Zeitaufwand in ihrem Tagesablauf hatte bewältigen müssen. Die allmähliche Entwicklung der Waschmaschinen seit den zwanziger Jahren bis zur Automatisierung des Waschvorganges in den fünfziger Jahren ist sicherlich ein markantes Beispiel für die strukturelle Bedeutung der Elektrifizierung des Haushaltes: die Hausarbeit wurde nicht nur von bis dahin harter körperlicher Arbeit „befreit", sondern auch in ihrem Zeitaufwand verringert. Mit den umfassenden Angeboten der Konsumgesellschaft an Waren und eben auch Lebensmitteln ist die traditionelle Notwendigkeit der Eigenherstellung im Haushalt eingeschränkt worden: man kann beispielsweise Marmelade fertig kaufen und muß sie nicht mehr einkochen. Diese Tendenz ermöglicht so größere Eigenentscheidung der Hausfrau, ob sie berufstätig sein will oder nicht.

Arbeitsformen

Mit den Produkten – und vor allem natürlich entsprechend deren gesellschaftlichem Bedarf – veränderten sich die Arbeitsformen. Die entstehende Elektrotechnik hat alle typischen Entwicklungsstufen mitvollzogen: handwerkliche Einzelfertigung bis um 1870, dann Beginn der Serienproduktion, von den neunziger Jahren an großindustrielle Massenfertigung, seit den zwanziger Jahren des 20. Jahrhunderts Fließfertigung, und seit den sechziger Jahren vollautomatische Produktionsstraßen.

Begonnen hatte die Fertigung als Handwerk: Die elektrotechnischen Geräte von Siemens und Halske – wie der Zeigertelegraph oder andere Nachrichten- und Signalanlagen – wurden für die jeweiligen Zwecke und Aufträge gearbeitet. Der Feinmechaniker Georg Halske war ein handwerklich hochqualifizierter Präzisionsarbeiter, der seine persönliche Befriedigung in der Arbeit als „Tüftler" fand. Er wurde jedoch von der Entwicklung der sechziger Jahre überrollt: der Betrieb wuchs in Dimensionen, die die fabrikmäßige Arbeitsteiligkeit und die damit verbundene Entfremdung vom einzelnen Arbeitsgegenstand mit sich brachte. Halske zog sich unter dem Druck dieser seinem Selbstverständnis nicht entsprechenden Entwicklung zurück. Werner Siemens dagegen war der „Motor" des Übergangs zu neuen Arbeitsformen, die die Bewältigung einer guten Auftragslage um 1870 ermöglichen sollten: die weitere Mechanisierung von Arbeitsgängen. 1871 während des Gründerzeitbooms war eine neue Werkstatt eingerichtet worden, der „Amerikanische Saal". Die Arbeit an speziellen Maschinen war darin in einem in Deutschland bisher nicht gekannten Maße eingeführt. Die Produkte wurden standardisiert und durch die Serienfertigung wesentlich verbilligt. Doch gebraucht wurden in diesen Arbeitsstätten nicht mehr Handwerker, sondern angelernte Arbeiter. Für die bis dahin wegen ihren handwerklichen Fähigkeiten beschäftigten Arbeiter bedeutete dies Dequalifizierung, die keineswegs widerspruchslos hingenommen wurde. Die Arbeit in den elektrotechnischen Fabriken, wie sie sich in den sechziger, siebziger und achtziger Jahren des 19. Jahrhunderts entwickelte, erforderte die traditionellen Werkstätten, die zur Bearbeitung von Metallen notwendig waren: Gießerei, Dreherei und Bohren, Fräserei und später Stanzerei. Gehäuse wurden bis in die fünfziger Jahre des 20. Jahrhunderts, bis zum industriellen Durchbruch der Kunststoffe, in Schreinereien aus Holz gearbeitet.

Für den entstehenden Großmaschinenbau mußten in den achtziger und neunziger Jahren riesige Hallen errichtet werden: die großen Generatoren für die Kraftwerkszentralen erforderten eigene Fabriken. Doch auch kleinere Maschinen und Geräte gingen zunehmend in größere Serien: Feuermelder und elektrische Schaltgeräte in den achtziger Jahren, dann Straßenbahnen und Werksbahnen. Innerhalb der Werkstätten entwickelten sich für diese Produkte eigene neue Abteilungen, die schließlich ausgegliedert wurden. Beispielsweise wuchs die Nachfrage nach den ersten Telephonen so schnell, daß bereits 1877 eine Tagesproduktion von 700 Stück montiert werden konnte.

Bei einigen standardisierten Produkten, wie Zählern, Sicherungen oder Spulen, wurden bald Großserien erreicht und die Techniken der Massenfertigung entwickelt. In diesen expandierenden Fabrikationszweigen wurden in hohem

Maße Frauen eingesetzt: wo es um Handarbeit mit feinen Drähten, wie in der Spulenwickelei, der Isolierung oder der Gipserei für Sicherungen ging, wurden Frauen als geeignetere und geübtere Arbeitskräfte bevorzugt, zudem war Frauenarbeit billiger.

Die hohen Stückzahlen, wie sie ,,Elektrizitätszähler" in diesen Großserien erreichten, sind aus ihrem Bedarf bei der Elektrifizierung zu erklären. Die ,,Allgemeine Elektrizitäts-Gesellschaft", anfangs auf den Bau von Glühlichtbeleuchtungen spezialisiert, konnte deren Produktion auf großindustrielle Arbeitsweisen zuschneiden: Zähler waren unkomplizierte Geräte, bei denen einfache Konstruktionen Vorteile boten:[5]

Im September 1897 wurde die Produktion aufgenommen
im November 1897 waren bereits 1000
im Mai 1902 100000
im Juni 1911 1000000
im Dezember 1913 2000000 Zähler gebaut.

Durch die Massenfertigung, wie sie für Zähler vervollkommnet wurde, verbilligte sich der Preis des Produkts. Eine Analyse aus dem Jahre 1914 charakterisierte die Prinzipien dieser Arbeitsweisen: alle benötigten Teile sollten in eigenen Werkstätten hergestellt werden, denn nur dort konnten die Arbeitenden ,,beaufsichtigt" und die Qualität ihrer Arbeit kontrolliert werden, und außerdem sollte möglichst große ,,Unabhängigkeit von der Hand des Arbeiters" erreicht werden. Dies geschah durch standardisierte Maschinenarbeit, die lediglich von ,,Angelernten" geleistet wurde (Einlegen, Herausnehmen). Zugleich konnte damit die Paßgenauigkeit, das Ineinanderlappen, das bei den verschiedenen Teilen des Zählers, aber ebenso bei der beginnenden Massenherstellung von Hausgeräten, besonders wichtig war, verbessert werden.

Es ist kein Zufall, daß Siemens bereits 1924 die Montage auf das zu diesem Zeitpunkt als ,,Rationalisierung" propagierte Fließband umstellte. In der Mitte der zwanziger Jahre wurde die Arbeitsteiligkeit in allen elektrotechnischen Fabriken, die Massenprodukte herstellten, als Fließfertigung neu organisiert. Ob es die tayloristische Theorie war, die die Anstöße gab, spielt eine untergeordnete Rolle.

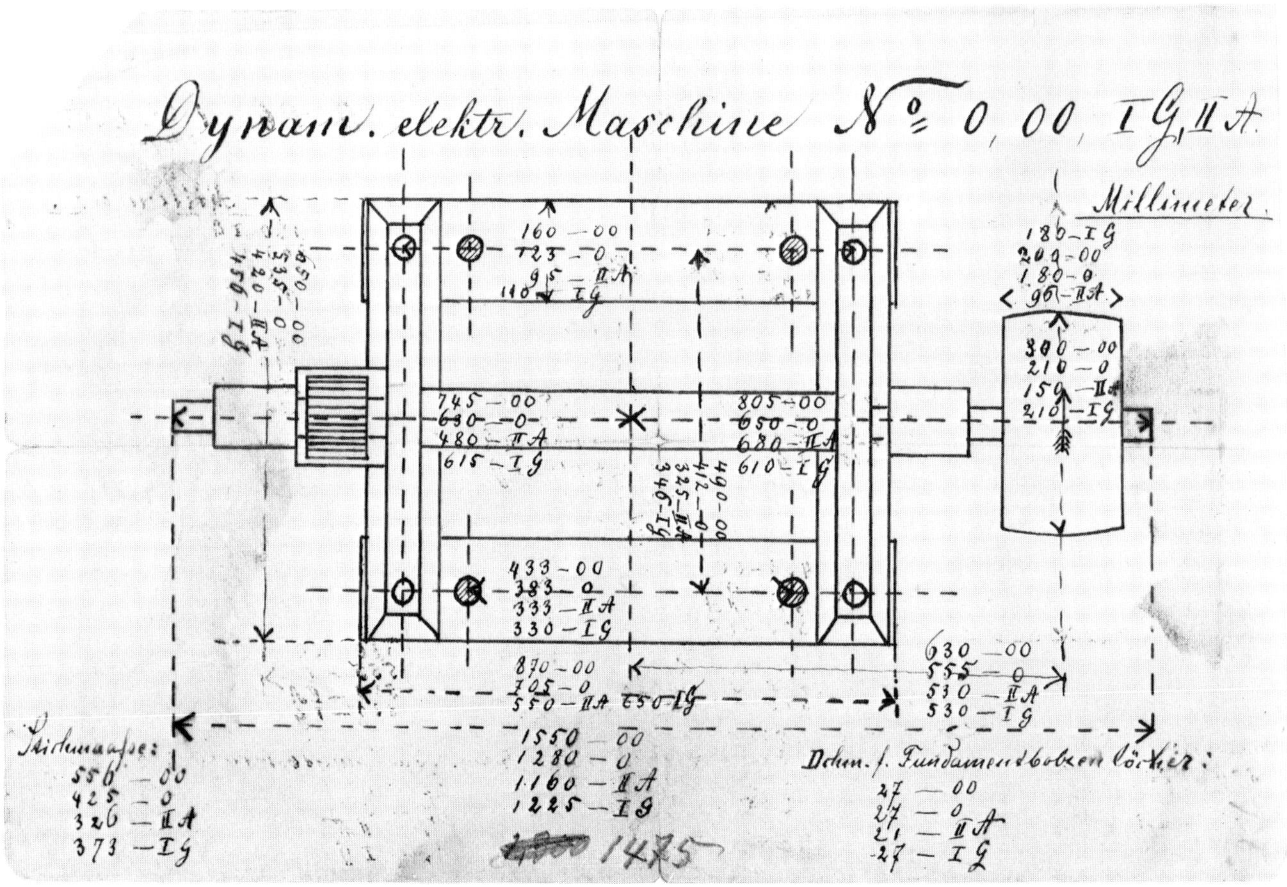

Die Zeichnung des ersten Modells, 1873/74
Die Konstruktionszeichnung der ersten dynamo-elektrischen Maschine von der Hand des Maschinenbauers: Der Mechaniker Sigmund Schuckert hatte erst 1873 eine kleine Werkstatt eingerichtet. Er war nicht der erste Konstrukteur gewesen. Werner Siemens in Berlin hatte bereits 1867 den Dynamo soweit verbessert, daß er als Maschine einsetzbar wurde. Schuckert gelang es mit geringen Veränderungen einen robusten Typ zu entwickeln. Dieser Dynamo war die Voraussetzung für Versuche mit der Glühlichtbeleuchtung. Schuckert bekam bereits 1878 den Auftrag, eine elektrische „Illumination“ im Schloß des bayerischen Märchenkönigs Ludwig II. zu installieren.
Anfang der achtziger Jahre bildeten der Verkauf von Maschinen für Glühlichtbeleuchtung und die beginnende Elektrifizierung die Grundlage für den Aufbau der Fabrik.

Die elektrotechnische Fabrik, um 1885
Im Hintergrund ist die Stadt Nürnberg zu erkennen, die sich gerade erst zur industriellen Großstadt entwickelt und die Landschaft mit Werkstätten und Wohnbauten in Besitz zu nehmen beginnt. Die neue Fabrik war auf freiem Feld vor der Stadt errichtet worden. Sie ist charakteristisch für den Entwicklungsstand der achtziger Jahre. Ein innerbetrieblicher Schienenweg mit Drehscheiben ist zu sehen: ein Arbeiter schiebt eine Lore mit einem Metallteil von einer Werkstatt in die andere. Der Nahverkehr findet noch ausschließlich mit Fuhrwerken und Kutschen statt.

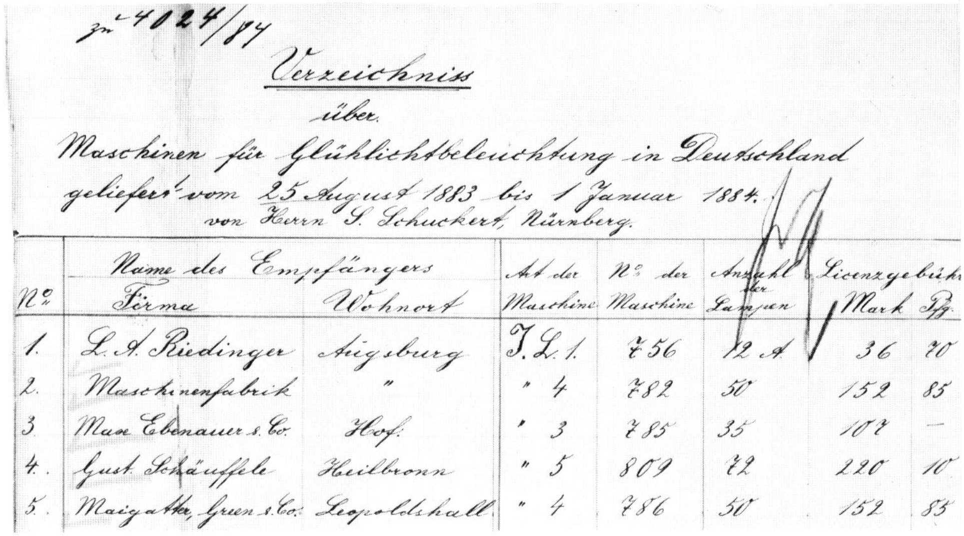

zu 4024/84

Verzeichniss

über

Maschinen für Glühlichtbeleuchtung in Deutschland geliefert vom 25 August 1883 bis 1 Januar 1884.

von Herrn S. Schuckert, Nürnberg.

Nº	Name des Empfängers: Firma	Wohnort	Art der Maschine	Nº der Maschine	Anzahl der Lampen	Licenzgebühr Mark	Pfg.
1.	L. A. Riedinger	Augsburg	J. L. 1.	756	12	36	70
2.	Maschinenfabrik	"	" 4	782	50	152	85
3.	Max Ebenauer & Co.	Hof.	" 3	785	35	107	–
4.	Gust. Schäuffele	Heilbronn	" 5	809	72	220	10
5.	Maigatter, Green & Co.	Leopoldshall	" 4	786	50	152	85

Die „Elektrische" fährt zur Probe, 1891

„Maschinen für Glühlichtbeleuchtung" werden geliefert, 1884
Bevor die elektrische Beleuchtung sich auf Straßen und Plätzen, in der kommunalen Öffentlichkeit, durchsetzte, stellten zahlreiche Fabriken auf die hellere und gegenüber dem Gaslicht sicherere neue Beleuchtung in den Arbeitssälen um. Im Lieferbuch sind beispielsweise die Fabriken L. A. Riedinger, Augsburg, und die Maschinenfabrik Augsburg, aber auch die Firma Max Ebenauer, die frühere Spinnerei am Teufelsberg in Hof, verzeichnet. Meist verweist die Anzahl der bestellten Lampen auf die Größe der Säle, in denen versuchsweise mit der Elektrifizierung der Innenräume begonnen wurde.

„Hauptner's Elektrische Schafschur", um 1900
Ein Schaf wird mit einer mechanischen „Schnellscheer-Maschine" vor den Augen des Publikums der Gewerbeausstellung in Berlin geschoren. Sie wird durch einen Elektromotor angetrieben. Diese Vorführung sollte veranschaulichen, wie mit der durch die Elektrifizierung möglich gewordenen Kombination von elektrischer Antriebs- und mechanischer Arbeitsmaschine auch der Arbeitsvorgang beschleunigt werden konnte.

Voltmeter, um 1895
In den neunziger Jahren wurden die neuen Meßinstrumente in der historistischen Tradition noch mit Verzierungen geschmückt. Nach 1900 setzte sich eine funktionale Ästhetik in der Produktgestaltung durch, die die visuelle Gestalt aus technischen Gegebenheiten entwickelte.

Die Ankerwickelei, um 1905

Ankerwickelei

E. A. v. Schuckert & Co.

Fabrikhof, um 1910
Diese elektrotechnische Fabrik wurde 1897 in Berlin in Betrieb genommen. Die Fassadenarchitektur zeigt mit den aufgesetzten Verzierungen, etwa den Zinnen (links), typische historistische Stilelemente. Die langgestreckte Maschinenhalle eignete sich zum Bau und zur Montage von größeren und schweren Maschinen, beispielsweise von Generatoren. Das mehrstöckige Gebäude dahinter war hingegen für die Fertigung von leichten Kleinteilen wie Spulen, Sicherungen u. a. geeignet. Am Ende des Hofes ist das Maschinenhaus mit seinen großen Rundbogenfenstern zu sehen, in der die zentrale Dampfmaschine steht.

Die Familie Siemens, 1860
Werner Siemens (stehend als zweiter von rechts) mit seinen Brüdern.

Das Glühlampenwerk, 1906
Auf der anderen Straßenseite, der Fabrik gegenüber, liegt eine für diese Zeit typische Gartenkolonie von Arbeitern. Die kleinen Häuschen sind selbstgebaut und zeigen individuellen Gestaltungssinn, der sich freilich auch nach den verfügbaren Brettern und Materialien richten mußte. In diesen Gärten wurde das Gemüse für den Eigenbedarf gezogen. Sie waren jedoch gleichzeitig auch eine Ergänzung zu den meist bescheidenen und engen, manchmal unerträglichen Wohnungen. Hier „werkelten“ die Arbeiter im Sommer nach Arbeitsschluß und am Feierabend.

Die Laderampe der Packerei im Wernerwerk, 1906
Die ausgelieferten Produkte wurden in Kisten verpackt. Die Verladung auf Pferdefuhrwerke war für die Packer und Fuhrleute eine schwere körperliche Arbeit.

Die Frühstückspause, 1912
Da die Pause nur kurz ist, essen die Frauen ihr mitgebrachtes Frühstücksbrot am Arbeitsplatz: Milch und Tee oder Kaffee werden getrunken und einige verteilte Blätter gelesen. Diese Halle des Großmaschinenbaus hat zwar ein Sheddach und somit Lichteinfall von oben, doch hell ist es nicht.

Frauen beim Schichten der Bleche, 1917
Die körperlich leichteren Arbeiten, die wenige Jahre zuvor von Männern ausgeführt worden waren, werden während des Ersten Weltkrieges von Frauen übernommen. Sie sind in die Arbeitsplätze der zum Militär „eingezogenen" Männer eingerückt.

Im Dynamowerk, 1913
Der Bau von Großmaschinen wie Generatoren erforderte eine riesige Maschinenhalle. Die schweren Gußteile des Mantels werden von einem Kran (der Führer in der Kabine rechts ist nicht sichtbar) hochgehoben. Die Arbeiter (im Vordergrund) beginnen Bleche in den großen Ring einzuhängen.

Die Gießerei, um 1900
In den ersten Jahrzehnten wurden fast alle elektrotechnischen Produkte aus gegossenen Metallteilen hergestellt, mit Ausnahme der gewalzten Bleche und der aus Stangenmaterial gedrehten Kleinteile. Lediglich Gehäuse, beispielsweise für Telephonkästen oder Rundfunkempfänger, wurden aus Holz gefertigt. Die industrielle Herstellbarkeit neuer Werkstoffe veränderte seit den dreißiger Jahren viel: das leichte Bakelit wurde für Gehäuse verwendet. Nach dem Zweiten Weltkrieg wurden zunehmend Kunststoffe bevorzugt. Diese Teile bekommen ihre Form in Spritzgußmaschinen, die kaum zusätzliche Arbeiten erfordern. Grundsätzlich ist die quantitative Bedeutung von Metallen gesunken.
Gießereien dieser Art wurden unrentabel und wurden seit den sechziger Jahren geschlossen.

Folgende Seiten
Der Schmied hämmert am Amboß, um 1910

Der Schlosser feilt ein Werkstück, um 1910
Jede Fabrik – wie hier das Dynamowerk – hatte eigene Werkstätten, in denen weiterhin – neben der industriellen Serienfertigung – handwerklich gearbeitet wurde. Beispielsweise wurden dort besondere Vorrichtungen für die Arbeitsmaschinen zur Erleichterung und Beschleunigung des Arbeitsablaufs hergestellt. Darüber hinaus waren in der Fabrik immer auch viele Reparaturarbeiten zur Betriebsunterhaltung notwendig.

Die Leipziger „Elektrizitaets-Centrale“, 1895

Die Heizer im Kesselhaus, 1895
Rechts befinden sich die Schüttflächen für den Koks. Er wurde in Loren hereingefahren, über die Drehscheibe zur vorgesehenen Stelle transportiert und dort ausgekippt. Die Heizer mußten ihn schaufelweise in die Öfen (links) hineinwerfen.

Kabelverlegung in Batavia, 1897

Die Elektrifizierung wurde bereits in den neunziger Jahren in den Kolonien der europäischen Mächte vorangetrieben. Hier werden in Batavia, der ehemaligen holländischen Kolonialhauptstadt, dem heutigen Djakarta, Kabel verlegt. Die Vertreter der Kolonialmacht in den weißen Tropenanzügen leiten die Arbeiten, die ,,Eingeborenen" verputzen die Schaltstation im Kolonialstil, heben Gräben aus und führen die anderen nötigen Handarbeiten nach den Anweisungen aus. Der Transportwagen (links) wird mit Seilen von ,,Eingeborenen" gezogen.

Arbeiter der Kabelherstellung mit dem Meister, um 1900

Die Elektrizitätszentrale in Mexiko, 1898
Das zentrale Elektrizitätswerk für die Hauptstadt Mexikos ist fertiggestellt. Das Tor für den Schienenanschluß, der Haupteingang und die Mauer sind mit mexikanischen Stilelementen verziert. Die Maschinenhalle ist ein funktionaler Nutzbau mit großen Rundbaufenstern, der sich nur geringfügig an landestypische Bauformen anlehnt.

Eine Straßenlampe wird aufgestellt, 1897
Die Elektrifizierung der Straßenbeleuchtung galt in einem „Entwicklungsland" wie Mexiko als Symbol für die Teilhabe am technischen industriellen Fortschritt, an der „Moderne". Besonders unter dem Präsidenten Diaz in den Jahrzehnten vor der Revolution von 1911 orientierte sich Mexiko stark an den Innovationen der hochindustrialisierten Länder wie den USA, England, Frankreich und Deutschland. Die deutsche Elektroindustrie war bereits als führender Lieferant dieser neuen Technik neben der amerikanischen in der Welt bekannt.
Weiter rechts ist die Reihe mit Gaslampen zu sehen, die nun als „überholt" galten.
Ein hölzerner Leiterturm ist auf einen Transportwagen gesetzt, um an der gußeisernen Säule die Lampe montieren zu können.

Die Dampfmaschine wird eingebaut, 1897
Das Herz eines Elektrizitätswerks war die Dampfmaschine. Links unten steht der verantwortliche Ingenieur (Hut, Anzug, weißer Kragen, Krawatte), an der Maschine die deutschen Monteure (Kleidung, Barttracht). Links hinten stehen Indios, die als Hilfskräfte bei den Arbeiten gebraucht wurden.

Arbeiter vor „ihren" Produkten, um 1905
Vor ihnen stehen Hughe-Telegraphen, eine Weiterentwicklung des Morse-Telegraphen.
Der Arbeiter (rechts im Bild) trägt einen Kaiser Wilhelm II. nachempfundenen Schnurrbart.

Die erste „Kaffeekochmaschine", um 1905

Ausgiessen von
affeegrund und Gips
verboten

Die Terrasse des Hotels Bellevue in Dresden wird elektrisch beleuchtet, 1895
Die Kellner haben sich in der Terrassentür des Restaurants aufgestellt. Das am Fluß gelegene Hotel wurde mit einer eigenen Elektrizitätszentrale ausgestattet. Die Terrasse ist teilweise mit einem auf gußeisernen Säulen aufliegenden Dach gegen schlechtes Wetter geschützt.

Die Flammenbogenlampe, 1909
Diese Lampe wurde von dem Architekten und Designer Peter Behrens entworfen, der eine Reihe von Objekten der Massenproduktion in einem funktionalen Design entworfen hatte und damit den Historismus überwand, der jedoch noch den zeitgenössischen Geschmack prägte.
Diese Entwicklung wurde aber gleichzeitig auch von den Designern anderer Fabriken vollzogen.

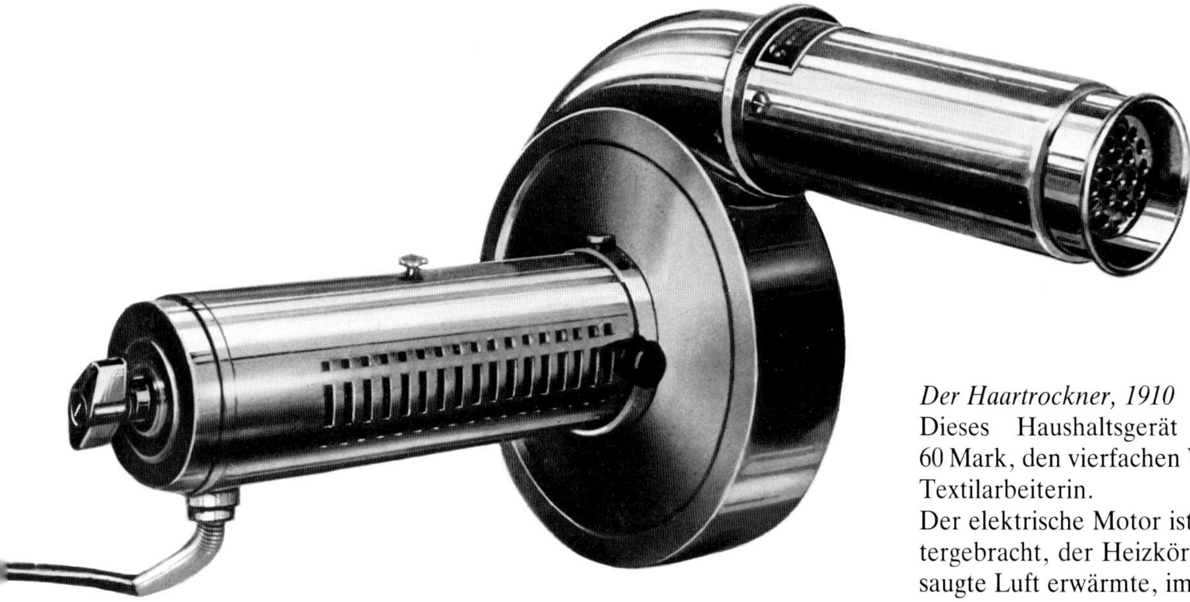

Der Haartrockner, 1910
Dieses Haushaltsgerät kostete damals 60 Mark, den vierfachen Wochenlohn einer Textilarbeiterin.
Der elektrische Motor ist im Handgriff untergebracht, der Heizkörper, der die angesaugte Luft erwärmte, im Ansatzrohr.

Ventilator, 1908

Teekessel, 1910
Der rechte elektrische Kessel wurde, mit Jugendstilelementen verziert, von Peter Behrens gestaltet.

Die Montage der Straßenbahnmotoren, 1901

Der Absatz von Elektromotoren für Straßenbahnen war innerhalb eines Jahrzehnts so erheblich gestiegen, daß um 1900 ihre Montage in Serienfertigung mit beachtlichen Stückzahlen organisiert worden war. Sie liegen auf den Böcken hintereinander, so daß die Arbeiter einen Arbeitsgang von Stück zu Stück weiterlaufend wiederholen. In der erhöhten Kabine bietet das Fertigungsbüro dieses Saals Übersicht über den Fortgang oder auch die Stockungen in der Produktion.

In der Montage von Gruben- und Werksbahnen, um 1905
Grubenbahnen wurden allenfalls in kleinen Serien hergestellt. Links sind drei fast fertig montierte Zugmaschinen zu sehen. In der Mitte liegen einige Rahmen aufgebockt. Eine Gruppe von drei Arbeitern beginnt weitere Teile daran zu vernieten.

Elektrische Schaltgeräte werden montiert, 1910
Sie wurden zum Einschalten von Elektromotoren in Schalttafeln oder im Führerstand von Straßenbahnen zur Erhöhung oder Minderung der Spannung und dadurch der Fahrtgeschwindigkeit eingesetzt. Die Einzelteile wurden von der Dreherei, Spulenwickelei etc. hergestellt. Eine Normierung war jedoch noch nicht so weit fortgeschritten – wie vergleichsweise 1930 –, daß nicht in der Montage Teile immer wieder „passend" gemacht werden mußten. Rechts sind die Schraubstöcke zum Nacharbeiten zu sehen. Der Monteur mußte das Handwerk verstehen und selbst nachbessern können: feilen, drehen, fräsen, bohren.

Die Klappenschrankmontage, um 1910
Vermittlungsschränke dieser Größe wurden vor allem in den Telephonzentralen kleiner Firmen eingesetzt. Auf dem Tisch im Vordergrund stehen aus der Teilefertigung herbeigeschaffte sogenannte Baugruppen, wie zum Beispiel Wecker, die in der Werkstatt bereits vormontiert worden sind. Die Tischlerei liefert die Holzteile des Schrankes. Die Monteure mußten jedoch noch viele Arbeitsgänge selbst an „ihrem" Werkstück, das sie gerade in Arbeit hatten, ausführen. Der Bau solcher Vermittlungsschränke befand sich noch in einer Mischform zwischen Handwerk und Serienfertigung.

Die Telephonistinnen, 1911
Jede Telephonverbindung mußte von Hand „vermittelt" werden. Die „Telephonfräulein" hörten den Gesprächsteilnehmer, der die Telephonverbindung wünschte, über Kopfhörer und trugen die Sprechmuschel vor sich.
Doch bereits 1909 war versuchsweise das erste Großstadt-Selbstwählamt Europas in München-Schwabing mit zunächst 2500 Anschlüssen eingerichtet worden.

,,Eine Bahn ohne Dampf und Pferde", um 1895
Elektrische Straßenbahnen waren ebenso wie Grubenlokomotiven die Weiterentwicklung einer kleinen ersten elektrischen Lokomotive, die Siemens auf der Berliner Gewerbeausstellung 1879 vorgestellt hatte. Bereits 1881 begann versuchsweise der Pendelverkehr eines Prototyps der Straßenbahn in Berlin zwischen dem Bahnhof der Anhaltischen Eisenbahn und der Königlichen Haupt- und Kadetten-Anstalt.
Im Verlauf der achtziger Jahre setzte sich die ,,Elektrische" in vielen Industriestädten als Nahverkehrsmittel durch, wie hier in Barmen.

Arbeiter vor dem Schaltgerät und der Schalttafel des Elektromotors, um 1895
Um diesen in Gang zu setzen, mußte der Arbeiter lediglich den Spannungsregler verstellen (als hellerer Metallring im Schaltgerät zu erkennen).

Die Hobelmaschine im Bahnhof Karlsruhe wird von einem Elektromotor angetrieben, um 1895
An der Decke ist die Welle mit den Transmissionsriemen zu sehen, über die der größere Teil von Arbeitsmaschinen noch angetrieben wurde. Elektromotore liefen mit ihren Summgeräuschen wesentlich leiser und ruhiger als der Transmissionsantrieb. Der Arbeiter konnte zudem je nach Bedürfnis die Maschine an- und abstellen.

282 *Beim Bügeln*

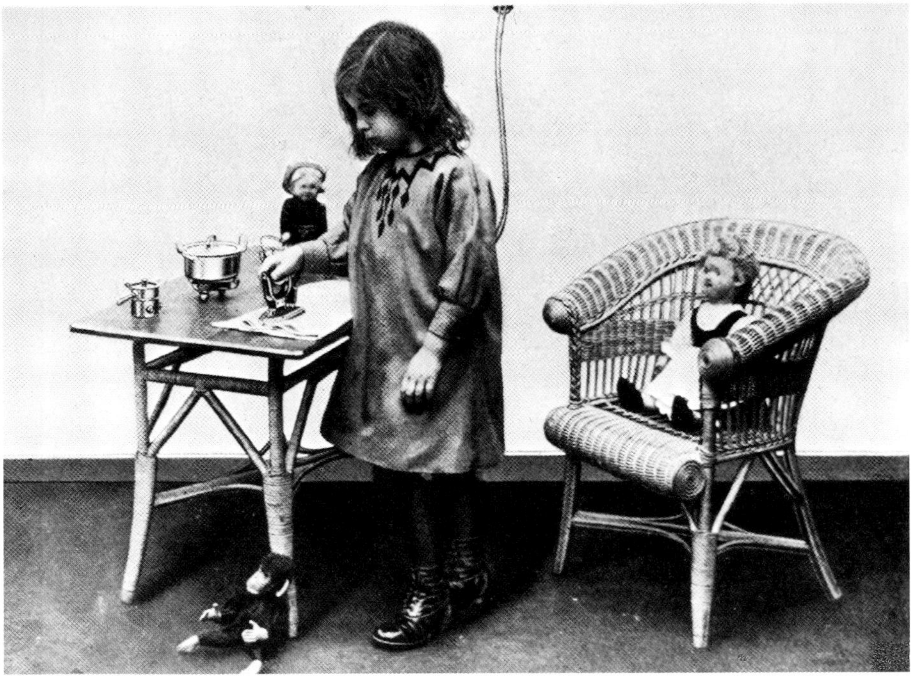

Kinderspielzeug, 1911
Die Elektrifizierung erreichte sehr schnell das Kinderspielzeug: Die Mädchen von „feinen“ Leuten „spielten“ Kochen und Bügeln, die Jungen mit der elektrischen Eisenbahn oder einer Dampfmaschine mit elektrischer Heizung.

Erster Haushaltskühlschrank, 1913
Nur für ausgesprochen wohlhabende Leute war dieser Kühlschrank auch bezahlbar. Er kostete 1750 Mark, dies waren im selben Jahr etwa zwei durchschnittliche Jahresverdienste von Webereiarbeitern.

Eine Frau bügelt elektrisch, um 1910
Die Elektrifizierung des Bügelns vereinfachte diese Hausarbeit erheblich, und vor allem, es machte sie sauberer. Bis dahin mußten die Bügeleisen mit glühenden Holzkohlen gefüllt oder auf dem Kohlenherd aufgefüllt werden. Im Verhältnis zu anderen elektrischen Haushaltsgeräten wurde das elektrische Bügeleisen schon vor dem Ersten Weltkrieg billig, also für den Massenkonsum, angeboten. Es kostete 12 Mark, etwa den halben Wochenlohn einer Spulerin in der Spinnerei.

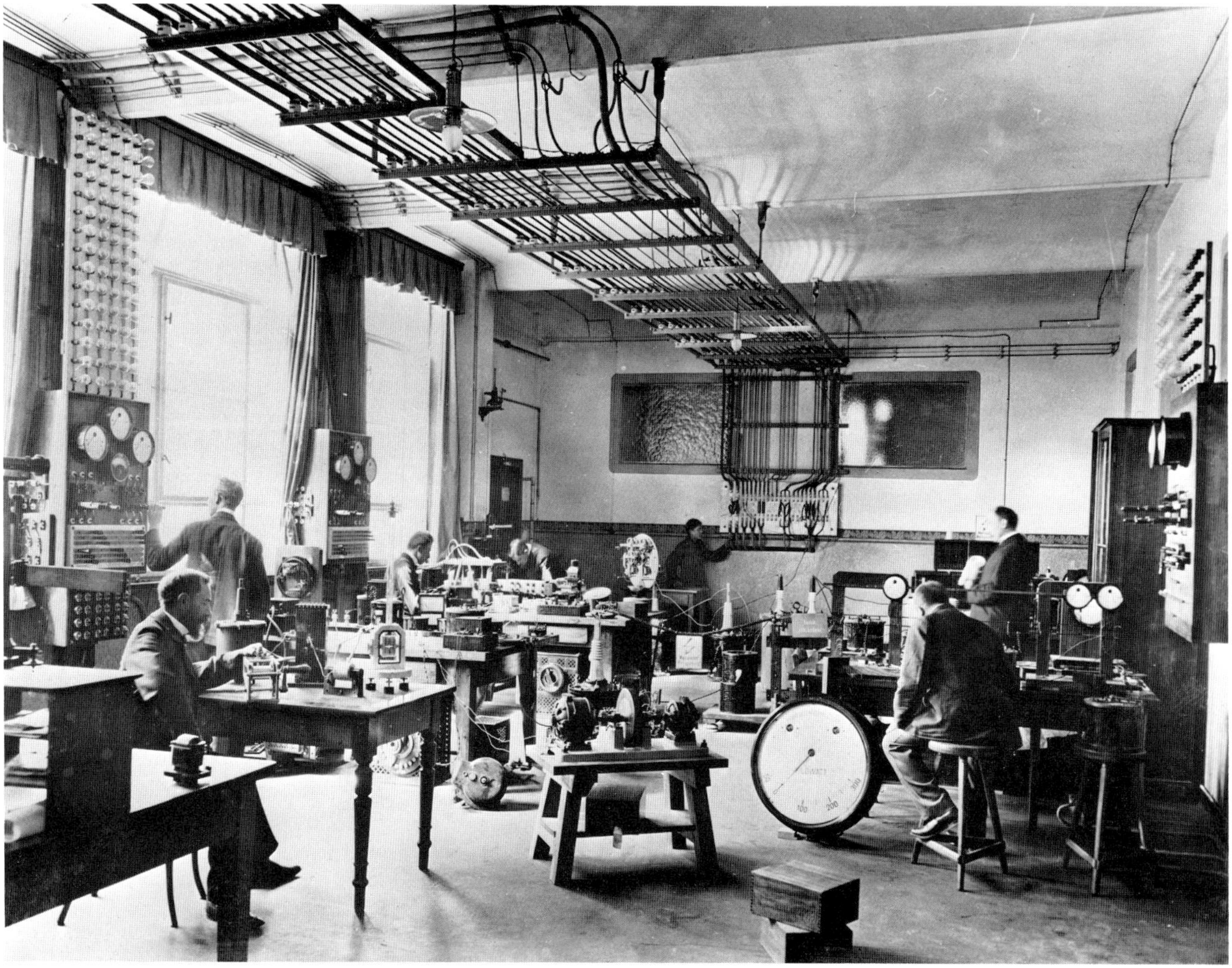

Das „Gleichstromlaboratorium“, um 1910
In diesem Laboratorium wurden die technischen Experimente durchgeführt, die der Reifung oder Weiterentwicklung von Geräten dienten.
Es war als eigene Abteilung organisiert und die Arbeitsform, in der die Ingenieure am intensivsten, konzentriertesten, aber auch zweckgebundensten an technischen Innovationen arbeiteten.

Die Angestellten des technischen Büros

Das Büro der Spulenwickelei, um 1906
In den Großbetrieben war jeder Fertigungsabteilung ein Büro zugeordnet. Der Abteilungschef saß in einem „Glaskasten", der den Überblick über das Büro erlaubte und ihn zugleich akustisch abschirmte. Links an der Tafel ist ein Übersichtstableau zu sehen, auf dem die von den jeweiligen Meistern der Abteilung gemeldete Arbeiterzahl aufnotiert ist. Auf dem Arbeitstisch des Chefs steht ein Tischtelephon mit einer Kurbel.
Die Arbeit in der Spulenwickelei ist zweigeteilt: während die Arbeiterinnen und Arbeiter in der großen Halle mittels Handarbeit den Produktionsvorgang durchführen, wird die zugehörige Kopfarbeit im Büro von Angestellten geleistet: hier wird berechnet, es werden Listen geführt, die notwendigen Schreibarbeiten erledigt und der Kontakt zu anderen Abteilungen der Fabrik, insbesondere der Montage und dem Rohstoffeinkauf, gehalten. Hierzu wurde bereits früh das Telephon eingesetzt.

Der Abteilungschef und seine Mitarbeiter

Die Spulenfertigung, um 1955
Die Frauen müssen die Spulen aus einer Kiste nehmen, dann den Draht einhängen und den Automaten einschalten: dieser wickelt die Spule dann selbsttätig. Währenddessen können sie die vorherige Spule fertigmachen und das Drahtende anlöten. So greifen die Arbeitsrhythmen ineinander.

Die Spulenwickelei, 1906
An der langen aufgebockten Arbeitsplatte aus Holz sitzen sich die Frauen gegenüber: auf jeder Seite elf. Die Arbeitsvorrichtung zum Wickeln der Spulen ist auf den Tisch aufgeschraubt. Der Arbeitsablauf besteht ausschließlich in Handarbeit, die Konzentration und Fingerspitzengefühl erfordert. Ganz hinten links steht der Meister, der die Frauen auf einen Arbeitsplatz weist und die Arbeiten überwacht.

 In der Isolierwerkstatt

Die Werkstatt für Isoliermaterial, 1906
An der Maschine im Vordergrund hält die Arbeiterin einen Stab, der mit Fäden umsponnen und isoliert wird. Die Herren in Anzügen sind aus dem technischen Büro herausgekommen und begutachten eine Zeichnung.

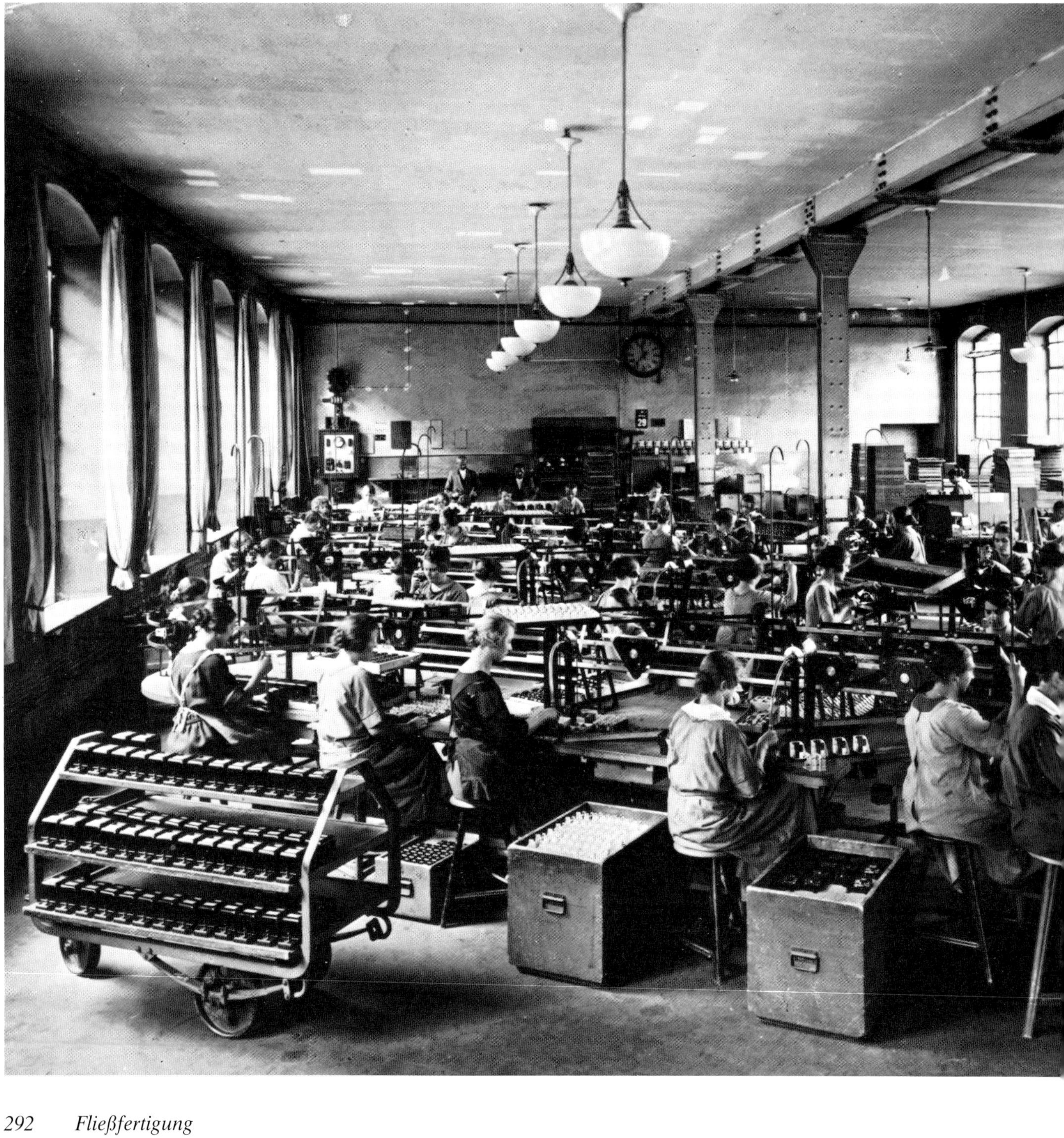

Die Frauen in der Fließfertigung, um 1925
Stromzähler mußten in hohen Stückzahlen gefertigt werden. Dies geschah bis dahin an langen Arbeitstischen. Die bearbeiteten Teile mußten von Arbeitsplatz zu Arbeitsplatz weitergetragen und schließlich in der Montage von einem Arbeiter fertig montiert werden.
Die Neuorganisation der Montage von bereits vorgefertigten Teilen wurde nach tayloristischen Grundsätzen vollzogen.
Als rationelle Technik der Montage erschien die Zergliederung des gesamten Arbeitsvorganges in Einzelschritten, die nacheinander an verschiedenen festen Arbeitsplätzen vollzogen werden mußten. Die Montage eines Zählers wurde so als geschlossener Kreislauf an einem runden Tisch angelegt. Die Montageschiene ist als Schleife um den Pfeiler herumgebaut.
Der Transportwagen mit fertig montierten Zählern steht vor dem Arbeitsplatz, an dem die letzten Arbeitsschritte ausgeführt werden (am Tisch ganz links). Die Arbeiterin nimmt nach dem Festziehen der letzten Schrauben das fertige Werkstück vom Band und legt es auf den Wagen zum Weitertransport. Die zweite Frau, rechts von ihr, beginnt den Montagevorgang mit dem Zusammenbau kleiner, in anderen Sälen vormontierter und in den stehenden Kästen zugelieferter Teile. Nach dieser Montage werden die Zähler an die Arbeitsplätze auf der rechten Seite des Saals transportiert. Dort wurde das Zählergehäuse auf das Brett geschraubt. Insgesamt sind auf dieser linken Seite drei Fließbänder mit paralleler Gliederung hintereinander in die Tiefe des Saals aufgestellt. Ganz hinten prüfen zwei Arbeiter die Funktionsfähigkeit des Produkts.

294 Am Montageband

Die Staubsaugermontage, um 1935
Links und rechts läuft das Förderband: seine Geschwindigkeit diktiert den Arbeitstakt, der die Arbeitenden in einen gemeinsamen Arbeitsrythmus einbindet. Für jeden Arbeitsplatz ist eine Zahl von genau berechneten Handgriffen vorgeschrieben. Es hängt von der Geschicklichkeit des Arbeitenden ab, ob und wie er sie bewältigt, jedenfalls solange diese Zeitvorgaben nicht dazu eingesetzt werden, um das Arbeitstempo an die Grenze des Bewältigbaren zu beschleunigen. Um diese Normen gab es daher immer Auseinandersetzungen.
Rechts im Bild werden in anderen Werkstätten vorgefertigte und der Montage zugelieferte Gruppenteile zusammengebaut. Das Band bringt den Teil für Teil, Handgriff für Handgriff montierten Staubsauger in der Hufeisenbewegung von Arbeitsplatz zu Arbeitsplatz. Links ist das Produkt fast fertiggestellt.
Im Zusammenhang der Arbeitsschritte dieses Förderbandes entsteht der Staubsauger.

„Dame und doch Hausfrau", 1931
In den dreißiger Jahren begann die Herstellung von Staubsaugern in Großserienfertigung. Dieses Werbeplakat, erschienen auf dem Höhepunkt der Weltwirtschaftskrise, wendet sich an Frauen des Kleinbürgertums ohne Dienstmädchen – noch kaum an die aus der Arbeiterschaft. Der Text verrät die Ideologie, sie wurzelt in einem schichtenspezifischen Verständnis der Frauenrolle.
Man sieht vor dem Fenster die Hausfrau beim Teppichklopfen mit Kopftuch: sie muß sich mit jedem Schlag körperlich anstrengen und steht in Staub und Schmutz. Dame dagegen ist die Frau, die modisch gekleidet, „bequem", ohne körperliche Anstrengung, mit Hilfe des Staubsaugers den Dreck aus ihrem Teppich entfernt. Diese durch den Staubsauger mechanisierte „Putzarbeit" verändert das Statusbild der Hausfrau. Sie kann, so sagt die Werbung, mit Hilfe des neuen Massengutes Hausfrau und Dame zugleich sein.

„Minna hat eine Staubpumpe an die Hand bekommen", um 1905
Dieser erste Staubsauger ist eine Arbeitsmaschine: ein Elektromotor wurde auf eine Pumpe aufmontiert, dieser an einen Behälter für den angesaugten Schmutz angeschlossen. Das Dienstmädchen saugt den Salon mit Jugendstiltapete der Beletage.

Die Wohnküche in einer Arbeiterwohnung, um 1925
Elektrische Geräte gibt es in Arbeiterhaushalten noch nicht. Der Herd wird mit Holz, Kohlen und Briketts geschürt. Der Ausguß mit fließendem Wasser wurde vor dem Ersten Weltkrieg installiert. Zusätzlich zum elektrischen Licht wird noch die billigere Petroleumlampe zur Beleuchtung der Räume benutzt. Auf dem Schränkchen rechts ist der Fleischwolf zum „Durchdrehen" von Fleisch und Gemüse angeschraubt.

Die Elektrifizierung der Küche beginnt, 1925
Dieses Bild zeigt nicht den Regelfall, sondern eher die Ausnahme. Diese Geräte sind noch keineswegs alltäglich, ihr Siegeszug dauert lange, bis sie „einfache Leute" erreichen. Die Frau kocht auf dem Elektroherd. Heißes Wasser kann sie aus dem elektrischen Boiler bekommen.

AEG
MESSER
HOLZGERÄTE

Luxusgerät, Baujahr 1929
Bereits 1923 begann der Rundfunk in Deutschland regelmäßig ein Programm auszustrahlen. Es galt für viele Menschen als technisches Wunder, daß es möglich geworden war, über eine Antenne Musikvorführungen zu empfangen oder Nachrichten zu hören, ohne am selben Ort sein zu müssen, sondern Hunderte von Kilometern entfernt vom Sendeort zu sein.
Schon wegen des weit niedrigeren Preises hörten viele Menschen anfangs über einen Detektor, an dem Kopfhörer angeschlossen waren, und nicht über Lautsprechergeräte. 1925 gab es im Deutschen Reich schon 1 Million Rundfunkhörer, 1943 allerdings bereits 16 Millionen. Die Nationalsozialisten hatten als erste politische Partei dieses neue Massenmedium in seiner Bedeutung erkannt: sie setzten es seit ihrer Machtübernahme 1933 systematisch als Propagandainstrument ein. Der Empfang der Reden des „Führers" Adolf Hitler oder seines „Reichspropagandaministers" Joseph Goebbels erwies sich als wirkungskräftiges Instrument zur Integration vieler „Volksgenossen" in die NS-Ideologie. Der Kauf und Sinn des „Volksempfängers", der jede deutsche Familie erreichen und in jedem Haushalt stehen sollte, wurde neben diesem politischen Propagandainteresse auch als Fortschritt, als Teilhabe an den technischen Errungenschaften der „Neuen Zeit" gefeiert. Dieser „Geador mit Rahmenantenne" war 1929 als Luxusgerät gebaut worden. Der Lautsprecherschrank, auf dem das Empfangsgerät steht, galt als repräsentatives Möbel, das sich für das Wohnzimmer eignete.
Rundfunkgeräte wurden am Fließband montiert, da die Serien hohe Stückzahlen erreichten.
Gerät und Lautsprecher kosteten 1365 Reichsmark.

Eine Frau bestaunt die neuen Geräte, 1931
Die Stube ist typisch für die Wohnverhältnisse einfacher Leute: Auf dem Vertiko gerahmte Portraits „der Lieben". Über dem Sofa ein Bild des leidenden Christus aus der Bilderfabrik. Ganz hinten ein Spiegel an der Wand.
Staubsauger, Rundfunkgerät, Elektrokochtopf sind für die meisten Menschen dieser gesellschaftlichen Schicht noch nicht erschwinglich, sie werden jedoch dingliche Symbole der materiellen Erhöhung des Lebensstandards. Trotz des Zweiten Weltkrieges scheint diese Tendenz der Projektion des Wunsches auf Dinge von den dreißiger Jahren bis zu den siebziger Jahren kontinuierlich.

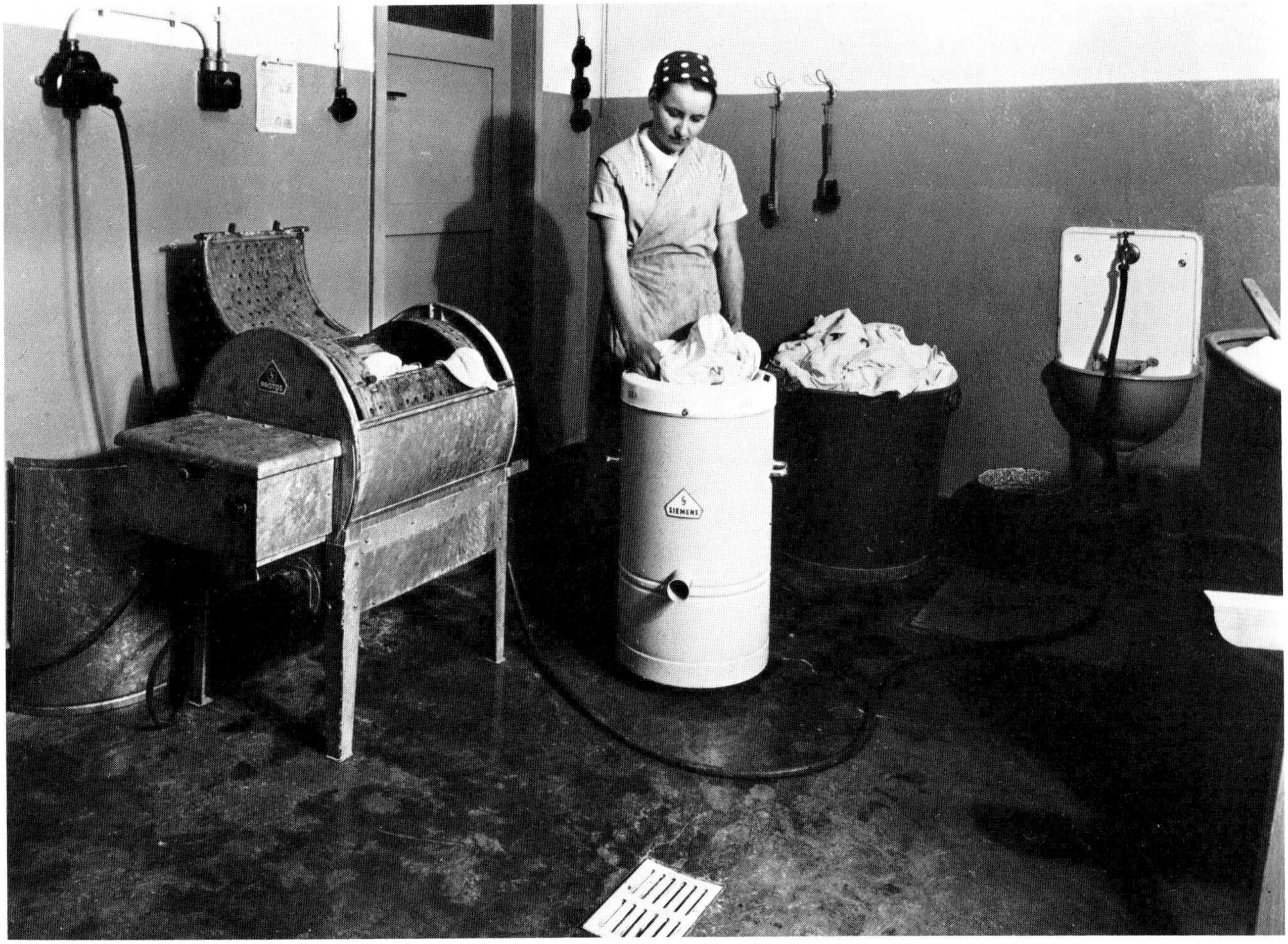

Die Hausfrau in der Waschküche, um 1935
Die „große Wäsche" war traditionell eine der mühsamsten, aber notwendigen Arbeiten im Haushalt. In den Waschküchen wurde in einem Waschzuber die Wäsche gekocht, dann auf einem Waschbrett „gerubbelt", dann gespült und ausgewrungen. Unser Bild zeigt den Übergang zur Mechanisierung des Waschens. Die erste Waschmaschine (links): der Elektromotor (links im Kasten) übernahm die reinigende Bewegung, das Umwälzen der Wäsche im Wasser. Aufgeheizt wurde durch elektrische Heizstäbe. Die zugehörige Schleuder machte das kraftraubende Auswringen der Wäsche nicht mehr nötig.

Die „befreite" Hausfrau, um 1960
Eine Maschine hat den Arbeitsvorgang des Waschens automatisiert. Die Hausfrau nutzt die neue Freiheit, die „gewonnene Zeit", zur Lektüre und Entspannung im Garten.

Handwäsche in der Wohnung, um 1935

Die Fernschreibstelle im „Reichspropagandaministerium" in Berlin, 1938
Der Fernschreiber entwickelte sich in den dreißiger Jahren zu einem wichtigen Fernkommunikationsmittel.

Die Montagewerkstatt, um 1960
Fernschreiber werden zusammengebaut. Im Hintergrund der Montagetisch, im Vordergrund werden die Geräte geprüft. Die Mechanik aus Metallteilen ist gut zu erkennen. In dieser Halle wurde von 1953 bis 1977 gearbeitet, bis zum Bau einer neuen Fernschreiberfabrik. Diese war notwendig geworden, als die Mikroelektronik die Fernschreibertechnik revolutionierte.

Der mikroelektronisch ausgerüstete Fernschreiber, 1977
Die Größe des neuen Geräts ist gleich geblieben, obwohl die Mechanik durch eine Platte mit mikroelektronischen Chips ersetzt wurde: bestimmend für die Gestalt des Geräts ist die Tastatur und damit die durchschnittliche Größe der Hände, sowie die Papierbreite. Die mechanische Werkstätte mit den Werkzeugmaschinen, an denen die mechanischen Metallteile gedreht wurden, ist überflüssig geworden.

IV. Anhang

1. Anmerkungen

Darstellung

1. Die Geburt der Fabrik

[1] Roth, Johann Ferdinand, Gemeinnütziges Lexikon für Leser aller Klassen, besonders für Unstudierte, Bd. 1, Nürnberg, 1788, 196
[2] Strelin, Georg Gottfried, Realwörterbuch für Kameralisten und Oekonomen, Bd. 3, Nördlingen, 1786, 371 f.
[3] Schäffle, Stichwort „Fabrik", in Bluntschli, J. C./Brater K., Deutsches Staats-Wörterbuch, Bd. 3, Stuttgart und Leipzig, 1858, Sp. 477
[4] Es gab natürlich auch vielfach Organisationsformen, in denen Manufaktur, Fabrik und Verlag ineinanderflossen, beispielsweise die Tuchfabrik der Gebrüder Hardtmann in Esslingen, vgl. Borscheid, Peter, Textilarbeiterschaft in der Industrialisierung. Soziale Lage und Mobilität in Württemberg (19. Jahrhundert), Stuttgart, 1978, 18
[5] Engels, Friedrich, Die Lage der arbeitenden Klassen in England, 1845
[6] vgl. Köllmann, Wolfgang, Friedrich Harkort, Bd. I 1793–1838, Düsseldorf, 1964, 64
[7] ebd.
[8] Köllmann, Harkort, 78
[9] Stadtarchiv Hof, I III 137/1 Nr. G 10, abgedruckt in: Kaiser, Gerhard, Die Aktiengesellschaften der Textil-, Brau- und Porzellanindustrie in Oberfranken von 1853–1954, Dipl. Arbeit d. Seminars f. Wirtsch. u. Soz.Gesch. d. Uni. Erlangen-Nürnberg, 1976, unv. M., Anhang 1 a
[10] Programm über die Gründung einer Mechanischen Baumwoll-Spinnerei in Hof, in: Kaiser, Aktiengesellschaften, 324
[11] David Landes verweist auf den komplexen Prozeß der ineinander verschränkten Faktoren, die zusammenspielen mußten, damit diese neue Produktionsstruktur zuerst in England entstehen konnte, Landes, David S., Der entfesselte Prometheus. Technischer Wandel und industrielle Entwicklung in Westeuropa von 1750 bis zur Gegenwart, Köln, 1973, 16

2. Industrialisierung

[1] Beispielsweise: Kaelble u. a. (Hg.), Modernisierung in Deutschland, 5/6
[2] Landes, David S., Der entfesselte Prometheus, 12
[3] Zum folgenden ausführlich: Ruppert, Bürgerlicher Wandel, 47 ff.
[4] Vgl. Ruppert (Hg.), Lebensgeschichten, 15 ff.
[5] Zum Begriff: Kriedte u. a., Industrialisierung vor der Industrialisierung, 61 ff.

3. Arbeitsteilung

[1] Smith, Adam, Untersuchung über das Wesen und die Ursachen des Volkswohlstandes, Berlin 1905, 8
[2] Köllmann, Harkort, 64
[3] Köllmann, Harkort, 187
[4] Eibert, Georg, M. A. N., in: Glaser/Ruppert/Neudecker, Industriekultur in Nürnberg, 62
[5] Schomerus, Arbeiter der Maschinenfabrik Esslingen, 117
[6] Hausen, Karin, Technischer Fortschritt und Frauenarbeit im 19. Jahrhundert. Zur Sozialgeschichte der Nähmaschine, in: Rürup, Reinhard (Hg.), Technik und Gesellschaft im 19. und 20. Jahrhundert = Geschichte und Gesellschaft 4, 42, 1978, 148–169
[7] Siemens, Werner, hg. von Matschoß, 354 f., zit. nach Ritter/Kocka, Deutsche Sozialgeschichte, 151/52
[8] Erinnerungen des Meisters Jacobi/Siemens-Museum München, zit. bei Kocka, Unternehmensverwaltung, 126
[9] Woldt, Das großindustrielle Beamtentum, 1911, 10–13, zit. nach Ritter/Kocka, Deutsche Sozialgeschichte, 165/166
[10] Taylor, Frederick Winslow, Die Grundsätze wissenschaftlicher Betriebführung, Deutsche Ausgabe von Dr. jur. Rudolf Roesler, München und Berlin 1919, 44 f.
[11] Homburg, Heidrun, Anfänge des Taylorsystems in Deutschland vor dem Ersten Weltkrieg, in: Geschichte und Gesellschaft 4, 42, 1978, 181
[12] 75 Jahre Bosch (1886–1961). Ein geschichtlicher Rückblick, Stuttgart 1961, 38

[13] Vgl. Stollberg, Rationalisierungsdebatte, 67
[14] Hengsbach, Arne, Das ehemalige Kabel- bzw. Elmowerk, Tl. 2, unv. Manus. Berlin 1979, 14
[15] Hengsbach, Kabel- bzw. Elmowerk, 16

4. Die Arbeitenden

[1] Rupieper, Hermann Josef, Die Arbeiterschaft der Maschinenfabrik Augsburg-Nürnberg (M.A.N.) 1844–1914, in: Conze/Engelhardt (Hg.), Arbeiter im Industrialisierungsprozeß, 109
[2] Moderne Elektrizitätszähler-Fabrikation, AEG-Zeitung Nr. 7, Januar 1914, 8
[3] Herbig, Notizen, 156

5. Die Zeit

[1] Thompson, E. P., Zeit, Arbeitsdiziplin und Industriekapitalismus, in: Braun u. a. (Hg.), Gesellschaft in der Industriellen Revolution, 86
[2] Feldmann, Gerald D./Steinisch, Irmgard, Die Weimarer Republik zwischen Sozial- und Wirtschaftsstaat. Die Entscheidung gegen den Achtstundentag, in: Archiv für Sozialgeschichte, Bd. XVIII, 1978, 356ff.
[3] Reulecke, Jürgen, Die Entstehung des Erholungsurlaubs für Arbeiter in Deutschland vor dem Ersten Weltkrieg, in: Langewiesche/Schönhoven (Hg.), Arbeiter in Deutschland, 262ff.

Leitsektoren

1. Maschinenbau-Anstalten

[1] Ludwig Sander, der Gründer der Maschinenfabrik Augsburg, beschreibt die Absatzmöglichkeiten für Maschinen im Jahre 1844 als sehr gut: Es sei ,,der Bedarf an Maschinen und sonstigen Leistungen von Maschinenfabriken hier und auf vierzig Stunden in der Runde so groß, daß auch vier bis sechs derlei Fabriken denselben noch nicht decken könnten, während bloß jene von Maffei bei München und meine hiesige in diesen Rayon existieren.“ Zitat bei: Fischer, Ilse, Industrialisierung, sozialer Konflikt und politische Willensbildung in der Stadtgemeinde, Augsburg, 1977, 28
[2] So wurde beispielsweise der Neubau der Maschinenfabrik Esslingen 1846 so geplant, daß der Arbeitsprozeß beim Bau einer Lokomotive von einer Werkstätte zur nächsten hintereinander fortgeführt werden konnte. Diese Steigerung der Rationalität des Arbeitsablaufs war aber sicher nicht die Regel. Genaue Pläne bei: Schomerus, Heilwig, Die Arbeiter der Maschinenfabrik Esslingen. Forschungen zur Lage der Arbeiterschaft im 19. Jahrhundert, Stuttgart, 1977, 144f.
[3] Vgl. Baar, Lothar, Die Berliner Industrie in der industriellen Revolution, Berlin 1966, 97
[4] ebd. 220
[5] Schätzung Carl Severings, zitiert bei Ditt, Karl, Probleme gewerkschaftlicher Organisierung in der Metall- und Textilindustrie Bielefelds 1890–1914, in: Langewiesche, Dieter/Schönhoven, Klaus, Arbeiter in Deutschland, Paderborn, 1981, 224
[6] In der Maschinenfabrik Esslingen: Montierung, Dreherei, Schmiede, Gießerei, Schlosserei, Wagenbau, vgl. Schomerus, Arbeiter der Maschinenfabrik Esslingen, 117
[7] Das Comptoirgebäude der Maschinenfabrik Esslingen zeigt in seiner Entwicklung diese Tendenz: bereits 1847 wurden neben den Räumen für die drei Direktoren und ihre Schreibkräfte im Erdgeschoß auch Räume für die Konstrukteure eingerichtet, im ersten Obergeschoß die Zeichenbüros untergebracht. Bis 1858 entstand eine eigene Konstruktion, bestehend aus zwei festangestellten Ingenieuren. Schomerus, Arbeiter der Maschinenfabrik Esslingen, 117
[8] Baar, Berliner Industrie, 245
[9] Deutscher Metallarbeiterverband (Hg), Die Schwereisenindustrie im deutschen Zollgebiet, ihre Entwicklung und ihre Arbeiter, Stuttgart, 1912, 570
[10] Bayerisches Kunst- und Gewerbeblatt, München 1863, Sp. 548
[11] Bayerisches Kunst- und Gewerbeblatt, München 1863, Sp. 549
[12] Bayerisches Industrie- und Gewerbeblatt, München 1976, 86f.

2. Textil

[1] Eine ausführliche Beschreibung der verschiedenen Arbeiten bei: Bernays, Marie, Auslese und Anpassung der Arbeiterschaft der geschlossenen Großindustrie. Dargestellt an den Verhältnissen der Gladbacher Spinnerei und Weberei AG zu Mönchen-Gladbach im Rheinland, Leipzig 1910 (= Schriften des Vereins für Sozialpolitik 133. Bd.), 256f.
[2] Schmid, Karl, Die Entwicklung der Hofer Baumwoll-Industrie 1432–1932, Leipzig/Erlangen 1923, 85/86
[3] Borscheid, Peter, Textilarbeiterschaft in der Industrialisierung. Soziale Lage und Mobilität in Württemberg (19. Jhd.), Stuttgart 1978
[4] ebd.
[5] Ditt, Karl, Probleme gewerkschaftlicher Organisierung in der Metall- und Textilindustrie Bielefelds 1890–1914, in: Langewiesche/Schönhoven (Hg.), Arbeiter in Deutschland, Paderborn 1981, 228
[6] Ich folge der Darstellung von Schmid, Hofer Baumwollindustrie, 102ff.
[7] Borscheid, Peter, Textilarbeiterschaft, 371
[8] Blumenberg, Horst, Die deutsche Textilindustrie in der industriellen Revolution, Berlin, 1965, 346
[9] Deutscher Textilarbeiterverband (Hrsg.), Mein Arbeitstag – Mein Wochenende, Berlin 1930, 214

[10] ebd, 19/20
[11] Post, Musterstätten, 126
[12] Broszat, Martin, u. a. (Hg.), Bayern in der NS-Zeit, München-Wien 1977, 227ff.
[13] Schmid, Baumwollindustrie, 204
[14] Keilholz, Deutsche Baumwollindustrie, 17
[15] Keilholz, Deutsche Baumwollindustrie, 18

3. Elektrotechnik

[1] So lautet die Zielsetzung des Patents, vgl. Weiher, Sigfrid/Goetzeler, Herbert, Wege und Wirken der Siemens-Werke im Fortschritt der Elektrotechnik 1847–1972 (Achtes Beiheft der „Tradition" Zeitschrift für Firmengeschichte und Unternehmerbiographie 1972, 25). Diesem Werk sind auch viele der elektrotechnischen Fakten entnommen.
[2] Siemens Museum München, Bildarchiv: Programm der Einweihung des National-Denkmals auf dem Niederwald
[3] Ely, Otto, Die Geschichte des städtischen Elektrizitätswerkes Nürnberg von 1882–1932, unveröffentlichtes Manuskript, Nürnberg 1932, 2
[4] vgl. auch meine biographische Darstellung Sigmund Schuckerts, in: Lebensgeschichten, Opladen 1980
[5] AEG-Zeitung, Nr. 7, Januar 1914, 6f.

2. Auswahlbibliographie

Baedeker, Diedrich, Alfred Krupp und die Entwicklung der Gußstahlfabrik zu Essen, 1912
Bendix, Reinhard, Herrschaft und Industriearbeit. Untersuchungen über Liberalismus und Autokratie in der Geschichte der Industrialisierung, Frankfurt/M. 1960
Bernays, Marie, Auslese und Anpassung der Arbeiterschaft der geschlossenen Großindustrie. Dargestellt an den Verhältnissen der „Gladbacher Spinnerei und Weberei" AG zu Mönchen-Gladbach im Rheinland, Leipzig 1910
Blumenberg, Horst, Die deutsche Textilindustrie in der industriellen Revolution, Berlin 1965
Böhme, Helmut, Deutschlands Weg zur Großmacht. Studien zum Verhältnis von Wirtschaft und Staat während der Reichsgründung 1848–1881, Köln 1966
Bohnsack, Almut, Spinnen und Weben. Entwicklung von Technik und Arbeit im Textilgewerbe, Reinbek bei Hamburg 1981
Borchardt, Knut, Grundriß der deutschen Wirtschaftsgeschichte, Göttingen 1978
ders., Die industrielle Revolution in Deutschland, München 1972
ders., Zur Frage des Kapitalmangels in der ersten Hälfte des 19. Jahrhunderts, in: Jahrbuch für Nationalökonomie und Statistik, Bd. 173, Stuttgart 1961
Born, Karl Erich, Moderne Deutsche Wirtschaftsgeschichte, Köln/Berlin 1966
Borscheid, Peter, Textilarbeiterschaft in der Industrialisierung. Soziale Lage und Mobilität in Württemberg (19. Jahrhundert), Stuttgart 1978
Braun, Rudolf, Sozialer und kultureller Wandel in einem ländlichen Industriegebiet, Erlenbach-Zürich und Stuttgart 1965
Braun, Rudolf/Fischer, Wolfram/Großkreuz, Helmut/Volkmann, Heinrich (Hg.), Gesellschaft in der industriellen Revolution, Köln 1973
dieselben, Industrielle Revolution. Wirtschaftliche Aspekte, Köln 1976
Bravermann, Harry, Die Arbeit im modernen Produktionsprozeß, Frankfurt/M. 1980
Brentano, Lujo, Das Arbeitsverhältnis in den privaten Riesenbetrieben, in: Verhandlungen des Vereins für Socialpolitik, Bd. CXVI, Leipzig 1906, S. 135–149
Büsch, Otto, Industrialisierung und Gewerbe im Raum Berlin/Brandenburg 1800–1850, Berlin 1971
Conze, Werner/Engelhard, Ulrich, Arbeiter im Industrialisierungsprozeß, Stuttgart 1979
Crew, David Francis, Bochum. Sozialgeschichte einer Industriestadt 1860–1914, Frankfurt/M./Berlin/Wien 1980
Deutscher Metallarbeiterverband (Hg.), Die Schwereisenindustrie im deutschen Zollgebiet, ihre Entwicklung und ihre Arbeiter, Stuttgart 1912
Deutscher Textilarbeiterverband, Mein Arbeitstag – Mein Wochenende. 150 Berichte von Textilarbeiterinnen, Berlin 1930
Der Volksstaat, Organ der sozial-demokratischen Arbeiterpartei, 1–8 Jg. Leipzig 1869–76
Eiber, Ludwig, Arbeiter unter der NS-Herrschaft. Textil- und Porzellanarbeiter im nordöstlichen Oberfranken 1933–1939, München 1979
Fischer, Ilse, Industrialisierung, sozialer Konflikt und politische Willensbildung in der Stadtgemeinde. Ein Beitrag zur Sozialgeschichte Augsburgs 1840–1914, Augsburg 1977
Fischer, Wolfram (Hg.), Wirtschafts- und sozialgeschichtliche Probleme der frühen Industrialisierung, Berlin 1968
ders., Der Staat und die Anfänge der Industrialisierung in Baden 1800–1850, Berlin 1962
Forberger, Rudolf, Die industrielle Revolution in Sachsen 1800–1861, 2 Bde., Berlin 1981
Fremdling, Reiner/Tilly, Richard, Industrialisierung und Raum. Studien zur regionalen Differenzierung im Deutschland des 20. Jahrhunderts, Stuttgart 1979

Friemert, Friedrich, Das Amt Schönheit der Arbeit, München 1981
Genzmer, Werner, Hundert Jahre Augsburger Kammgarnspinnerei 1836–1936, Ein Beitrag zur Geschichte des deutschen Wollgewerbes, Augsburg 1936
Gerschenkron, Alexander, Economic Backwardness in Historical Perspective, Mass. 1962
Glaser, Hermann/Ruppert, Wolfgang/Neudecker, Norbert, Industriekultur in Nürnberg, München 1980
Hausen, Karin/Rürup, Reinhard, Moderne Technikgeschichte, Köln 1975
Hardach, Karl, Wirtschaftsgeschichte Deutschlands im 20. Jahrhundert, Göttingen 1976
Henning, Friedrich-Wilhelm, Die Industrialisierung in Deutschland 1800–1914, Paderborn 1973
Herbig, Rudolf, Notizen aus der Sozial- und Wirtschaftsgeschichte vom 14. Jahrhundert bis zur Gegenwart, Bremerhaven 1978
Hobsbawm, Eric, Industrie und Empire. Britische Wirtschaftsgeschichte seit 1750, Frankfurt/M. 1968
Jahresbericht der Königlich bayer. Fabriken- und Gewerbe-Inspektoren für das Jahr 1906. „Denkschrift über die Heimarbeit in Bayern".
Jenss, Harro, Jugendarbeitsschutz. Von den Anfängen der Industrialisierung bis zur Gegenwart, Frankfurt/M. 1980
Kaelble, Hartmut/Matzerath, Horst/Rupieper, Hermann-Josef/Steinbach, Peter/Volkmann, Heinrich, Probleme der Modernisierung in Deutschland, Opladen 1978
Kaelble, Hartmut (Hg.), Geschichte der sozialen Mobilität seit der industriellen Revolution, Königstein/Taunus 1978
Kaiser, Gerhard, Die Aktiengesellschaften der Textil-, Brau- und Porzellanindustrie in Oberfranken von 1853–1914, unv. Dipl.-Arb., Nürnberg 1976
Kellenbenz, Hermann, Deutsche Wirtschaftsgeschichte, Bd. II, München 1981
Keilholz, Walter, Die deutsche Baumwollindustrie, Diss. Köln 1935
Kocka, Jürgen, Unternehmer in der deutschen Industrialisierung, Göttingen 1975
ders., Unternehmensverwaltung und Angestelltenschaft am Beispiel Siemens 1847–1914. Zum Verhältnis von Kapitalismus und Bürokratie in der deutschen Industrialisierung, Stuttgart 1969
Köllmann, Wolfgang, Sozialgeschichte der Stadt Barmen im 19. Jahrhundert, Tübingen 1960
ders., Friedrich Harkort, Bd. I, Düsseldorf 1964
Kracauer, Siegfried, Die Angestellten, Frankfurt/M. 1971
Kriedte, Peter/Medick, Hans/Schlumbohm, Jürgen, Industrialisierung vor der Industrialisierung. Gewerbliche Warenproduktion auf dem Lande in der Formationsperiode des Kapitalismus, Göttingen 1978
Landes, David S., Der entfesselte Prometheus. Technologischer Wandel und industrielle Entwicklung in Westeuropa von 1750 bis zur Gegenwart, Köln 1973
Lundgreen, Peter, Techniker in Preußen während der frühen Industrialisierung, Berlin 1975
Marx, Karl, Das Kapital, 3 Bde., Berlin 1960
Matschoß, Konrad, Die Entwicklung der Dampfmaschine, Berlin 1916
Michel, Ernst, Sozialgeschichte der industriellen Arbeitswelt, ihre Krisenformen und Gestaltungsversuche, 2. Aufl. Frankfurt/M. 1948
Mottek, Hans/Blumenberg, Horst/Wutzmer, Heinz/Becker, Walter, Studien zur Geschichte der industriellen Revolution in Deutschland, Berlin 1960
Pöls, Werner, Deutsche Sozialgeschichte. Dokumente und Skizzen, Bd. I 1815–1870, München 1973
Pollard, Sidney (Hg.), Region und Industrialisierung. Studien zur Rolle der Region in der Wirtschaftsgeschichte der letzten zwei Jahrhunderte, Göttingen 1980
Post, Julius, Musterstätten pers. Fürsorge von Arbeitgebern für ihre Geschäftsangehörigen, Bde. I u. II, Berlin 1889
Ritter, Gerhard A./Kocka, Jürgen, Deutsche Sozialgeschichte, Dokumente und Skizzen, Bd. II 1870–1914, München 1977
Rürup, Reinhard (Hg.), Wissenschaft und Gesellschaft, Berlin 1979
Ruppert, Wolfgang, Bürgerlicher Wandel. Studien zur Herausbildung einer nationalen deutschen Kultur im 18. Jahrhundert, Frankfurt/New York 1981
ders. (Hg.), Lebensgeschichten. Zur deutschen Sozialgeschichte 1850–1950, Opladen 1980
Schivelbusch, Wolfgang, Geschichte der Eisenbahnreise. Zur Industrialisierung von Raum und Zeit im 19. Jahrhundert, München/Wien 1977
Schmid, Karl, Die Entwicklung der Hofer Baumwollindustrie, Leipzig u. Erlangen 1923
Schnorbus, Axel, Arbeit und Sozialordnung in Bayern vor dem Ersten Weltkrieg 1890–1914, München 1969
Scholl, Lars Ulrich, Ingenieure in der Frühindustrialisierung, Göttingen 1978
Schomerus, Heilwig, Die Arbeiter der Maschinenfabrik Esslingen. Forschungen zur Lage der Arbeiterschaft im 19. Jahrhundert, Stuttgart 1977
Schumacher, Martin, Zweckbau und Industrieschloß. Fabrikbauten der rheinisch-westfälischen Textilindustrie vor der Gründerzeit, in: Tradition 15 (1970), 1 48
Schütte, Ilse (Hg.), Technikgeschichte als Geschichte der Arbeit, Bad Salzdethfurth 1981
Siegrist, Hannes, Vom Familienbetrieb zum Managerunternehmen. Angestellte und industrielle Organisation am Beispiel der Fischer AG. in Schaffhausen 1797–1930, Göttingen 1981
Sombart, Werner, Der moderne Kapitalismus, Berlin 1955
Steinbach, Peter, Industrialisierung und Sozialsystem im Fürstentum Lippe. Zum Verhältnis von Gesellschaftsstruktur und Sozialverhalten einer verspätet industrialisierten Region im 19. Jahrhundert, Berlin 1976
Stollberg, Gunnar, Die Rationalisierungsdebatte 1908–1933. Freie Gewerkschaften zwischen Mitwirkung und Gegenwehr, Frankfurt/M. 1981
Sturm, Hermann, Fabrikarchitektur, Villa, Arbeitersiedlung, München 1977
Tenfelde, Klaus/Volkmann, Heinrich, Streik. Zur Geschichte des Arbeitskampfes in Deutschland während der Industrialisierung, München 1981
Teuteberg, Hans Jürgen, Geschichte der indu

striellen Mitbestimmung in Deutschland. Ursprung und Entwicklung ihrer Vorläufer im Denken und in der Wirklichkeit des 19. Jahrhunderts, Tübingen 1961
Treiber Hubert/Steinert, Heinz, Die Fabrikation des zuverlässigen Menschen. Über die Wahlverwandtschaft von Kloster- und Fabrikdisziplin, München 1980
Treue, Wilhelm (Hg.), Deutsche Technikgeschichte. Vorträge vom 31. Historikertag, Göttingen 1977
Ven, Frans van der, Sozialgeschichte der Arbeit, München 1972
Vetterli, Rudolf, Industriearbeit, Arbeiterbewußtsein und gewerkschaftliche Organisation. Dargestellt am Beispiel der Georg Fischer AG (1890–1930), Göttingen u. Zürich 1978
Wehler, Hans-Ulrich, Klassen in der europäischen Sozialgeschichte, Göttingen 1979
Welter, Erich, Der Weg der deutschen Industrie, Frankfurt/M. 1943
Zorn, Wolfgang, Handels- und Industriegeschichte Bayerisch-Schwabens 1684–1870. Wirtschafts-, Sozial- und Kulturgeschichte des schwäbischen Unternehmertums, Augsburg 1961

3. Verzeichnis der Bildquellen

Landesbildstelle Berlin: 10 *u,* 11, 20, 23, 24, 25, 29 *l+r,* 32, 46 *r,* 51 *u,* 52 *o+u,* 67, 303 *r.*

Siemens Museum München: 12, 18 *o+u,* 22, 27, 28 *l+r,* 33, 34 *l,* 45, 48 *o,* 56, 121, 206, 207, 217, 218, 236, 238, 239, 244, 245, 246, 247, 248 *l+r,* 250, 252 *o+u,* 253, 258, 260, 261, 262, 263, 264, 265, 266, 267 *o+u,* 269, 270, 275, 276, 277, 279, 280, 281, 292, 294, 296, 301, 302, 304 *o,* 305.

Siemens Werksarchiv Berlin: 21, 31 *o+m+u,* 46 *l,* 268, 284, 285, 304 *u.*

Maschinenfabrik Augsburg-Nürnberg Werksarchiv: 13, 14 *o+u,* 15, 49 *l+r,* 60, 96 *o+u,* 97, 153.

Maschinenfabrik Riedinger im M.A.N. Werksarchiv Augsburg: 122 *o+u,* 123 *o+u,* 124, 126 *o+u,* 127, 128 *o+u,* 129, 130, 132, 133, 134, 135, 136, 137, 138, 140, 142 *o+u,* 143, 144, 145 *o+u,* 146, 147, 148.

Historisches Archiv der Friedr. Krupp, Essen: 16, 57, 62, 63, 98, 99 *o+u,* 100, 101, 102, 103, 104, 105, 106, 108, 110, 111, 112, 114, 115

Otto Kraus Nürnberg: 32 *u,* 51 *o.*

Krauss-Maffei Werksarchiv München: 35 *l,* 55 *u,* 69 *o+u,* 70, 71, 72, 73, 74 *o+u,* 75, 76, 78, 79, 80, 81, 82, 83, 84, 87, 88, 94, 151, 152, 298.

KZ-Archiv Dachau: 35 *r.*

Wolfgang Ruppert, München: 39, 68, 119, 120, 172, 173, 230.

Maschinenfabrik Esslingen im Daimler Werksarchiv Stuttgart: 86, 92, 93, 150.

Daimler Werk Berlin-Marienfeld im Daimler Werksarchiv Stuttgart: 90, 91, 152.

Nähmaschinenmuseum Strobel München: 116, 117, 118.

Textilgruppe Hof: 154, 157, 162, 163, 208 *o+u,* 211, 212, 213, 214, 216 *o+u,* 221, 222, 223, 224 *o+u,* 225, 226, 227, 228, 229, 231, 233, 234, 235.

Stadtarchiv Hof: 209, 210.

Kammgarnspinnerei Augsburg: 10 *o,* 156, 174, 175, 176, 177, 178, 180, 181, 182, 183, 184, 185 *o+u,* 186, 187, 188, 190, 191, 192, 193, 194, 195, 196, 198, 199, 200, 201, 202, 203, 204, 205, 232.

Weberhäuschen Neudorf: 164, 166, 167, 168, 169, 170, 171.

AEG-Telefunken Firmenarchiv Braunschweig: 34 *r,* 48 *u,* 55 *o,* 58, 59, 254, 256, 257, 271, 272 *o+u,* 273, 274, 278, 282, 283 *o+u,* 286, 288, 289, 290, 297, 299, 300, 303 *l.*